JN292482

教育分析の実際

家族関係を問い直す男性の事例

Practical Path of Training Analysis

A Case Study of A Man with Complicated Family Relationship

東山紘久
Higashiyama Hirohisa

創元社

まえがき

心理療法に専門的に携わろうとする者は、その訓練の過程で教育分析を受けることを義務づけられている。特に伝統的精神分析では、教育分析はスーパーヴィジョンと共に最も重要視されている。これは心理療法が人間関係を基本とするため、自分の問題が解決されていないと自分の問題とクライエントの問題との混同や、自分の感情とクライエントの感情との混在が起こるからである。少なくとも自分自身の現在の状態をつかんでおかなくては、クライエントの正確な理解はおぼつかない。また、自分自身がクライエントとなって自分の問題を解決する過程は、クライエントがどのように考え感じるかを自ら体験できる上、カウンセラーのあり方やカウンセリングの意味が直接的に理解でき、カウンセラーにとって必要な過程である。

精神分析は個人療法が原則である。そのため教育分析も当然個人の教育分析が中心となる。秘密の問題、セラピスト—クライエント関係、転移—逆転移、沈黙の処理、コミュニケーションのしかた、コンプレックスとの直面など、個人対個人の人間関係のあらゆるフェーズが体験される。ロジャース派はエンカウンター・グループを重視して、クライエントと共に生き、個人の成長を期待している。また、教育カウンセリングとカウンセリングを区別していない。そして、ロジャース派はプロのカウンセラーを養成することに熱心ではない。素人のよさを強調しすぎるきらいさえある。

しかし、ロジャース自身は自らのカウンセリング体験がカウンセリングを信頼する基盤となっていることを述べている。すなわち、自分がカウンセリングを信頼できるのは、自分が精神的に混乱したときにカウンセリングによって救われ、問題を乗り越えた体験があるからである、と述べている。ロジャースは後年個人カウンセリングをしなくなり、エンカウンター・グループやパーソン・センタード・アプローチなどのグループ・アプローチをするようになる。グループ・アプローチに力点を移した理由の一つは、ロジャース自身がグループ体験によって自分自身が変わることができたからである（畠瀬稔、1990）。このように自らがカウンセリングを受けることはカウンセラーとしての成長のみならず、カウンセリングを学ぶことにも不可欠なように思われる。

筆者自身はカウンセリングを若い頃週２回受けていた。これによって人格がどれほど変容できたかは自分ではわからないが、カウンセラーがどのようにクライエント（自分）の問題に接近し、カウンセラーの意図や思いがどのようにクライエントに映るかがカウンセラーをしているときとは比べものにならないほどよくわかった。筆者の成長は1週間の集中内観を創始者の吉本伊信先生から2回受けたことや、自分に大きな問題が起こったときに受けたカウンセリング、エンカウンター・グループの体験によるものと思われる。

カウンセリングの体験的学習は、ロジャース研究所でのラーニング・グループがその基本の一つである。ここではあらゆる学習がエンカウンター・グループの雰囲気で行われる。詳しくは拙著『カウンセラーへの道』（創元社）に書いたので、興味のある方は読んでいただければ幸いである。私のオリエンテーションはロジャースとユングの考え方が基盤になっている。ユングの考え方は河合隼雄先生から受けた講義、文献研究、事例研究とスーパーヴィジョンによってなされたものである。ロジャースの考え方は体験によって学習されたものである。私のスーパーヴィジョンは理論的説明やプロセスの読みはユング流で、スーパーヴィジョンのしかたや態度はロジャース流である。スーパーヴィジョンにもラーニング・グループがしばしば使われている。筆者の研究室の雰囲気はエンカウンター・グループのそれに近い。

これまで教育分析は個人で行ってきた。正確に言えば、教育分析を受けたいと申し込まれた人には個人の教育分析を行ってきた。しかし、実質的な教育分析は私のまわりでカウンセリングを勉強している人には、いつでも、どこでもグループで、エンカウンター・グループ的雰囲気の中で行ってきたような気がしている。

今回、第1章で述べているように、あるきっかけから公開で教育分析を行うことになった。エンカウンター・グループとラーニング・グループの両方を併せもつ雰囲気の中で行われた。20回におよぶ公開教育分析は、教育分析が本来もつ意味やカウンセリングの過程、カウンセリングの危険性や転移—逆転移の様相を鮮明に浮き彫りにしてくれた。教育分析の実際を記した書物が少ないことから、この体験に参加したメンバーからぜひ記録を出版してほしいとの要望を受けた。クライエントの秘密の問題や人権の問題があり、いろいろ逡巡したが、クライエントの承諾を得たことにより公表することに踏み切った。内容の性質上、クライエントの本名、その他は本質を損なわない程度に変えてある。

本書はこの冒険的試みに参加し、出版を許可してくれたクライエント、そして逐語録を取り意見を述べ、またクライエントやカウンセラーを応援してくれた東山研究室の院生・研究生がいなかったら成り立たなかった。ここに特記し、感謝の意を表したい。

本書は平成４年に『教育カウンセリングの実際』として、培風館から出版された。その後絶版になったが、再版を望む多くの方々のご要望を受け、語句の使い方や時代に合わせた表記に改めるなど、一部内容を変更し、タイトルも『教育分析の実際』と改め、新たに創元社から刊行することになった。「教育カウンセリング」から「教育分析」へのタイトル変更は、「教育カウンセリング」が学校カウンセリングと誤解されることがあったからである。また「教育分析」という言葉が一般的であるのに対して、「教育カウンセリング」という言葉はあまり普及しているとは言えないからである。

本書を出版するにあたり編集の労を取っていただいた創元社の渡辺明美さんと橋本隆雄さんに感謝します。

目　　次

装幀　濱崎実幸

教育分析の実際

家族関係を問い直す男性の事例

本書は『教育カウンセリングの実際』（培風館刊、1992 年）を一部加筆修正のうえ改題、新装版として刊行するものである。

第 *1* 章

教育分析の諸相

1　ケース・プレゼンテーションとラーニング・グループ

「本番カウンセリング」

これはある種の冒険的試みである。いつの頃からか忘れたが、かなり古くから私の研究室では「本番カウンセリング」という名称で、多くの研究室メンバーが聞いている中で、カウンセラーが私でクライエントに研究室員がなり、自分のことを話すカウンセリングが行われている。「本番カウンセリング」とはロールプレイや外来のクライエントに行うカウンセリングと区別するためのわれわれ独自の呼び名である。

最初はカウンセラーをトレーニングするところでは、どこでもよく行われているロールプレイを私の研究室でも行っていた。今でもロールプレイを使ってのカウンセリング・トレーニングは常時行われている。VTR やテープを用いて、応答の改善やクライエント理解の向上、カウンセリングの流れや大局観の把握などの指導や討論を行うことの他に、私の研究室ではしばしばロールプレイの途中でカウンセリングが上手くいかなくなったときや、ロールプレイが終わってから初心者のカウンセリングと上級者のそれを比較して学ぶために、クライエント・ロールはそのままにしてカウンセラー・ロールだけを私が交代してロールプレイを再度行うことがあった。そのうちに、私のやる実際のカウンセリングを見てみたいとの希望が研究室員の中から出てきた。本当のクライエントとの面接をビデオ・テープに撮って、クライエントの許可を得て研修者に見せるトレーニングもあるが、より臨場感があり、後からメンバー全員がカウンセラーやクライエントといっしょになって、今のカウンセリングを討議する場をもつためには、研究室の誰かがクライエントになって、自分の問題を話すのがいちばんてっとり早いし、倫理的問題も起こり得ないから最適ではないかということになった。これが「本番カウンセリング」が行われるようになった経緯である。

私がロジャース研究所で学んだとき、ロジャース先生はしばしばケース・プレゼンテーションとしてボランティアを募り、先生がそのときのグループ・メンバーの前で実際にカウンセリングされるのを何度となく見せてもらったことがある。特にエンカウンター・グループから発展したパーソン・センタード・

アプローチのワークショップでは、しばしばケース・プレゼンテーションの時間が設けられた。それだけ皆の前で、あるいは皆の前でも、ロジャース先生にカウンセリングを受けたいと希望する人が大勢いたのである。最後に日本に来られたときも、ロジャース先生はケース・プレゼンテーションをされた。英語が話せて皆の前でもカウンセリングを受けてもよいという人を募ったところ、世話人の予想を超えて多くの希望者があった。

ロジャース先生のケース・プレゼンテーションの場合、お互いのメンバーが知らない人同士であることが多い。特にワークショップの場は、その場を離れると日常生活ではまったく関係のない人になってしまう。しかし、研究室員はお互いに毎日のように顔を合わせている。利害の対立がそんなにあるとは思われないものの、カウンセリングで話した自分のことが日常場面でなんらかの影響を与えることが考えられる。私からカウンセリングを学ぶには、私のカウンセリングを受けるか見るかすることが早道の一つであるとはわかるが、猫に付ける鈴を誰が付けるかとなると逡巡が起こっても当然だと思われた。私はいくら勉強になるからといって、自分のことを話すカウンセリングを皆の前でするのには最初は相当の躊躇があった。それに、これを行うにはメンバーの自発性が重要になる。いかなる強制もあってはならない。強制するような雰囲気があれば、それこそ倫理に反し、人の心をもてあそぶ結果になるからである。そのようなことをすると、何の為にカウンセリングを勉強するのかがわからなくなってしまうからである。

ところがである。私の心配をよそに希望者が続出した。本番カウンセリングのクライエントは最初こそ見られているのを意識するようであるが、5分も経たないうちに見ている人のことなど忘れてしまうようである。カウンセラーの私にしても、クライエントほどではないが見物人を忘れていることがしばしば起こった。私の研究室では修士課程を修了するときや修士課程に入学したとき、就職が決まったときなど、毎年積極的に本番カウンセリングを希望する研究室員がいる。むろん、自分は聞かせてもらうのはよいが、自分が受けるのは遠慮したいという人もいる。それらの希望はまったく個人の自由意志に任されている。多い人は研究室を巣立つまで3回も本番カウンセリングを受けている。

なぜ希望が多いかというと、カウンセリングを受けた人も聞いたメンバーもカウンセラーの私も、本番カウンセリングにはいつも感激的な場面が多いからである。クライエントもメンバーも、涙が流れて止まらないことがしばしばあった。カウンセリングを受けることがすばらしいものを自分にもたらしてくれるとの確信が、今では研究室員の多くにできあがっている。ある意味でこれは個人カウンセリングというより、メンバーの一人が集中的にファシリテーターに話をしているときのエンカウンター・グループの雰囲気に似ている気がしている。

ロジャースは自分がカウンセリングを一生の仕事にした動機として、自分が悩んだときにいちばんの救いとしてしばしばカウンセリングがあった、と述べている。自分の信じることができないものを人に勧めるのは、ある意味で詐欺行為かもしれない。教育分析や教育カウンセリングが心理療法家やカウンセラーに課せられているのは、カウンセリングの効果とカウンセラーの役割を自分自身が納得するためではないかとさえ思われる。

メンバーの希望によって本番カウンセリングが行われることは、それ以後、私の研究室では当たり前のこととなった。しかし、これはあくまで散発的なカウンセリング、一期一会的カウンセリングである。

公開の教育分析

春に3泊4日のテーマを決めたカウンセリングの合宿がここ3年間行われてきた。最初はフロイド、次の年はユング、今年はロジャースだった。ロジャース合宿のプログラムの一つにハーバート・ブライアンの症例研究が含まれていた。このプログラムはただ単にハーバート・ブライアンの症例を多角的に検討するのではなくて、ハーバート・ブライアンの症例を脚本に使ってロールプレイ的に発展させ、それによってロジャースのカウンセリングのあり方を検討するものであった。具体的には私がカウンセラーのロールを、ハーバート・ブライアンのロールを修士課程1回生の大学院生がとる。合宿の参加者は現役の大学院生、研究生と先輩である。参加者を修士1回生グループ、2回生グループ、0回生グループ（4月から大学院生になる人と研究生)、先輩グループの4つに分けた。初めはハーバート・ブライアンの逐語録どおりロールプレイをしていくのだが、私がここはハーバート・ブライアンの症例のカウンセリングの展開点だと思うところへ来ると、そこでロールプレイを止めて各グループに次のカウンセラーの応答を検討してもらう。そして、なぜその応答が適切だと感じられたか、そのような応答をするとカウンセリングがどのような展開をするか、の予想をしてもらうのである。グループの応答と展開予想ができたらそれを発表してもらい、私がコメントと評価を行う。同時に私の応答を述べ、カウンセリングの展開予想を説明する。メンバーが納得できないときは、その場でロールプレイによって実証的に確かめるのである。

ハーバート・ブライアンの症例が教材としてよいところは、カウンセリング過程すべてが逐語録として載っていることである。それを再度、上記のようなやり方で検討すると、カウンセリングの過程が立体的に浮かび上がってくる。カウンセリング過程の学習が次第に熱を帯びてきたときに、私はハーバート・ブライアンの症例ではなくて、私の症例、あるいは本番カウンセリングの継続面接をこのような形で検討したら、カウンセリングの過程の生きた勉強になるのではと一瞬思った。しかし次の瞬間、それでは誰がクライエントになるのかと考えたら、これは現実的でないと思い直した。

夢分析でもカウンセリングでもそうであるが、心理療法は流れが大切である。流れをつかむことはとりも直さずクライエントの中心性や中心的課題をつかむことである。クライエントを見てカウンセリングの流れをつかみ、カウンセリングの中心をつかむにはカウンセラーがカウンセリングの大局観をもつ必要がある。1回の面接には1回の大局観がある。大局観は固定したものではなく、カウンセラーとクライエントの動きによって次の瞬間に構築され直す。この大局観があって初めて、カウンセラーは固定概念にしばられずに前の大局観を放棄し、新たな大局観を構築できる。新しい大局観と古い大局観の間には、それらを相互につなぐ大局観のベースのようなものが存在する。その動きは連続したカウンセリングを見なければわからない。

このような話を研究室員にしていると、研究生の一人に自分がクライエントになって私のカウンセリングを連続して受けたいという人が現れた。これは言わば、公開（研究室員だけだが）の教育分析である。本番カウンセリングと違ってこれを連続で行うとなると、クライエントになった人のプライヴァシーや人権の侵害が1回限りの本番カウンセリングより問題になる可能性がある。また、クライエントの家族を巻き込む心配もある。参加するメンバーの心構えを確認する必要がある。何より、私自身が初めての試みなので何が飛び出すかわからない不安があった。

クライエントを志望した研究室員と私は1カ月の間、雑談の合間にいろいろ話し合った。そして、この教育分析を大学院の授業の演習として行う。いちおう20回を限度としてカウンセリングを行う。面接は50分間で、後でメンバー全員のフィードバックを受ける。参加者は毎回その感想をレポートとして提出する。レポートを提出しないものは参加できない。カウンセリングはすべてビデオ・テープに録画、テープに録音し、毎回人を決めて逐語録におこしておく。録音はクライエントとカウンセラー両者の許可がなくては聞けない。テープおこしのとき以外、外へ持ち出してもいけない、などのルールを決めて始めることにした。なぜ大学院の授業にしたかというと、大学院の授業を取るメンバーとこの試みの参加者がほぼ一致すること、私とメンバーの時間が授業時間として確保されること、授業という枠組みがこの試みに公式な感じと責任をもたせるように感じられたからである。

冒頭にも述べたように、これは冒険的な試みである。冒険には危険がつきまとうが、得られる成果も大きい。冒険の危険性をできるだけ少なくするには、危険が起こる可能性と原因を予測し、その危険性の芽を摘んでおけばよい。公開の教育分析を行うには、それができる素地と環境が必要である。カウンセリングは学派によって理論・方法・トレーニング方法が異なる。個人を大切にし、秘密を大切にすることはカウンセリングの学派を超えた基本的な要件であるが、その具体的な中身は何が秘密かを守る要素であり、何が大切にされれば、個人は大切にされたと感じるのかによって違いがあるのである。

ラーニング・グループ

ロジャース研究所で私がカウンセリングを学んだ方法は、ラーニング・グループを中心にしたものであった。ラーニング・グループとは１人ないし２人のスーパーヴァイザーを中心にして、４～５名のスーパーヴァイジーがグループを作る、グループ学習を主体にした学習グループである。週に２～３回、１回２時間～３時間が基本単位で学習が行われる。しかし、時間にしても内容にしても決まったものではなくて、ロジャースの学習者中心授業のようにスーパーヴァイジーのニーズを尊重して行われる。具体的に述べると、最初の１週間は何を学習したいか、何のためにそれをしたいか、それをしたいと思う自分は何者なのか、が徹底的に話し合われた。スーパーヴァイザーがいっしょのときもあり、われわれスーパーヴァイジーだけのときもある。話し合いはときとして深夜におよんだ。と言っても、決して堅苦しい雰囲気で行われるのではなく、スナックを食べたり、ワインを飲んだり、途中で泳ぎにいったり、メンバーの家で本格的な夕食を皆で作ったり、というようなこともしばしば行われた。すべての行動はメンバーの発案で、メンバーの同意のもとに行われるのである。

われわれのグループは最初40数名いたロジャース研究所の所員から、それぞれがそのときにいちばん力を入れている課題や研究の講義や演習を聞くことから学習を出発させた。それは週１回２～３時間程度のスーパーヴァイザーの講義とカウンセリング演習とわれわれだけの学習会だった。学習会はエンカウンター・グループが中心で、話の切れ目や疲れたことが会の終わりになるような枠組みのゆるい会であった。数カ月間このようなラーニング・グループをいっしょにすると、お互いが親しくなる。個人的な秘密やプライヴァシーはむろん存在するが、同じ釜の飯を食った仲間の親しさがあり、いわゆる世間に対しての秘密やプライヴァシーとは次元や質の異なったものになる。個人的に親しくなればなるほど、そこで話されたことは規則を決めなくても秘密は守られるものである。人間関係が希薄なほど、また守ることを強制されればされるほど、人間は秘密を誰かに話したくなる。「王様の耳はロバの耳」の話がそれを端的に表している。秘密を共有している親しい仲間内では秘密は秘密でなくなる。ラーニング・グループでは、次第に親・兄弟・配偶者にも話をしなかったようなことが話されるようになった。私は秘密とは利害の対立する可能性のある者の間に必要な防衛であると思うようになった。利害の対立の中には常識的に考えれば変なことだが、自分と自分の利害の対立も含まれる。

防衛を必要とする時や場所での秘密は大切である。これが守れない人はある種の人間失格である。しかし、世界中の軍隊がそうであるように、防衛は常に過剰防衛になりがちである。自己の内にある不安が防衛に輪をかける。それはあたかも他者からの攻撃のように感じられるが、実は自己の不安の投影でしかない。秘密を言うときに、人は自己の過剰防衛と他人への不安の転嫁に気をつけなければならない。ラーニング・グループでは日常の付き合いや付き合い方が大切になってくる。

心理臨床のグループはどこか他のグループとは違っているところがある。「臨床の連中の研究会はお菓子が出るそうな」と実験心理の人たちから昔よくひやかされたものである。熱心な研究会で菓子などを食べるのは、授業中に飲食するような不作法なことだと彼らは思ったのであろう。ある意味で心理臨床をする人間は不作法かもしれない。世間の枠組みからずれている。しかし、世間の枠組みからのずれの中に、人間的なものがあるのも確かである。それは祝祭日の人間のあり様と似ている。ケの日の態度も人間の態度なら、ハレの日の態度も人間の態度である。心理臨床家はクライエントの心の深層を共にする人であるから、その日常の態度にどこかハレの日の態度がもれているのであろう。

私の研究室の雰囲気はどこか日常的でないものがある。ロジャース研究所やラーニング・グループの雰囲気と似たところがある。自分の見た夢が大学院の授業や日常で語られている。お互いに自分たちの箱庭を作ったり、見せあったりしている。新しいテストがあるとすぐに皆でやってみて、お互いが診断したり批評したりしている。週に2回は昼食会をして同じ釜の飯を食っている。よく被災地の炊き出しに行ったら、うちの研究室は役立つだろうと話している。なぜならば、毎週何十と握り飯を作っているから、握り飯を作るのがみんな素早いからである。

このような雰囲気と素地の中、今回の冒険が行われた。

2　受容・純粋性・感受性

カウンセリングの理論と方法

カウンセラーの人格・方法・理論的背景は、カウンセリングの実際に大きな影響を与える。公開教育分析の過程を検討する上で、カウンセラーのカウンセリングに対する考え方と方法を明らかにしておく必要があろう。ベッテルハイムが来日した際の講演で、彼はカウンセリングの理論と実際に対して「初心者のカウンセラーたちは理論が違えば、方法も異なる。10年経てば、理論は依然としてカウンセラーによって異なるが、方法はだいぶ似てくる。20年経てば、理論はやはり違うが、方法は区別がつかなくなる」と述べている。　私はカウンセリングを25年以上、常時25ケース以上実践してきたので、ベッテルハイム流に言えば、方法に関しては何派かわからないかもしれない。それだからこそ、カウンセリングの実施に先立って、自分のカウンセリングの背景を述べておくことは、今回のカウンセリングの過程を理解する一助になると思われる。

カウンセラーはその成長過程で「体力と情熱の時代」「技術の時代」「自己理論の時代」「自然の時代」があるようである。私自身の評価では、今は「自己理論の時代」の半ばで、心の内では「自然の時代」に憧れているところにいると思っている。自己評価が妥当であるかは、カウンセリングの全過程が公開されているので読者の判断に任せたい。

私のカウンセラーとしての歴史は、日本がロジャース理論・ロジャース派一辺倒の時代に始まる。特に心理臨床家はそうであった。当時のカウンセラーの訓練はロジャースのカウンセラーの3条件をいかにうまく守って、カウンセリングをするかにかかっていた。すなわち、クライエントの話すことを肯定的に受入れ、共感的に積極的に聞き、カウンセラー自身の気持ちに忠実でいることである。そのためにカウンセリングの面接逐語録を取り、先生や先輩に聞いてもらい、カウンセラーのクライエントに対する応答が上記の条件に沿っているかを検討し、より良い応答ができるように言葉を磨くのである。

問題になるのはもっぱらカウンセラーとカウンセラーの態度であった。クライエントの問題、病態水準、自我レベルなどは、カウンセリングの過程の検討以外に重要視されなかった。これで、問題の軽いクライエントはよく立ち直っていってくれた。重いクライエントにはカウンセラーが必死に関わったので、今から思えば基本的な問題がどれほど改善されたかは疑問ではあるが、それでも現実問題に対処するクライエントの能力は上昇した。もっと重いクライエントはカウンセラーとクライエントが共に苦しむだけに終わった。いくら共感性を高めても、応答の言葉に気をつけても、クライエントの問題がそれらのレベルを超えていたからである。クライエントがわからず、クライエントの話す意味が本質のところで理解できず、何度かの挫折を味わった。クライエントの心の深さ、魂のレベルの話がカウンセラーの理解を超えていた。理解のないところに当然ながら受容も共感もない。もしそれがあると思っているならば、カウンセラーが鈍感か自己欺瞞である。自己欺瞞的で鈍感なカウンセラーは、この時点で型にはまった応答を繰り返すだけの人形か録音機のような存在に成り下がらざるを得ない。そして、このようなカウンセラーの増加がロジャース派やクライエント・センタード・カウンセリングをおとしめていった。ロジャースの言う「カウンセラーは創造的であれ、模倣的であってはいけない」に真っ向から反するようなカウンセラーが続出したのである。

精神分析や分析心理学を修めた心理臨床家がぞくぞくと外国から帰って来て、クライエント理解が深まるにつれて、ロジャース派はカウンセラーの素人集団と見なされるようになっていった。

しかし、何でも二つ良いことも悪いこともないように、ロジャース派の初期の訓練はクライエントが述べる言葉に対しての鋭い感受性をカウンセラーにもたらしてくれた。今スーパーヴァイジーのクライエントの言葉に対する感受性を見ていると、大事な言葉遣いの差を聞き分けられていない。助詞、人称代名詞、敬語、婉曲表現のわずかな差に、クライエントの心のあり様が生き生きと表現されているのに、それに気づかないことが結構多い。なぜなら、言葉に鈍感なためである。自分が鈍感であることを、自分が鈍感なために気づかないのである。これは喜劇的な悲劇である。

スーパーヴァイジーから私の言葉に対する感受性の鋭さと応答の言葉の豊富

さを指摘され、どうすればそれが磨けるかを教えてほしいと言われる。それはひとえに若い頃にロジャース派として受けた訓練によっている。

ロジャース派としての訓練とカウンセリング実践を数年経験した後、私の主な方法と理論は二つの方向に分かれた。その一つはロジャースが個人カウンセリングをやらなくなり、エンカウンター・グループを始め出したことが背景にある。私を指導していただいていた畠瀬稔先生もエンカウンター・グループに急速に傾斜された。それにともなって、もともと学生時代にキャンプ・カウンセラーとしてグループ・ワークに関心があった私は、エンカウンター・グループを多くするようになった。同時に、河合隼雄先生がスイスからユング派の資格を取って帰って来られ、ユング派のクライエント理解を講義されるようになった。私は河合隼雄先生が行われたカウンセリングのワークショップに参加し、それまでのロジャース派というか、私に欠けていたクライエントの内的世界の理解を急速に深めることができた。

その後、グループ・カウンセリングはロジャース派的に、個人カウンセリングはユング派的になっていった。幸いなことに、河合隼雄先生の学生やクライエントへの接し方を見ていると、ロジャース派と言われているカウンセラーよりも非指示的であるように思えた。共感的に、積極的に、理解的に聞くことは、カウンセリングの理論を超えて広く妥当する基本原理である。同時に、クライエントの心を理解できないところに受容はないことがこのときにわかってきた。そして、クライエントの心、というより人間の心の深さは限りなく深遠なものであることもこのときに知った。神経症的行動の奥に、クライエントの魂に関わる部分が眠っていることに気づかされた。さらに、受容・共感と純粋性の関係がエンカウンター・グループから次第にわかってきたのである。このことをさらに深めて確信できたのは、ロジャース研究所へ留学し、ロジャース先生はじめ、多くのロジャース派と言われる方々の実際の態度を見て学べたからである。

カウンセラーの純粋性

ロジャースの考え方でいちばん難しいのが「純粋性」の実践である。ロジャースはあるとき私に「カウンセラーの３条件の中で、自分は『純粋性』がいちばん大切で難しいと思っている。ひょっとすると『純粋性』が高まれば、共感も受容もその中に含まれてしまうかもしれない。自分自身も『純粋性』に関してはたえず成長の途上にあり、その極みからはかなり遠い」と話してくださったことがあった。

純粋性は自分自身であることである。自分自身でいられれば、相手も自分自身でいられる。自分自身の相手に対する感じが純粋に表現されれば、相手はまさに鏡に映った自分自身の歪みのない姿を見る。そこに純粋な相手の像と純粋な自分の像を得る。自他は区別され、自分の存在と相手の存在が、平等な地位と場所をもち、存在する。しかし、人間は自分の視野や概念でしか世界をつかめない。

フロイドが、分析家は曇りや歪みのない鏡になれと言っているが、純粋性はそれと近いものであろう。そのためにフロイドは、クライエントとカウンセラーの治療関係に起こってくる転移―逆転移に重要性を見た。転移はクライエントの無意識の願望や人間関係のあり方、エディプス・コンプレックスなどの反映であるので、それが治療にもつ重要性はわかるが、逆転移の方はクライエントを歪まず見て、クライエントの無意識の内容を反射するためにはじゃまになるもので、セラピストの人格とコミュニケーションのあり方に関わるものである。クライエントが転移を起こすことは治療的だが、セラピストの逆転移は鏡の反射や性能を歪めるものとなり、セラピストのコミュニケーションに夾雑物を持ち込むことになる。転移と逆転移の体験的学習に、教育分析が必修のものとして重要視されるのも上記のような意味があるからであろう。しかし、逆転移は治療関係にとって、無用でじゃまで有害であるだけとは限らない。少しの逆転移も起こらないような治療関係はあり得ない。なぜなら、人間が人間に会っているからである。逆転移も治療には必要なものをもっている。逆転移の量と質が問題なのである。

ロジャースは転移―逆転移は人間関係で自然に起こってくるもので、そこにはあまり焦点を当てなかった。しかし、カウンセラーが純粋になろうとすればするほど、自他の区別をはっきりさせなければならない。逆転移とはクライエントの感情だとカウンセラーが思っているものが、実はカウンセラーのものであったり、クライエントの感情がカウンセラーの感情になってしまったりすることである。それは自分自身の感情を自分がはっきりつかめていない状態である。このことに気づかなければ、カウンセラーは己の純粋性からほど遠いところにいる。逆転移がクライエントとカウンセラーの間に起こる自然な感情だとしても、自分の感情なのか相手のそれなのかを区別しておかなければ、カウンセリングは成り立たないだろう。この点をハッキリさせないと、カウンセラーは自分の思いを正確にクライエントに伝えることができない。それができなければ、ロジャース派のカウンセリングは成り立たなくなり、どこかで自己矛盾を起こすことになる。

転移―逆転移の軸をもったトレーニングをしないロジャース派は、心の深い層（ロジャース派は層理論をとらないので、たとえば深い感情とでも言っておいてよいと思うが）でのコミュニケーションが難しくなる。先に述べたように、クライエントを理解できないようなことが起こってくる。ロジャース派ではクライエントを理解できない原因を単にカウンセラーの未熟さに帰しがちであるが、もしカウンセラーが己の直観を信じて、クライエントにその直観をコミュニケートし、自己の感情をフィードバックできたら、この問題は一歩前進する。しかしここに、逆転移の問題、自己と他者の区別の問題が持ち上がってくる。それはあくまでカウンセラーの純粋性を要求するからである。

カウンセラーの内的直観

カウンセラーの内的直観をフィードバックし、逆転移の問題をロジャース派的に処理しようとすれば、グループ・メンバーの主観的客観性を指標にすればよい。主観的客観性とは、それ自身は個々人の主観的判断だが、多くの人々がある種の現象を一致して感じたとき、その主観的判断には客観性があるとすることである。1枚の鏡では、それがそのものかどうかの立体的判断ができなかったものが、合わせ鏡では判断できる。1枚の鏡では見えなかった部分が合わせ鏡だと見えてくることがある。

カウンセラーの内的直観をクライエントにフィードバックすることは、カウンセリングにおいて大切なことである。カウンセリングとはカウンセラーの内的直観をクライエントにフィードバックすることによって、クライエント自身の内的コミュニケーション（intra-communication）が促進され、それによってクライエントの内的世界の再統合が促進される過程だからである。しかし、カウンセラーの内的直観は、それがもつ肯定的度合いと質によってクライエントを傷つけることがある。ロジャースはエンカウンター・グループの方が個人カウンセリングより自分が自由に思ったことが言える、と話していた。それは自分の勝手な判断や思い過ごしがあるときに、グループだとメンバーがそれをチェックしてくれるからである。確かにファシリテーターが敏感にグループの雰囲気を察知し、権威的・権力的・操作的・自己顕示的でなく、メンバーと同じ地平に立ち、メンバーとの平等性を認識していれば、ファシリテーターはたとえそれがかなり否定的な色合いの強いメッセージでも場にフィードバックできる。

これが個人カウンセリングだと否定的色合いが強いメッセージがなぜ自分の心に湧いてきたかを自己分析し、分析した結果をいかにすればクライエント自身の成長に役立つようなメッセージとして表現できるかを考え、応答しなければならない。なぜならば、否定的なメッセージはよほどクライエントとのラポールが確立していない限り、治療に負の要因として作用するからである。否定的メッセージを肯定的メッセージに変えるときに、カウンセラーの心の中(感情)も肯定的になっていないといけない。そうでないと、このメッセージは二重拘束性のメッセージになるからである。これら一連の作業は一瞬のうちにカウンセラーの心の中で行われる必要がある。一瞬のうちにできなければ、タイミングにずれができるので、次の機会まで待たねばならないからである。

否定的直観を肯定的直観にまで掘り下げる作業は、カウンセラーの人間信頼をベースにしている。カウンセラーはクライエントに腹を立てる人ではない。腹を立てる人でない人に腹が立つときは、その人の行動を自分の腹が立つレベルでしか見えていないからである。こちらに腹を立てさせるような行動しかできないその人の気持ちや人生まで理解し、その人が他人に気持ちのよい反応ができるような方向へ向かうような人間的成長をもたらせる反応をカウンセラーができるためには、相当の人間的成熟をカウンセラーの側に要求される。人間的成熟なしにこれを行えば、口と腹が異なる二重拘束性のメッセージになってしまう。純粋性とは自己一致とも言われるように、口と腹が一致していることである。ロジャースのいう自己一致がどれほどカウンセラーに精神的円熟を要求しているかがおわかりになったと思う。

エンカウンター・グループ

自分自身は純粋性の極みからすれば、まだまだほど遠い途上にあると自ら述べているように、ロジャース自身はこのことがよくわかっていた。否定的直観をそのまま述べても、クライエントにとってそれが肯定的な意味をもつような治療場面、それがロジャースの目指していたエンカウンター・グループである。ロジャースのエンカウンター・グループの記録映画『自己への道(Journey into Self)』を見るとこのことがよくわかる。ロジャースは「エンカウンター・グループは民主的なものでなければならない。自発的なものでなければならない」と述べている。ファシリテーターの役割がグループに理解され、ファシリテーター自身がグループに開かれていないと、メンバー相互がもつフィードバック機能が働かず、否定的なメッセージがますます強固な力をもち、ついにはメンバー個人を破壊することになる。民衆の怒りは暴君の圧政を破壊できると同時に、個人の権利も破壊することがある。民衆の多くの叫びが単なる時の権力者の思惑であって、それが個人の尊厳を壊してしまうことをわれわれは歴史で幾度も体験している。グループの怖さはここにある。

グループの力に委ねると言って何もしない、グループにも開かれていないファシリテーターがエンカウンター・グループをすると、怠惰なグループや衆愚エンカウンター・グループになる。勝手好き放題のエンカウンター・グループになってしまう。エンカウンター・グループに対する社会批判はこのようなグループがもたらしたものである。

カウンセラーにとって「純粋性」は難しいものである。しかし、エンカウンター・グループやエンカウンター・グループでの苦い思いや甘い感じをともなう体験から、開かれた自己の直観を肯定的なメッセージに高め、しかも二重拘束的メッセージやそのような態度を避けることを私は学ぶことができた。

ロジャース研究所での私のスーパーヴァイザーは二人いた。一人はユング派に深い関心をもち、自らもユング派のセラピストから教育分析を受けた人である。最初の講義はグリム童話『手のない娘』に関する心理学的意味を論じるもので、ユングの分析心理学的解釈を中心にしていた。もう一人はゲシュタルト・セラピーに関心が深く、カウンセリングにもそれらの技法を使っていた。私は自分の身体の動きや動作に、自分の気づいていない自分に対するメッセージがあることを知った。夢の内容や登場人物を自分のものとして感じて演じなおすと、そこにも自分に対する実存的メッセージがあった。動作と身体に対する感受性が深まった。二人とも感受性が豊かで、人柄に人間味があふれていた。人間の思いを純粋に感じる心をもっていた。

あるとき、彼女のエンカウンター・グループに出た。一人の女性が夫との関係に悩み、女の悲しみをメンバーに訴えた。メンバーの中の数人の男性や女性がすぐに彼女のところへ行き、彼女を抱きしめ慰め始めた。メンバーの態度ややり方を見ていた私には、それはアメリカ臭い、何か真実味の乏しい光景に見えた。ちょうど彼女の隣に座っていたのが、ファシリテーターをしていたスーパーヴァイザーのベティだった。ベティがどのような態度をしているのか、興味があったので彼女の方を見た。ベティはうつむいていて、よく顔が見えなかった。何げなく視線を落とした私に、彼女のジーンズの一点が濃い青に染まっているのが見えた。濃い青がゆっくり広がっている。彼女の目から涙の粒が静かにジーンズに落ちていた。私は冷静に皆を眺めるだけで、メンバーの心を感じていない自分を恥じた。

もう一人のスーパーヴァイザーであるパットは清潔で人格者で、陽気で気さくな人である。ロジャースがわれわれの前で「自分より何倍もの感受性を君はもっているね」とほめたような人である。彼のカウンセリング・テープを聞かせてもらったとき、クライエントの女性が「海へ行きたい、走って行きたい」と彼に言った。彼はすぐにそれに応じている。そして、海まで走って一息ついたときに「さあ、帰ろう」と面接室へ帰ってきた。その清々しさとタイミングのよさ、女性の心を感じる優しさと清潔さ、それは人間味とはこういうものだと感じさせるものだった。彼は「ファーザー、パット」と呼ばれていた。神父さんのような、優しいお父さんのような人だった。

ここでロジャース研究所から帰国したときに私が見た夢を紹介する。「(私はもうすぐ帰国を控えていた）日本から来た友人をロジャース先生に紹介し、その話し合いが終わった（こういう事実はあった)。ロジャース先生は友人にサヨナラを言い、それから私の方を向き直り『ヒロ（ロジャース先生は私をいつもこう呼んでいた)、もうすぐ帰るんだね』と私に別れの抱擁をした。そして、自分の心臓と私のそれを重ね合わせた。私には先生の心臓の鼓動が聞こえてきた。先生は『私が君に教えたかったのがこのハートなのだ。こうして重ね合わせただけで教えることができたら簡単なのだが、人間はそうはいかないね』と言われ、去っていかれた。私は涙にむせびながら目が覚めた」。ロジャース研究所で学んだことは日本のロジャース派から自由になれたこと、ユング派の考えをロジャース派的に実践すること、身体や動作の感受性が増え、それを言葉でフィードバックする方法を学んだこと、それとハートの大切さであった。私がロジャース研究所から帰ってきてしばらく経ったとき、それまで接していた日本のロジャース派の人たちから、ロジャース研究所へ行ってユング的になったと言われた。私はユング派になったわけではない。ロジャース先生の自由さとロジャース研究所の幅の広さが、日本的ロジェリアンの枠にしばられていた私の枠組みを広げてくれたのである。私はそれだけ自由になった自分を感じた。

内的世界の理解

第1の記述が長くなったが、次に第2の方向性、ロジャース派としての自分に欠けていた内的世界の理解について述べたい。ロジャース流のカウンセリングをしていた数年間、驚くほどクライエントが治っていった。今になって正確に言えば、クライエントが治ってくれたのである。しかしその後、自分としては同じようにしているのに、いやもっとうまく応答できているのに、クライエントがだんだん治らなくなってきた。別に失敗したのではない。クライエントは来談してくれている。しかし、治らないのである。症状が消失しないばかりでなく洞察も得られない、だらだらと面接の回数だけが増えていく。カウンセリングがクライエントのカタルシスになっているのはわかるのだが、それ以上に面接が深まらない。私は焦った。初心に帰ろうと努力した。そのとき、あることに気づいた。Ａさんに効果的な応答が、Ｂさんにはまったく無効なのである。Ａさんが神経症圏の人で、Ｂさんが分裂病レベルの人だから応答の入り方が違うというのではない。いくらロジャース派だと言っても、２～３年心理臨床をしていれば、分裂病圏のクライエントと神経症圏のクライエントとのコミュニケーションの差ぐらいわかる。カウンセリングはカウンセラーとクライエントとのコミュニケーションを媒介にして行われるので、クライエントの差によってコミュニケーションや応答を変えるぐらいの感受性がなければ、カウンセラーは務まらない。

ロジャースは診断には懐疑的だったが、それは診断することによって人間にラベルを張ってしまい、それが先入観となってその人そのものの理解が妨げられるからである。診断が先入観になってはいけないが、人はすべて自分の概念やイメージによって世界を把握しているので、あらゆる先入観を排してというのと先入観にとらわれないというのは違う。まったく先入観がないのは単に未学習というだけである。私がやがてわかったのは、ＡさんとＢさんとの違いは彼らの内的世界のあり様の違いだったのである。クライエントの世界は一人一人違う。この当たり前のことがカウンセラーの条件ばかり考えていたのではわからなかったのである。ここに内的世界の理解がカウンセラーにとって必修のこととなる。難しいのはこの次の時点である。

内的世界の理解を深めるためには、典型的なケースや神話、童話、論文、夢分析や夢の性質について、文化人類学や動物行動学などの多方面にわたる学習が必要である。少しの学習で得た典型的知識をクライエントに当てはめると偏見になる。精神分析をかじった初心者のカウンセラーのクライエントの見方は、モザイク状に切り取った人間観の寄せ集めたもので生きた人間を解釈したり見たりしていることが多い。これがロジャースが指摘した分析家の欠点の最大のものであるような気が私はしている。

偏見は少ない学習からもたらされる。多く学習すればするほど、偏見は少なくなる。多く学習すればするほど、多面的な見方ができる。多く学習するうちに、いずれも正しいが正反対の事柄があることに気づく。この世の中、正しいことは一つでなくたくさんある。心の現象には二律背反が多いと言われているように、いくつもの正解が心の理解にはある。多く学べば、ある事実に出会うまで知識は影に潜んでいる。クライエントにある現象・行動・作品・夢が出た瞬間に、それに合う知識が浮かび上がる。「クライエントについてできるだけ多く考え、そのすべてを忘れてクライエントにのぞめ」と言われていることはこのことを意味している。すべてを考え、すべてを忘れるためは、すべてを感じられる知識が必要である。

私はこのことに薄々だが気づいていた。しかし、それを言ってもなかなか理解してもらえなかった。なぜなら正式の精神分析のトレーニングを外国で受けた先生が帰国されるまで、従来の指導者がこれに対して知識的にはともかく、臨床的に無知だったからである。これ以後、自分がスーパーヴァイザーとしてスーパーヴァイジーに向かうとき、私の方がわかっていないのではないかとたえずチェックしなければならないと思っている。そしてこれはスーパーヴァイジーにだけでなく、クライエントに対しても同様なのである。レインは『わが半生』の中で、従来の精神科医の患者理解と彼が感じた疑問について注意深く述べている。彼は睡眠時間を削って勉強した人であり、従来の精神科医の常識で判断せず、たえず患者が述べることに真実はないだろうかと考えた精神科医である。

「少し学べば偏見になり、多く学べば理解になる」ことを私は精神分析家から学んだ。

3　カウンセリングの理論と方法

“地図”を作る人間

野性動物にノイローゼはない。死を考えるのは人間だけである。人間は「いま・ここ」に生きているのに過去を振り返り、それにとらわれ、未来を考えて不安になる。どうして人間は「いま・ここ」に生きられないのだろうか。「いま・ここ」に生きることができたら、人間は悩まなくて済むし、ノイローゼにもかからない。しかし、悩んで成長するのも人間である。悩むから人間である、とも言える。それはもっぱら大脳を発達させてきた人間の宿命に負っているのであろう。

人間は学習しながら生きている。その量は他の動物とは比べものにならない。学習は具体的なものだけでなく、抽象的な概念を含む。感情や直観など、論理的・意識的に把握できないものまで含んでいる。ひょっとしたら、遺伝子に刻みこまれたものや遺伝子レベルの学習、現在の科学では証明不可能な学習が含まれているかもしれない。

学習はイメージや概念として取り入れられ、身体や脳に覚え込まれる。小さい子どもが机の下にもぐり込むと、頭をぶつけながらでないと前進や後退ができないのは、机の高さと頭と身体の位置の地図が脳にできていないからである。運転の未熟なときや他人の車を借りたときに運転が難しいのは、その車特有の車幅やクラッチやブレーキのもつ性質や実体が、地図として大脳に入力されていないからである。腕を切断した人が、実体がないのに親指が痛い幻覚痛に悩むのは、脳の中にある親指の地図に登録されている親指イメージがなんらかの刺激によって痛みを覚えるのではないかと考えられる。イメージを使った学習理論による心理療法は、他の心理療法に比べて、いちばん直接的に実体に合わないイメージを再学習により実体に合うように修正しようとするものである。タイムスパンが短く、恐怖症のように具体的な対象がハッキリしているとき、イメージを実体に合わせる再学習が容易になる。逆にタイムスパンの長い人生の問題や具体的な対象がわかりにくい問題は、再学習や学習のターゲットを絞りにくい欠点をもっている。

大脳の地図の形成、イメージの形成、概念の形成は、具体的な事物から学習し、地図として保存されるだけではない。保存され、記憶されたもの同士が結びついて、まったく新しいイメージが形成される。酸素と水素がある条件で結びつくと、まったく性質を異にする水ができるように、条件次第で何ができるかわからない。化学なら実験によってその原理を確かめることのできるものは多いが、人間の脳は化学反応を起こさせるようには簡単に実験したり、操作したりできない。その化学にしても、結びつきやすいものとそうでないものがなぜ存在するかや、偶然の可能性や生成の神秘を解明するのは究極にはできないものかもしれない。人間の心の理解が生成の神秘や錬金術のプロセスと深く関わって類推されるのは納得できることである。

地図は現実のそれと同じように、現実が動くのでたえず修正する必要がある。10年前の地図ではすっかり変わってしまった場所は歩けないし、目的地を捜すこともできない。現実の町はいちいち確かめられるが、抽象的な地図は確かめようがない。人間のもつ地図はいろいろあり、現実に確かめられるようなものとそうでないものがある。現実に確かめられるものは比較的簡単である。新車に乗った2、3日はまごつくこともあるが、慣れるにしたがって新しい「地図」ができて前の車のイメージは修正され、新しい車への適応がよくなる。

古い地図で現実を見ると、どこが変わっているかがわかる。地図が頭の外にあり、地図と現実とを見比べることができると、地図の古いことがわかるからである。しかし、人間の地図は脳の中にある。これを通して現実を見ると、その見方自体も人間はイメージによって把握しているので、現実が歪んで見えてしまう。これはイメージが作用している部分で行われるので、それが歪んでいるかどうかわからない。当人は意識的にはハッキリ現実を見ていると思っているが、現実とその人の行動を客観的に見ることができる他人には、時々この歪みがわかることがある。

今、現実を一応の客観性のあるものとしているが、実はそのようなものは厳密な意味では存在しない。人間の大脳が発達し、物事をイメージでとらえるようになって以来、人間が見ることのできる現実はなくなった。しかし、現実と幻覚をわれわれが区別している基準はある。われわれは主観的にしか物事を把握できないが、多数の人間のほぼ共通した世界は、主観的な客観性をもっている。これをわれわれは現実と呼んでいる。その現実はありのままの「現実」でないかもしれないが、それでも現実であるように多くの人に感じられる世界である。その世界と衝突したり、その世界に住んでいる人々と自己のイメージにずれがあったりすると、そこに不適応の世界が生まれる。不適応の世界でわれわれは生きにくい。ゲシュタルト療法は古いゲシュタルトで新しいものを見るときの歪みを「いま・ここ」の新しいゲシュタルトに変えて、世界を見直すことを直接的にさせる方法である。ゲシュタルト療法は、身体に覚え込んでいるゲシュタルトや頭で想起するゲシュタルトと、身体で表現される感情表現の差とを新しい「いま・ここ」のゲシュタルトとして再構成させる技法を開発した。

いちばんの問題は、現実的・覚醒的に確かめられない世界にあるものの地図の変化をいかにとらえ、現実に合わせて修正するかである。これはある意味ではあきらめなければならない部分を含んでいる。もともと、現実をイメージや概念としてとらえて人間は地図を作っているので、何が現実で何がイメージかがハッキリしない。個人の世界はすべてがイメージだとも言える。荘子が胡蝶の夢を見たときに「荘子が胡蝶の夢を見たのか、蝶が荘子が寝ているのを見たのか」と問うたように、ある意味でそれは確かめることができないものなのである。同じものを違う人間が見たとき、それぞれの人が抱くそのもののイメージは異なる。同じと思っていても実は異なっている。当然イメージが異っていると、同じものを見たとは言えない。「盲人が象をなでる」のたとえは、盲人のことではなく人間全般のものの見方のたとえである。同床異夢とは行動を共にしながらも考えの違うことを一般に意味するが、人間の共同行為は極端に言えば、すべてが同床異夢である。岸田秀が『ものぐさ精神分析』で述べている「共同幻想」も、人間のものの把握と保持のしかたを考えれば当然のことである。ものの把握の違い、概念の違い、イメージの違いが、個性と創造性と狂気を生む。そのことが人間が一個の独立した人間であることを可能にしている。

個性・創造性・狂気

個性と創造性と狂気は、同じ大地から生えてきた親戚の植物のようなものである。個性と創造性は多くの人間から認知され、受容されたものであり、狂気は認知されていない鬼っ子のようなものである。その狂気にしても「そのようなものだ」と認知・受容されれば、極端な個性のようになる可能性をもっている。イタリアでは現在、精神病院が廃止されている。病者が町に受け入れられて暮らすようになると、狂気の度合いが軽くなる。病者と健常者の区別がつかなくなる。レインの試みも同じことを物語っている。

狂気が恐れられるのは、われわれが現実だと思っているイメージを崩すところにある。現実イメージが崩れると、われわれがわれわれだと思っている基盤が崩れる。ガリレオやコペルニクスは当時、狂人だと思われていた。あるいは狂人に思われないために、自らの認知したことを歪めたり隠したりしていた。そもそもこの行為はノイローゼの一種である。しかし、間違っていたのは一般人の方だった。それこそコペルニクス的転回で、彼らは天才、創造性豊かな人とみなされるようになった。

狂気の世界や鋭い創造性の世界は、覚醒したときに見える世界というよりは、夢やユングの言う集合的無意識の世界と親和性をもっている。われわれは夢の中で、被害妄想（殺人鬼やわけのわからないものに追いかけられる）や強迫神経症状（走っても走っても進まない）などをしばしば体験する。そうした恐怖の夢から覚醒したときの安堵感は、われわれが現実を信じている姿である。夢や集合的無意識が覚醒状態の世界と混在してくるときに、われわれは他人から見るとおかしくなったと思われる状態にいることになる。

われわれの現実感や普通人イメージは、あちらの世界から混入したものを排除しようとしたり、抑え込もうとしたりする。うまく排除、抑圧できている間はいいが、これらはもともと存在するものだから抑えきれるものではない。抑えようとして漏れてくるとき、それは自我に認められていないので、症状のような形をとりがちになる。逆に、それらの世界を心が感じるままに、ありのままに覚醒した世界で表現できたら、理解の程度はともかく、われわれはそれを狂気とはみなさないだろう。そうすれば少なくともその個人は、われわれ他人にわかるだろうと考えられる表現形式をとる。こうした表現が多くの人の心に感動を与えたときや多くの人の現実の世界を変革できたとき、それは芸術や創造的産物とされ、その個人は評価と名声を得る。

箱庭療法や夢分析はあちらの世界に存在するものを、こちらの世界で表現させるための手段を与える療法である。それは漏れ出たあちらの世界の内容物を、あちらの世界に帰す作業とも言える。文学・絵画・彫刻などの芸術は、あちらとこちらの世界をつなぐ昔からの自然な通路（手段）であり、心理療法はその簡便な手段なのかもしれない。芸術行動はより普遍的に研ぎ澄まされた技術と感性が必要なのに対して、心理療法は個人が対象であるため、個人的な表現、個人的な世界の表出で十分だからである。表現の過程はカウンセラーだけがわかればよいのである。

コンピューターと人間

人間の脳はよくコンピューターと比較される。コンピューターの記憶は一度記録されると、消去される手続きをとるか事故が起きない限り消えない。演算スピードは人間の何百倍、何千倍あり、記憶容量は桁違いに大きく、理論上はいくらでも大きくできる。一方、人間の脳は脳細胞の変化によって、記憶が消えてしまったり、薄れたりする。消えてしまうだけでなく、違う記憶に変化してしまうことがある。そのかわり記憶を消そうとしても、コンピューターの事故や故障のように脳を破壊したら別であるが、手続きとして記憶を消す手段がない。催眠が一部その手続きをもっているように思えるが、コンピューターの消去や削除の手続きのように完全ではない。催眠による消去は、暗証番号を使った特別な記憶と似ていて、脳の生体としての変化が起こる以前では、暗証番号さえわかれば記憶は復活する。それに記憶を消そうとすればするほど、その記憶は鮮明さを保持する。意識するとよけいに消去できない性質を脳はもっている。人間の行動は意識すればするほど、そのものに取りつかれるはめになる。眠ろうとすればするほど、眠れなくなる体験は誰でももっているだろう。

忘れたい失恋体験ほど鮮明に傷となって記憶に残る。強迫行動は止めようと意識すればするほど、ますます執拗になる。

どのような心理療法でも、クライエントに自由に語ってもらったものをできるだけそのまま受け入れ、理解し、クライエントが自分の心が理解されたと感じられた場合、固着し、複合した思いが徐々に氷解していく。脳に染みついた思いが薄れ、風化する。フロイドは「抑圧された内容は古代遺跡と同じように、発掘されると風化する」と述べている。ロジャースのカウンセラーの３条件は、イメージとしてクライエントの脳に保存されている心の傷をカウンセラーが理解し、受容することにより、クライエント自身に語らせ、表現させることによって傷を癒し、新たに健康的な自分イメージを創造できるようにする自然な方法である。しかし、この傷や思いが、まるで金庫に管理されているような場合は、ただ単にカウンセラーが上記の条件を守るだけでは表に出てこない。より正確な言い方をすれば、クライエントの抵抗が強すぎて、逆にカウンセラーが条件を守れないような状況に追い込まれてしまう。これを打開するためには金庫を開ける知識や金庫の中を見る装置が必要である。精神分析はそれらの知識や技術を数多く積み重ねてきており、金庫を開けるいちばんの方法をもっている心理療法の王道として用いられている。しかし、知識や技術の積み重ねは、人間を生きた存在として見ることを軽視する傾向を時として生むのも事実である。これに人間がエネルギーの消費を極力小さくしようとする傾向をもち、保守的であることが輪をかける。カウンセラーは個々のクライエントの心の特性や症状形成のメカニズムを、既知の知識で間に合わせようとし、省エネルギーをはかろうとする。このことの反省が、もっとクライエントの言うことをそのままに聞いて自然に表現することを援助しよう、という方法に戻る初心回帰現象を何年かのサイクルで生じさせている。

最近「ファジィ」という言葉がしきりに使われている。人工知能の開発により、人間の判断機能にコンピューターを近づけようとした努力の結果である。あいまいさはまさに人間の判断の特徴である。「はい」と「いいえ」しかない判断基準の寄せ集めで作られたコンピューターは、最終的には大きく分類すれば、やはり「はい」と「いいえ」しか判断しかできない。「嫌い嫌いは好きのうち」との言葉があるが、コンピューターなら好きは好き、嫌いは嫌いである。あるいは、何％好きで何％が嫌いといった割合でしか判断できない。嫌い嫌いは好きのうちの「うち」が実に曲者なのである。「うち」は量でなく、質的なものである。どれぐらいまでが「うち」と言い切れないところに値打ちとややこしさがある。人間の判断は多様なあいまいさを含み、すぐ変わるところをもっている。判断が多様であいまいですぐ変わるから、多様に変化する世界、生きている世界、動く世界に対応できる。逆に、あまりにもファジィすぎて、何がどうなっているのかの判断がつかないことも起こる。また、ファジィの度合いが人間の個性にもなっている。何事も白黒で判断するコンピューター的な人間から、いたってアバウトな人まで多様である。

心や感情はファジィの最たる物である。あいまいさはあまりに過ぎると役に立たないし、人間を不安にする。人間は絶対を求めたくなる。それが神である。一方で人間は絶対者にしばられることを望まない。それが無神論者である。無神論者もどこかで神を頼り、熱心な信者もどこかで神を裏切る。それは人間がもつ心の本質の一つであろう。自信のあるカウンセラーはカリスマ的になりよく治すが、まったく治らないクライエントも続出する。自信のないカウンセラーのところへクライエントは来ない。自信はないが一生懸命なカウンセラーは、クライエント側に力があれば自然な心理療法ができる。自信があっても増長しないカウンセラー、いつもクライエントと共に創造する心をもつカウンセラーが理想かもしれない。

最近、トランスパーソナルな考え方が心理療法に影響を与えている。確かに普通の人の感覚を超えた感覚の持ち主がいる。昔の（今も、かもしれないが）密教の聖者や行者には、凡人には計り知れない能力をもった人がいることは事実である。われわれの脳細胞の数からすると、それを有効に活用できている人はわずかだと言われている。修行やトレーニングによって、もしそれらの開発が行われたとしたら、別に不思議なことではないのかもしれない。また、人間は遺伝情報にしばられている割合が他の動物に比べて少ないと考えられているが、はたしてそれが本当かどうかは不明である。遺伝情報はコンピューターに類比させて言えば、ハードに付随したソフト、すなわちハードを起動させ、他のソフトを作るための基本ソフトである。基本ソフトの欠陥や特性はソフトの性質を規定する。現代は遺伝子組換えができるようになり、今まで突然変異を待たねばできなかった基本ソフトの書き換えができるようになった。今の植物や大腸菌レベルでの遺伝子組換えが、高等動物にまで行われるようになれば、われわれの心の概念が変わるかもしれない。こうした研究は 1970 年代にすでに悪魔の学問ではないかと一部で言われたが、この領域の進歩はわれわれが心のどこかに置いている神をも変化させるかもしれない。

セラピストにとっての理論と技法

以上、心理療法の理論的背景について大ざっぱな私見を述べてきた。これをひと言で述べると、あらゆる心理療法は何らかの意味で人間のイメージの創造、変容、拡大、統合に関わっている、となる。心理療法は理論の数より、技法の数の方が多いと言われている。理論は定かではないが、よく治る技法もある。よく治ることがわかった後に理論が考えられたものもある。これは臨床の常として、演繹的な解答より、経験の積み重ねによる帰納的な解答をとりがちだからであろう。

私は第１節で述べたように、日本でロジャース派の理論と技法による最初のトレーニングを受け、アメリカで直接ロジャース先生の教えを受けた。同時にそこでユング的ロジャース派とゲシュタルト的ロジャース派のスーパーヴァイザーから指導してもらった。さらに日本での恩師はユング派の河合隼雄先生である。種々のオリエンテーションと自己のカウンセリング体験から、クライエントの個性、自我レベル、病態水準、悩みの深さ、年齢、性別などによって、コミュニケーションのあり方、感情表現の方法に違いはあるが、カウンセラーとクライエントのコミュニケーションのよさ、深さ、内容によってカウンセリングは決まるように思われる。そして、カウンセリングを支えているカウンセラーの人間性の重要性にますますウエイトを置くようになってきた。

心理療法は、セラピストとクライエントの対他的コミュニケーション（inter-personal communication）、およびそれによって促進されるクライエント内部の対自的コミュニケーション（intra-personal communication）を通して行われる内的世界の再統合過程である（図 1)。コミュニケーションの方法はいろいろある。言語、夢、箱庭、絵画、音楽、イメージ、プレイなどがよく用いられている。コミュニケーションの手段や方法は、クライエントとセラピスト双方の心の表現手段、理解を伝達する手段として適切なものが第一である。絵が下手で、絵がわからないセラピストには絵画療法は難しいように、それぞれの表現方法には得意な分野と得意なクライエント・セラピストがある。

クライエントの対自的コミュニケーションを促すのがセラピストである。それを促す最大の要因は、セラピストが己の内的直観をクライエントにいかにフィードバックするかである。心理療法と心理療法というものの違いは、前者がセラピストの行動と内的直観に乖離がないのに対して、後者はそれが大きいことである。ロジャースが「純粋性」を最重要に考え、いちばん難しいとしたのも、セラピストの心を己の内的直観に常に開いておくことが難しいからであ

図１　心理療法におけるコミュニケーション図式

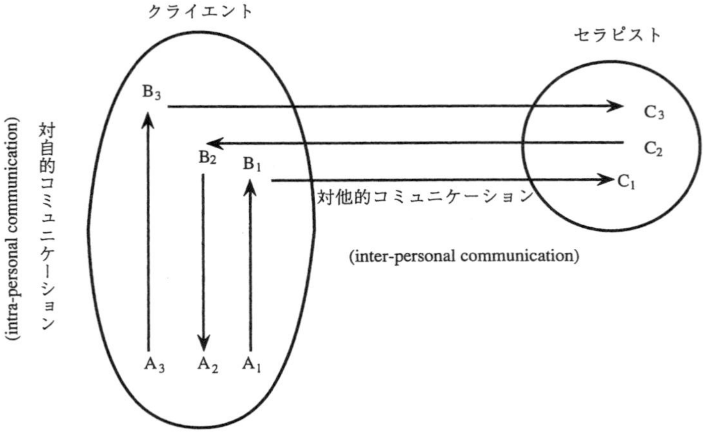

る。己が内的直観に開いていると、クライエントの存在の有り体をつかむことができる。つかんだものをクライエントの内的世界の最統合に役立つように、クライエントの対自的コミュニケーションを促進するようにフィードバックするには、セラピストの肯定的見方が必要である。形はどうであれ、セラピストのフィードバックがクライエントに肯定的に受け入れられねばならない。

これができるためには、セラピストが己の純粋性を高めるための人間修行とクライエントの全体像をつかむための知識と技術、臨床体験が必要である。純粋性がその極みまで高められたとしたら、ロジャースの言うように、診断も技術も知識も不要であろう。しかし、それはある意味でカウンセラーが人間味あふれる悟りの人になるようなものである。われわれは、なかなかそうはなれない。われわれには人間的修行を積むのと同様に、知識も技術も理論も必要である。それらの総和がその時点でのセラピストのセラピストとしてのすべてであるからである。

このような観点から、今回のカウンセリングの過程を検討していただければ幸いである。

第 2 章

教育分析の実際

クライエント：35歳、独身、男性。大学院修士課程修了後、職業カウンセラーを目指し、事務所を開きながら、研究生として心理療法の研修を積んでいる。現在、祖母と母と同居。父母は彼が子どもの頃に別居し、20歳のときに正式に離婚する。父親との交流はない。妹が一人いたが、幼児のときに死亡した。カウンセラーとは師弟の関係である。教育分析なので特別な主訴はない。

カウンセラー：筆者

クライエントのバウムテスト

カウンセリング6カ月前

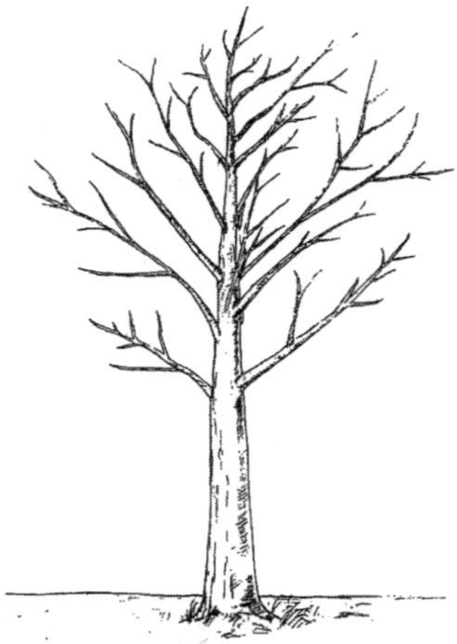

カウンセリング6カ月後

第１セッション　「ときどき感情が爆発します」

【平成Ｘ年４月17日】

カ$_1$　それでは50分ずつ、これから１年間かけて、約20回、話し合っていきたいと思います。

ク$_1$　よろしくお願いします。

カ$_2$　どういうことからでも。

ク$_2$　話し合いに入る前の話なんですけれど、最初は何もないなあ、大丈夫だと思っていたのです。でも３月頃に歯が欠け、耳がはれたことが１～２回あったのです。２年前、研究室に入ったときにもはれて、５月の連休までずっとはれていました。耳の方は治りましたが、今度はアレルギー性鼻炎と痔の方の出血がありました。自分の意識では本当に自分からこのカウンセリングをやりたい、前進したいからという感じで受けることになったのですが、それが原因で身体に出てくるのかなって思いました。

カ$_3$　あまりひどい出血が起こらないようにしたいと思っています。

ク$_3$　よろしくお願いします。卒業前に、１回だけ面接をしていただいたときのことを昨日は思っていたのです。あのときは自分がオープンになろう、オープンになろうって思って、逆にその分抑えてしまうものがあって、ブロックしてしまったという感じがあったので、今度はそんなふうにオープンになろう、オープンになろうっていうのじゃなくって、言いたくないことは言わないようにしようと思っています。（そりゃ、そうですね）〈沈黙18秒〉いつもそうなんですけれど、研究会とか合宿でエンカウンター・グループみたいな感じになるときは、涙が出るのです。それは自分のことのときもあるし、人の話に感じて泣いてることも多いのです。本当に共感できたから泣くのだといいのですが、自分の中で処理できない感情があって、そのへんを一段登りたいという思いがあるのです。今回の面接でそのへんを考えられたら、と思っているんです。（はい）〈沈黙５秒〉それともう一つは、最近のことなんです。２日前にも喧嘩をしてきました。バイトに行っていろんなテストをやっているのですが、そこにずっといる人から指導を受けているときにムカッときてしまったのです。それがなんと２回目だったのです。どうしてもがまんできないことがあるのです。もう一つ自分で気づいているのは、研究会でも人が発表しているときにすごく腹が立ってくるときがあるのです。そのときは抑えて、レジメにいろいろ書いたのですが、それをシュレッダーにかけられて捨てられ、また頭に来てしまったのです。だからその人にひどい内容の手紙を書いたりしたのです。徹底的に攻撃しました。抑えていて、ふだん出せないけれど、自分の中に攻撃的な部分があるんです。（あーあーあー）そこも見ていかなければと、今は思っているんです。（ええ）冷静になれば、その手紙の内容をもう一度見直したりするのに。今は落ち着いています。それは、手紙の返事はないと思っていたのですが、返ってきましたし、どちらにも誤解があるとわかったので。（なるほど）だから、うまくはいっているんです。

カ$_4$　僕は今までそんなあなたを見たことはないが。

ク$_4$　先生がおられるときはわかってもらえるっていう感じがあって、言えるし、逆に先生に気を遣って見せてないところもあるのではないかと思うのです。（おそらくね）先ほどのことは、先生がおられなかった研究会のときですし、アルバイト先も先生はおられないし。（ええ）そんなときには攻撃的な自分が出ます。なぜ怒っているのかと聞く人がいたら、きっと怒らないと思うのです。

カ$_5$　なぜそんなに怒ったのかなあ？

ク$_5$　テストのバイトのところでは、クライエントのことをわかっていないのに、その人はわかったふうな所見を書いたりしていることがあって。

カ$_6$　わかっていないのに、わかったように見せるところに。

ク$_6$　所見の中身についてよく話し合うのだったらいいのですが。クライエントの顔も知らないで所見を書くことができるのかと思う。そんな考えで指導されるので、腹が立ってくる。それで、その子の本当の指導には役立たないだろうと。

カ$_7$　テストだけがクライエントから浮いていたような感じがある。

ク$_7$　テストだけから書いてくれと言われる。テストから言えることを書いてくれって。幼稚な絵のバウムだったら、面接から知的能力が低くないとわかっていても、知的に問題がないとはバウムからはわからないから、そんな一行は抜いてくれと言われる。自分は全体を見て所見を書きたいと思っているので、カーッときた。その子を見たらわかるじゃないかと。

カ$_8$　どんなときに、そう言われたのですか。

ク$_8$　所見を読んだ限りではその子の感じが、自分には全然わからないって言われたのです。そこで、この子はこういう感じの人で、と説明していったのです。身長や体重はこんな感じで、ボーイッシュな感じだとか、細かいことも全部言ったのです。すると、私らはそういう見方を勉強してないからというふうな言い方で言われ、それが当たり前みたいな感じで言われたので、クライエントを見ないでどうして所見が書けるのかと。

カ$_{9}$　それは本当にそうだね。

ク$_{9}$　自分のことを直接言われるのはなんともないけれど、クライエントがらみだとそうなるのです。

カ$_{10}$　クライエントがらみなんだね。

ク$_{10}$　友だちのことでそういう感情が起こってくることは、あまりないように思います。会社の後輩に会ったときにそんなことを思ったことはない。

カ$_{11}$　だから、クライエントには特別な思い入れみたいなものが生じてくるのだね。

ク$_{11}$　うーん、そうですね。（間）先生が「僕は何かをボウボウ燃やしてる」と言っておられたのが、それに当たるのかと思いました。何か火事みたいになってしまいます。燃やすことはいいけれど、適度じゃなくて、人に迷惑をかける部分がいっぱいあると思うのです。研究室でもそうだと思う。（なるほど）腹を立てているのはセラピストに対してなのです。

カ$_{12}$　セラピストにね。セラピストだったら、もっと理解してやっていかねばと。もっと全体の人間を見てあげてもいいじゃないかと。

ク$_{12}$　僕がその人をそのように理解すればよいのですけれど、それができないから。

カ$_{13}$　ハッハッハ。

ク$_{13}$　わかっていても僕にはできないところがあるんです。頭ではわかっても全然できないところがあって、ケースがからむと誰に対しても怒ってるし、ケースの記録をためて出さない人にすごく腹が立ってくる。セラピストのそのような態度に、ずっと腹を立ててきたなあって。この何年間か。（そうですか）自分ができているのかと聞かれたら、そうでもないのですが。記録には気を遣っていますが。（間）皆はふだん怒ってない僕を見てるから、ギャップを感じて、ピンとこないのかもしれませんけれど。（そうだろうね）怒ってるのも、泣いているのもそうですけれど、エンカウンター・グループのときとか、感情がブワッて出てきてコントロールできていないときは、そんなときなのです。

カ$_{14}$　だから理解されない人に対する思いが、自分の思いと同じような感じで迫ってくるみたいですね。

ク$_{14}$　そうですね。学会でもそうなんです。理解されていないクライエントを見ると、自分はできないのですが、腹が立ってしまって、泣けてきたりします。〈沈黙63秒〉僕は誰にわかってもらいたいと思っているのかなって、今、思いました。僕が泣いているとき、泣く話題は父親のことですが、誰にわかってもらいたいのかと自分が思ってるかなって考えたら、すぐに出てこないのです。母親は母親ノート法をつけてすごくうるさいっていうのはわかったし、いまだにやっぱりうるさいです。（注：母親ノート法とは子どもの問題で、母親の子ども理解のためのカウンセリングを行うときの技法で、これを行うカウンセラーは、訓練のため自ら母親ノート法を実践しなければならない。これはクライエントがそれを実践したときの話である。母親ノート法に関しては拙著『登校拒否』創元社、を参照されたい）（間）母親に対しては、甘えも理解もあるし、感謝もできると思うんです。むろん、何回も何回も同じことを言われたりしますと、腹が立ってくるのですけど。

カ$_{15}$　その腹立ちと、先ほどの腹立ちはちょっと違うみたいだが。

ク$_{15}$　全然違いますね。（笑）

カ$_{16}$　全然違うね。

ク$_{16}$　母親への腹立ちの方は今だったらコントロールできます。（そうね）母親へのイライラは、母親ノートをつける前は全然わからなかった。〈沈黙10秒〉母親にわかってもらいたいと思ってるのかなって考えたら、そうでもない。

カ$_{17}$　そうですね。怒りがどちらもいっしょだったらそうかもしれないけど。

ク$_{17}$　異質なものという感じがありますね。

カ$_{18}$　異質なもの。だから違うのでしょう。

ク$_{18}$　父親にわかってもらいたいのかなあ、と思うこともありますけど、今はまだなんかピンとこないのです。先生にわかってもらいたい思いはあります。〈沈黙90秒〉

カ$_{19}$　僕に対して、同種の怒りはありますか。

ク$_{19}$　いいえ。

カ$_{20}$　それは、ない。

ク$_{20}$　はい。

カ$_{21}$　ふむ、そうするとOBとか、テストの人に腹が立つときに、先生だったらきっとこんなこと、もっと丸抱えでわかってくれるのに、というような思いの方が近い。そのわかってもらいたいというのは。

ク$_{21}$　というか、僕が学会とかで感じる感じは、僕がイライラしてきたときに、先生が何か言ってくれたら、それでおさまる感じがあって、先生が言われるのを待っていたりするのです。僕が言えば攻撃的な言葉で言うと思うのです。そこで先生だったらそれを逆に抑えてくれると思うのです。その中で、僕が本当に言いたかったことをうまく伝えてくれるのでは、との思いがあります。自分の伝え方の下手さを最近指摘されたり、ということもありますし、自分がしゃべると、論理的でないと感じるときもあるし、伝わっていないと思うことが多いのです。（うーん）〈沈黙20秒〉それと、人を非難したりした場合ですけれど、ただ攻撃してるだけ、自分の感情をぶつけてるだけでね、そんなときはその人に対する愛情がないと思う。なんていうか、ただぶつけてるだけだと思うときがあるのです。そんなときは自分がいやになる。きつく言ってもいいけれど、言うことによってその人が気づくとか、よい方向に向くような感じで言えないのかなあって思う。自分の感情に左右されて、建設的でなく、破壊的な方向ばっかり言ってるのかと。破壊的なことをぶつけて、受けてくれたのはＴ先生が初めての体験だったんです。（間）（注：Ｔ先生とはクライエントが参加したエンカウンター・グループのファシリテーターである）

カ$_{22}$　それを受け入れられたとき、何か思ったことがありましたか？

ク$_{22}$　どうしてこんなふうに先生は言えるのかなって思いました。逆の立場だったら、僕は受け入れられないと思う。そのときもまた泣いてました。

カ$_{23}$　なぜかがわかったら、あなたにもできるようになるかもしれないね。

ク$_{23}$　はい。そこができるかできないかは、僕の前進したい気持ちと関係あるような気がするのです。何を言われたって、その人がなぜそう言うのかがわかると受け入れられると思う。クライエントに対しても、同じ仲間に対してもなぜそれができないかということですね。

カ$_{24}$　なぜＴ先生はできたか、どんなふうにそのときのあなたを見てられたのかとか。

ク$_{24}$　〈沈黙１分49秒〉なぜ受け入れられたかと、頭で考えてもわからないんです。

カ$_{25}$　それは、そうね。

ク$_{25}$　それは人間の大きさだと言われたらその通りなのですけれど。何回かグループで先生を怒らせてしまって、ボロボロになられた先生もおられます。

逆に受け入れてくださったT先生のような人もおられるし。

カ$_{26}$　その人の限界を見つけるのに、あなたは非常に敏感だと思う。あなたはそれを見て、相手がリーダーみたいな人だったら言わざるを得なくなるんだろうね。お前はリーダーのくせに、このへんのことを少しもわかっていないじゃないかと。しかし、限界を指摘されたら、その人はつらいから守るでしょ。防衛したことに対して、あなたはより敏感になる。

ク$_{26}$　ああ、そうかもしれません。

カ$_{27}$　それで腹が立つんだろうね。

ク$_{27}$　防衛しないようなオープンな人だったら、僕の方が感激し、逆だったらいやになるのだと思います。〈沈黙20秒〉

カ$_{28}$　そうだね。自分の限界を知らされるのってつらいもんね。〈沈黙50秒〉

ク$_{28}$　今思ったのは、自分の固さと関係があるのではないかと。（笑）眉間のしわはちょっととれたかもしれませんが、先生に言われている固さってどんなのかなって、いつも思ってるんです。柔らかくなったなと思いながらも、底は変わっていなくて。ぶつかっていくのは、自分ではそう嫌いなことでもないのです。ただ、やり方が下手で、やり方さえ変えればいいと思っているのです。僕の持ち味が変わってしまうと、僕がセラピーをやる意味がなくなってしまうみたいなところなのかもしれないとも思うのです。

カ$_{29}$　確かにそう思います。沈黙のとき、あなたの眉間のしわのこと、ふっと僕も思っていました。（笑）（間）むしろ眉間のしわの方がストレートに、あなたの思いを表しているのかもしれないね。

ク$_{29}$　だから、怒ることが研究室ではなかったのです。この１年半くらいは。卒業の頃になって、これでいいのかと思い出して、何かすごく腹が立ってきたのです。ナーナーで済ましてしまうところが僕の欠点だったら、欠点をはっきりと言った方がいいと思って。最後の１年半くらい過ぎて、修士論文も終わって、みんなが本番カウンセリングを受けた頃に、モヤモヤが高まってきたのです。腹の立つことが一度に出てきたのは、その頃だったと思います。自律訓練法じゃないですけども、眉間のしわを思いっきりしめて、次にゆるめるようにやればいいかなと。後でコントロールできるようにしたらいいかと。（そうね）スーパーヴィジョンの中で、先生が臨床というのはこうだよと言ってくれるでしょう。あのときもやっぱり、底の自分が固くなっているのだと思います。時間がかかると思いますが、自分自身でやっていくしかないと。（間）今まで腹が立っても言えなかったのは、父親がいなかったことと関係してるのかなって。ピッタリした感じでわかったのでは全然ありませんが。父親に厳しく本気で怒られたことって1回くらいなのです。記憶にあるのが。（ああ、なるほど）その状況をはっきり覚えています。小学生のときに、1回だけしか怒られた記憶がないのです。自分も人に厳しく言えない部分があるのです。ここに来だしてから、僕は先生が厳しくないと言いましたね。

カ$_{30}$　言ってたね。

ク$_{30}$　去年の夏くらいまで、まだそう言ってましたね。

カ$_{31}$　僕には不思議だったけれど。

ク$_{31}$　今はわかりました。（笑）よくわかりました。どういう意味かということが。思い違いをしていたと（笑）自分では思います。先生から吸収させてもらっている技術も理論もあるし、いろいろあると思うのですが、何か知らず知らずのうちに、自分の中で先生のもっている厳しさを自分なりに取り入れているのです。今はそれがうまく使えずに、人を攻撃するときの手段として使ってる気がするのです。その人のできていないところを突くようです。自分が抑えつけられていた感じをぶつけて、スッとしてるみたいだなって。（なるほど）使い方を間違えてるなって思います。

カ$_{32}$　なるほど。僕はいつも優しくなりたいと思っているんですよ。

ク$_{32}$　先生は厳しいとは思うんです。僕はあるところまでは優しいかもしれませんけど、限界がきたら切れてしまって。そこから先は、突き放すみたいなところがあります。本当に優しいと思わないんです。自分では。（そうですか）〈沈黙50秒〉恥ずかしいのですが、先生に僕のこんなところは治りますかと聞こうかって思って。自分でアホやなって思うのですが。（笑）

カ$_{33}$　自分の中に答えが出ている。

ク$_{33}$　はい。

カ$_{34}$　今のを聞いて、あなたはもっと甘えたいところがあるのかな。身をゆだねて。

ク$_{34}$　うーん。安心。安心して甘えたい。でも、甘やかされて育ったとの思いが私の中にあります。（そう）甘えをもてた子は楽しいだろう、との思いで育てられたっていうのがはっきりわかってるのですけれど。しかし、本当に甘えさせてもらったかというと、お金のあるときはなんでも物を買ってもらっていました。お金がなくなったといっても、おじいさんが適度に残しておいてくれて、ひがむこともなかったし、ちょうどよかったなって。家もありましたし。何もしなくても食べていける感じではないし。むちゃくちゃ不自由はしないし。貧乏は貧乏ですが。

カ$_{35}$　そうだね。あなたから貧乏なイメージは受けないね。

ク$_{35}$　だから、家庭教師先で、お金を払ってくれないときがあるんです。請求しないのですが。家で話してて、お金を入れなければと思うことはありますが。（そうですか）でも、のんきだし。母親がお金のことを言うことはありますが。〈沈黙30秒〉

カ$_{36}$　1回目は終わった感じですか。

ク$_{36}$　ええ、落ちついてしゃべれてるかなって思ったけれど、バラバラなことを言っていると思います。

カ$_{37}$　そうですね。いつもは1回限りで終わりだが、今回は継続だから。今日は時間がきたのでこのへんでと思います。また、来週話し合いしましょう。それじゃどうも。

ク$_{37}$　ありがとうございました。

個人面接（初回）を受けて

カウンセリングの後の授業で、インテーク面接について先生が説明されている途中、私は急に歯が痛くなり、退室させていただいた。行った歯医者はインテークをせずに「保健証は持っていますか」のひと言。「今日は急に痛み出したので持ってきていませんが、あります。すみません」「どこ」「ここです」「下か」「はい」「あ、ここ。治してやろう」。その医院は先生一人でやっていて、無人の1Fで靴を脱ぎ、2Fへ上がる。待合室はあるが、どこが受付かわからず、名前一つ聞かずに治療が始まった。この話を長々と引用したのは、この先生が私の歯を「ひどく尖った、鋭い形をしている。このような歯は駄目だ。刺激が強すぎるから」と、他人の歯について批判的評価をした。私は冷静に「やはり、人間の性格に似ているのですね」と言おうかと思ったが、研究室と違ってこの変わった先生のことだから、何を言い出すかわからないので保留した。案の定この先生は、今度は月曜日か火曜日に来るとの私の言葉に「今日はこれでいいから帰りなさい」と、当然のごとく診察券もくれずに私を帰した。私は階段を降りながら、この偶然を考えていた。この後、スーパーヴィジョンの最中にまた痛みが激しくなり、退室し、第3演習室で横になっていた。2時間ほど静かに休むうちに痛みはましになった。なるべく平常時と変わらない態度でいようと思うが、かなりの混乱があったと思う。医院から出たとき、眼鏡を掛けているのに、掛け忘れて歩いている感覚に囚われた。スーパーヴィジョン終了後、研究室へ戻ったが、演習室を開けっぱなしにしていたことを完全に忘れていた。Nさんが戻ってきたときに思い出したが、彼女がいなければ忘れて帰っていただろう。以上が、初回のカウンセリング後に気づいた体調の変化と共時的現象である。面接の中で、歯・鼻・肛門・耳の症状を言っていたので、少し心配になった。こういうのは面接の始まる前に治療しておくのが常識ではないかと思ったが、気になることがあると自分の歯の治療に行けなかった。母親カウンセリングのときのクライエントの気持ちが少しわかる気がした。

カウンセリングをしていると何が起こるかわからない。私の痔が悪化したのは、11月に痔の手術をしたTさんのインテーク面接の前日であり、Aさんの面接が始まってから、歯が欠けた。私は身体に思いが出る方かもしれない。

初回面接の後の観察者からのフィードバックを受けて、観察者のフィードバックにはその人自身の逆転移的感情が反映されていることが強いと感じた。私はクライエントなので、自分の感情ははっきりわかるので、フィードバックの内容がその人の逆転移かどうかはすぐにわかる。教育分析を受けると転移・逆転移の区別ができるようになる、と言われていたことが実感できた。これは勉強になる。逆転移的であっても、発言者の態度の中に暖かさを感じるものと、自己防衛するのに精一杯の人がある。わかったふうなことを言う人には反発を覚える。共感的に聞いてくださった人たちには感謝の気持ちが起こる。まあ、いいか。先生ありがとうございました。このような状況の中、今後ともよろしくお願い致します。

カウンセラーの印象とコメント

初回面接は重要な意味をもっている。その第一はカウンセリングの目的が話されることである。目的はクライエント側から切り出される。それは直接的に述べられることもあるが、婉曲的に言われたり、おぼろげに語られたりすることもある。カウンセラーはそれをカウンセリングの当面の目的にすることを明確にする。カウンセリングの目的は主訴を改善したり、治したりすることが第一ではあるが、実際にカウンセリングが始まると、初めの主訴と微妙に異なっていることがある。ここに改めてクライエント―カウンセラー間に目的が設定される。ここで設定された目的は初めの主訴よりもカウンセリングの方向性をより具体的により明瞭に示している。

初回面接はインテーク面接に引き続いて、クライエントから症状や訴え、苦悩の叙述から始まることが一般的である。今回の公開教育分析では、クライエントのことがカウンセラーやメンバーに大体わかっているのと、教育分析なので主訴に当たる部分が欠落している。インテーク面接は行われていない。第１章で述べたように、このような試みをすることについて意見を研究室員に求めたところ、クライエントに応募する者があったので、具体的に面接をどのようにするか、何が目的かは応募時点から初回面接までの間にクライエントも考え、カウンセラーも考え、時々それについて話し合っていた。それが予備面接とインテーク面接の代替をしていたように思われる。

今回の試みを引き受けようと覚悟していたはずのクライエントが、いざそれが具体的になってくると「歯が欠ける」「耳が腫れる」などの身体症状が出てきた。思ったより大変だと身体が反応しているところから、初回面接が始まる。身体反応に続いて、クライエントはこのカウンセリングの目的を述べる。それは感情のコントロールがよりうまくできること、自分の思いを正確に伝えるためのコミュニケーションの改善である。感情のコントロールがカウンセリングの目的と述べるクライエントに、身体反応が出てくる意味をカウンセラーはひそかに感じている。身体の反応、顰め面（眉間に深いしわを寄せる）などに注意し、ときにはゲシュタルト・セラピーの技法を使おうか、という考えが浮かぶ。

感情のコントロールができないときの話から、クライエントのカウンセラーに対する父親転移的な話に進む。クライエント（29）から、自分には父親がいなかった、に始まる一連のカウンセラーに対する思いに、甘えとせつなさがあり、カウンセラーは感情が揺り動かされている自分を感じている。それをクライエントと話し合うために、カウンセラー（34）の応答になるが、クライエントは正面からこれに取り組むのを微妙に避けた。この避けられたものの意味が、まず最初にこのカウンセリングで問題になり、それを乗り越えることで、クライエントの感情のコントロールのバランスによりよい変化がもたらされる、とカウンセラーは感じた。

カウンセラーの技術的なところを挙げると、クライエント（4）で「聞く人がいたら、きっと怒らないと思うのです」に対して、カウンセラー（5）は「なぜそんなに怒ったのかなあ？」とすぐにクライエントの言葉を実践している。これがカウンセラーの「いま・ここ」の反応である。「聞く人がいれば、怒らないのか」のような応答をカウンセラーはとらない。「いま・ここ」の応答をすれば、その後のクライエントの発言に見られるように、具体的な状況がありありと表現され、怒りのコントロールがこの場で即できるようになる。

第２セッション　「脳ミソの腐った猫がいるのです」

【平成Ｘ年４月26日】

ク$_1$　よろしくお願いします。

カ$_1$　はい。

ク$_2$　あれから次の日に、歯が痛くなりました。面接と関係していてびっくりしました。自分のことをいろいろ思い出したのです。

その話をすると長くなりますが、火曜日にバイト先で、昼御飯を食べにいったときです。近くに四天王寺があります。その近くでそばを食べた帰りしな、何となく四天王寺に寄りたくなったのです。その前に面接したケースが大変だったので、お参りに行こうという気になったのです。

僕が小さいとき、四天王寺へよく行っていました。ところが今では、何年も、10何年どころか20年、30年近く行っていないので、全然記憶にないのです。しかし、拝んでおくといいと思って、場所を探して、出てきたところに亀の池があったのです。そうすると昔、小さいときよく来た亀の池のことを思い出したのです。それで亀の池を通って、本殿でお賽銭を投げたんです。ふつう、賽銭箱ってすぐ入りますよね。入らないにしても変なところに飛んでゆかないように作ってあるでしょ。ところが、賽銭箱から外れて、硬貨が奥の奥に入って、すっと回って止まったんです。賽銭箱にお金が入らないのはどうしてかと思いながら、ケースと自分のことが気になったので、手を合わせて帰ってきたのです。すると、そのちょうどお寺の左横にお守りを売っていて、欲しい気がしたけど買わなかったのです。昼休みが終わって手帳を見たら、ケースを間違って予約していることがわかったのです。自分は確認してつけているので間違いないが、どうしてこんな間違いをいろいろ最近していたのか、と思うのです。

猫のことなのですが、急に思い出して、家でも猫を飼っていたんです。雌の猫です。僕が小学校２年生ぐらいのときです。黒い猫で、おなかだけがちょっと白い猫で、よく覚えているんです。自分が飼っていた猫だから、僕がいちばんかわいがっていて、僕にいちばんなついていたのです。ところがあるときにその猫がひどい下痢をしたのです。そこで犬猫病院へ連れてゆかずに、家の者がその猫を捨ててしまったのではないかと、それが記憶に戻ってきたのです。クライエントの話にも猫が出てきて、何か気持ちが悪いと思ったのです。その猫のことを考えると、どのようにしたかを確認してないのです。その頃は、家族６人で住んでいたときなのです。祖父母、実は兄と妹なのですが、妹の方が私の実の祖母で、その兄のことをお祖父さんと呼んでいました。それと両親と母の弟です。どうもその叔父に頼んで猫を捨てにいかせたようです。はっきりしないのですが、小学校のとき、それがひどく気になって、どうしてそのようなことをするのかと思ったことを思い出しました。

野良猫をかわいがるクライエントから自分のことを思い出したということの他に、自分の影が関係しているのではないかと思ったのです。あれだけインテークのときから言い間違いをしたり、失敗したのは、最近では珍しいと思います。以前は言い間違いをしたり、向こうのペースで動いていることはありましたが。（間）たまたまそれを思い出したのかもしれませんが、不信感がおとなに対してあると思います。（おとなにね）その部分については…。〈沈黙〉（息を大きく吸い込む）今でもね、叔父に会って、確かめてみたいと思う気があるのです。母とか祖母には言えませんね。覚えていないかもしれませんが。そんなことを思い出すとは意外でした。あっそうです、猫なんですが、僕の夢のシリーズでずっと猫が出てきていたのです。いろいろな形で猫が出てきています。脳味噌の腐った猫とか、ものすごい猫がずっと出てきていたのです。それは何か僕の中にある女性イメージだと、昔、言われたことがあって、自分で納得していた部分もあります。しかし、現実にそういう猫がいたことを完全に忘れてたのです。その猫の供養がいるのではと思います。内的なイメージだけとか、自分の体験だけで夢を扱うのは危険だと思いました。僕がどこか引っ掛かって、その猫が出てきたのかもしれないし、それと自分の中のものがからんでいるのかもしれません。それを思い出したとき、夢のこととつながったのです。ちょっとびっくりしました。それもこれも、今回のカウンセリングが始まったからかもしれませんが。そういう気づきが短期間に起こって、歯痛はすぐ治りました。ちょっと驚きです。だから、ケースはどうなるかわかりませんが、お守りが欲しくなったのです。四天王寺のお守りか何か、効くお守りがあるのではないかと。（間）お守りで思い出したのですが、小さいときから持っていたのは石切神社のお守りです。ずっと高校生ぐらいまで持っていました。今頃になって、お守りがほしくなったというのもあるし、それから何か自分の名前自体が、親がつけた名前ではないのです。名前は伏見稲荷にお参りに来ている人がつけてくれたらしいのです。そんなことがあってか、神頼みではないですが、支えが欲しいと心が動いてるのです。

カ$_2$　今度のお守りは母親から持たされたものじゃないものを。

ク$_3$　ええ。自分の名前に関わるようなものというか、自分の守りみたいなお守りが欲しいというか。（間）

カ$_3$　今、守りが薄いですか？

ク$_4$　（間）ウーン。守りが薄いとの感じより、より安定していたいというか、もっと強力でありたいのかもしれないって思います。初回の面接が終わった後で、いろいろ考えました。たとえばグロリアの症例のこととか考えて、あれは３人のセラピストと１日に３回会ったのか、１日おきなのかはわかりませんが、１回きりですが、自分のは20回も続くとすれば、グロリアより偉いかもしれないなって（笑）感じることとかいろいろ。

カ$_4$　そうね。そりゃー偉いと思うよ。グレートだ。（笑）

ク$_5$　寿命が縮まるのではと思いましたが。

カ$_5$　お互いにね。

ク$_6$　それでも、やりたい気持ちの方が強くて。それから場っていうか、研究室自体がいろいろと動いてきているのを感じます。自分の中ではものすごく動いているんです。それぞれの人に対して。相変わらずカーッとなるし、この日曜日もなったし、アルバイトで。

カ$_6$　アクティング・アウトかなあ？

ク$_7$　居眠りという形で出ますね。事例の発表の部分で意識がなかったりします。起きてるのは起きていて、マイクロスリープっていうんですか、あんな感じだと思います。事例発表のところは抜けても、コメンターの話は大体聞いています。それで、頭にきていた部分もあります。いろいろ言われても気の短い部分は治らないですね。治らなくってもかまわないとも思う。スーパーヴァイザーに言ってもらったらスッとするので、まあこれが僕かと思う。自分をわかってもらいたいだけではないかと思っているんです。それから、今そういうふうな感情が起こるのは、非行の子の面接に関してでしょう。その子らに対する思いにすごい激しいものがあって、この前の喧嘩も、２回目のそれもそうだから、まったく治ってないのです。トーンを落とそうと、何回も心に言いながらやったのですけれど。その子のことを思いながら、抑えられるところは抑えられると思います。しかし、自分でも思うのは思い入れが強すぎる部分が確かにあります。そこのクリニックの人には、気に入る子、気に入らない子があるのです。それによって連れてこられたり、こなかったりがあるのです。それと、自分のわかってもらえない部分が重なるのかと思ったりします。今のところ自分はどんな子がきても好きになるし、こんなところへ連れてこられることに対しての腹立ちもあります。誰でも無理に連れてこられ、テストを受けるのはいやだろうと。しかし、これは仕事なのだともわかっています。最初から首になってもかまわないとの気持ちで面接も行きました。そんな感じでずっと今もやっています。そこの形式に合わせるのが、いちばんあたりさわりがないかもしれませんが、来談した子どもの状態がプラスになるようにしたいと思っています。

カ$_{7}$　あたりさわりのないのは、面白くないね。

ク$_{8}$　面白くないです。かなりぶつかりますけれど。なぜこの結果からそんなことが言えるのかって言われるときもありますが、ガンガンやろうって。

カ$_{8}$　挑戦してるみたいだね。

ク$_{9}$　そういうところがありますね。ボウボウ燃やしているって先生に言われたでしょう。確かに何かわかるのですが、何かがわかっていないのかなと思います。先生、僕がボウボウ燃やしてるって言われたことがあると思うのですが、あのことはどういう意味かお聞きしたいのですが。

カ$_{9}$　うーん、どうかな。自分ではどんなふうに感じた？

ク$_{10}$　僕はコントロールできていないけれど、それが僕のよいところだと思いました。

カ$_{10}$　なるほど。じつに変な感じだけれど、僕がボウボウ燃やしてるってあなたに何回も言った？

ク$_{11}$　1回か、2回か…。

カ$_{11}$　言った？　えっ、言ったんだとは思うが。今は自分が言った感じが全然ないので。なぜなのだろう？

ク$_{12}$　1回か2回と思います。

カ$_{12}$　1回か2回言ったんだね。

ク$_{13}$　はい。何か失敗したときだったと思います。きっと。

カ$_{13}$　ああ、そうか。

ク$_{14}$　うん。

カ$_{14}$　あなたからボウボウ燃やしてる感じは受けないものね。

ク$_{15}$　うん。

カ$_{15}$　それで、僕の方は言ったことを忘れている。

ク$_{16}$　うん。

カ$_{16}$　あなたの方はだいぶそこが気になっているものね。

ク$_{17}$　そうですね。

カ$_{17}$　ふん。今ボウボウ燃やしてますか？

ク$_{18}$　うーん。

カ$_{18}$　コントロールなく。

ク$_{19}$　コントロールされていると思います。

カ$_{19}$　ねえ。

ク$_{20}$　はい。

カ$_{20}$　されてるね。

ク$_{21}$　あの、むちゃくちゃ言っているようでいても、絶対にはずしていない部分はあると思います。

カ$_{21}$　むしろコントロールが強い方だね。

ク$_{22}$　そうですね。

カ$_{22}$　ある種のね。

ク$_{23}$　はい。（間）何かよくわからなくなってきた。

カ$_{23}$　うん、そうだね。

ク$_{24}$　なぜ、引っ掛かったのかな？　ボウボウ燃やしてるってところに。今、すごくしんどくなってきています。ボウボウ燃やしていないって思ったら、そんな気がして。自分の中で、燃やしてるかって言ったら、そんなこともない。自分の中にはあるが、出せる場で出してると思います。たとえばエンカウンターグループとかで出してると思うのです。現実の場でも出ているところもあるけれど。（間）今、何かしゃべれない、変な感じなんです。どんな話題でも変な感じでしっくりこないのです。自分が。

カ$_{24}$　うん。何か落とし穴のようだね。これは。

ク$_{25}$　ええ。

カ$_{25}$　ねえ。

ク$_{26}$　なんだか自分でもよくわからないのですが。そんな感じで、どんな話をしても、今だったらとってつけたみたいな感じになる。それで黙っていたのです。

カ$_{26}$　内容はともかく、「ボウボウ燃やしてる」ことに関しての話のレベルは他の話とは違うね。

ク$_{27}$　はい。

カ$_{27}$　僕も言ったらピタッとしたものがどこか自分にあって、残ってるからね。あなたを見ていて、ボウボウ燃えてると僕が言うようなイメージがない。だから僕の方もあなたといっしょで、そこからいろいろなことを話そうと思っても合わない感じがしている。今、あなたの話を聞いていて、僕に一つのイメージが浮かんできた。この場とはそぐわない感じなのだが。「何かあなたがすごく難しい試験の採用でね、補欠の20番目で通った」というイメージだけが出てきた。僕にも意味はわからないが。

ク$_{28}$　自分の中ではボウボウ燃やしていたいとの思いがある。見られたいとの思いがあるみたいで。それにしても何かこだわっているものがありました。

カ$_{28}$　今日はもう時間になりましたので、来週祭日なので1週とびますね。1週とんでお会いしたいと思います。

ク$_{29}$　ありがとうございました。

個人面接（2回目）を受けて

今回は面接後の気分が非常に楽であった。しかし、面接後自宅から「テレビが棚の上から落ちてきて、母の頭に当たったので、これから病院へ行く」との電話があった。心配したが、次の瞬間に「病院へ行ってレントゲンをとって、安心して帰ってくる」ことがわかっている自分に気がついた。もちろん、母自身が電話を掛けてこられるのだから安心できたということがあるが、どこか自分の胸の中で、このようなことが起こるとの覚悟の方が強かったと思う。その足で病院へ行き、母に会った。案の定、レントゲンでは異常はなく、無事に二人で帰った。以前から、テレビの置き場所が気になっていたから、無意識は今回の事故のことを気づいていたのだろう。母に当たったのはテレビではなく、テレビの上のテープレコーダーだった。皆の前でカウンセリングを受け、それを録音し、逐語録までとる今回の試みを考えると、私には今回の事故がぴったりくる。面接について、母に話したことはない。しかし、何も言わなくても、私が変われば母親との関係も変わる。地盤が急に変化するのに、多少の地震は当然であるように、この程度のことは起こりうる。この事故を契機にもう一度きちんと家族の安全について見直しておく必要を感じた。

さて、面接内容は初回の疑問が解けた感じである。自分の求めていることの一つが人間的深さであることがわかった。今回の面接では、観察者の存在がまったく気にならなかった。観察者のフィードバックも、一部をとらえてはいるが、核心ではないと感じた。反対に、先生以外にもわかっている方がおられると思うと力強い。私は先生がおられないときの話し合いに、いつも物足りなさを感じていたし、学会でもこれは同じだった。私が求めているのは深さなのだ。そのためにこの世界に入ったのだ。この仕事しか自分にはないと、あまり力まずに感じている。やれるところまでやるだけである。自分の病態水準についても、面接が進むうちにはっきりしてくると思う。自分では鬱病質の神経症だと考えている。関係念慮もあることに前から気づいている。この面接に入る前には、それをすっかり忘れていた。面接後に指摘されてびっくりした。神経症レベルで収まっている理由も、面接が進むうちにわかってくるだろう。関係念慮がどういうときに出るかも、私にはわかっている。それに対しては、一つ一つの事実を信頼できる人に確認する方法で対処しようと思う。でも、今回のように気づいていないこともある。私はそういうことを思い込みということにしている。自分を病気にしようとする気はないが、事実は事実として認識していきたいと思う。

カウンセラーの印象とコメント

２回目になり、クライエントに落ち着きが出てきた。それとともに、自分の中に起こってきている奇妙な感じや、今まで忘れていたことが思い出されてくる。心が活性化されてきているしるしである。クライエントは猫が大切なボーダーラインに近いクライエントを引き受けている。クライエントはその面接から刺激を受けている。自分の中にある猫にまつわるすさまじい夢は、家族の中にある複雑な関係や葛藤と関係していることが予想される。母から常に持たされていたお守りが、自分の願いからのお守りに変わる必要性が示唆されているが、カウンセラー（2）の応答が微妙にずれてクライエントに受け取られていることから、この母親に関する領域の問題は今後とも抵抗があると思われる。

クライエントがカウンセラーから言われたという「ボウボウ燃やしている」は、カウンセラーの方には記憶がなく、さらに今のクライエントのイメージにも合わないものなので、不思議な感じがある。しかし、クライエントの攻撃性やコントロールできなさが、一貫して主訴にあるので、このことはクライエント・カウンセラー両者の課題が引っ掛かっているようである。カウンセラーからの唐突とも言えるクライエントに関するイメージは、おそらく、この課題に引っ掛かっているようである。そして、これはカウンセラーの方の父―息子の逆転移を含んでいる。面接後にカウンセラーは、自分の息子が難しい試験に挑戦していることを思い出す。そして、今回の面接もクライエントの人生も、一つの難しい転機になるような予感がどこかでしたのであろう。

カウンセラーは面接中に浮かんだイメージやカウンセラーの直観を、クライエントにフィードバックすることが大切だと考えている。それはある意味でカウンセリングの命だとも思っている。フィードバックのしかたは、クライエントに肯定的な意味をもたらすように考えられているのは、先の章で述べた通りである。

この面接直後に、クライエントの母親からクライエントに電話が入った。棚の上のテレビが落ちてきて、母親に当たったという。幸いなことに、テレビ本体は当たらずに、その上に乗っていたテープレコーダーが頭をかすっただけで済んだ。クライエントはびっくりしたが、大事に至っていないことを直観したそうである。今回の試みがある種の冒険であり、危険をはらんでいることの警告のようであった。しかも、録音機が母親に当たったというのもまさに象徴的なことであり、クライエント・カウンセラーの両者とも身を引き締める思いだった。クライエントはそれでもこれぐらいのことの覚悟ができており、むしろこれだけで済んだ、厄除けができたような感じさえあった。

今回の面接はクライエントが一気に長く話している。それだけカウンセリング後は、すっきりした感じがあった。カウンセリングにとって、どのようなことでも話せることが、いちばん大切な要件であることがわかる。

第3セッション　「父も母もどこか歪んでいます」

【平成X年5月10日】

カ$_1$　それじゃ、始めましょう。どうですか。

ク$_1$　先週のカウンセリングの後で、このことはコメントに書きましたが、母親からの電話でテレビが落ちてきたって。なるほどと電話に出たときに思って。頭に当たったと言うのですが、レントゲンを撮っても何ともないって自分の中ではわかっていて。わかったと言うと変ですけど。(直感でね) はい。母親が自分で掛けてきたのも、そんなにひどい状態ではないと思います。もともと落ちそうな状況で、そういう不安定なところに置いてあるっていうのもあって。それで、落ちてきたのがテレビって言ってたけれど、頭に当たったのはその上に載せてあったテープレコーダーだと思うんです。テレビも落ちてきたのですが、パッと回転して落ちたんです。箪笥の上に置いてあったのが。だから、そんなところで、もし下で寝てたら危ないと言ってたのです。こんなことも起こるだろうが、それでも大丈夫な気は自分の中ではあったんです。すぐに病院へ行って、いっしょに帰ってきたんです。やっぱり何ともなかった。

カ$_2$　ああ、ああ、本当。えらいことが起こるねえ。

ク$_2$　起こりますねえ。ただ、どこかで何かが起こっても大丈夫だっていう気がありまして。その電話があっても落ち着いて聞いてたんです。何かあるなって感じはありまして。それぐらいで済んだからよかったなって。

カ$_3$　テレビはまた映りましたか？

ク$_3$　それが映ったんです。（へえー！）何ともないんです。クルッとひっくり返って。もう映らないだろうと言ってたんですが。僕がつけて、つかないなあって言ってたらコンセントを抜いていたのです。ブラウン管も何ともないし、そのまま映るんです。今もそのまま、また見ています。

カ$_4$　落ちないような工夫はしましたか？

ク$_4$　ええ。今度は大丈夫なところへ置いていますから。不注意っていうか、自分でもそんな不安定なところに置いてることがわかっているはずなのに、じゃまくさいかどうかわからないのですが、そのまま放ってあることをちょっと考えました。やはり、今回やってることで、知らず知らずのうちに家族も巻き込んでいるっていうか。もちろん、家族の問題も出てきているし、そういうレベルでは本当にいろんなことが起こっても不思議はないって、先々週ですか、言ってたと思うんですけど。（間）それで、先々週ですけど、頭を抱え込んでいたときに、自分の中に関係念慮があるってことを知っていたんです。以前から。初回には、そういうのは全然頭の中になかったんですね。だから、後で先生がおっしゃったときには少しショックがあって。よく考えたらそういうことは自分の中に今まであったことで、おさまりがついていたことだと思ったんです。いつも妄想だと自分は言いたいときがあるのですが、できる限り思い込みだと言うようにしています。人に対して、どういうときに起こるかも、本当はある程度わかっているのです。で、どんなときに起こったかって言うと、恋愛のときなんです。そのときに関係念慮的なものが自分にあることに気づいたのです。5年か6年前です。そういう形で気づいたのは。その後は、できる限り事実関係とかを信頼できる人としゃべって、確認する形でチェックしてるのです。それほどひどいことは、まずないと思うのですけれど。でも、この前のようなことがあるから、やってるのではないかと思います。わからないうちに過ぎ去ってる部分もあるし。（間）その話とこの面接が始まる前に１回、先生に本番カウンセリングをやっていただいたところの話とを重ねて考えれば、先生が終わった後で、大きな岩みたいなものを押してる感じがしたって言われた。これは言われましたね。（言いました）だから、改めて具体的に面接の場面で出たときには、ショックはショックだったんです。僕はそれで逃げたりというのじゃなくて、逆にあの後すごく、この道に変わってよかったと思うようになって。なんていうか、自分は昔は健康過ぎて駄目じゃないかって、そういうものがあったのです。（笑）ある程度の生活はできていたので、そういう面があってもなんとかなるって思っているんです。注意はしていなければ、とは思いますけど。それで、たとえば自分の診断名とか、自分でもつけたり考えたりしてたら、神経症のレベルで止まってると思います。鬱病質の神経症くらいの感じで。悪いときでそういう感じじゃないかなって思うんです。あのことがあってから、自分の青年期くらいのところで、おかしいこと、変わったことがないかと考えてみました。ちょうど中学を出て、高校に入った頃だと思います。２年か３年ぐらいのとき、夏休み、全然家から外に出ずに１カ月半ぐらい家の中にいたことがあります。外へちょっと出た買い物とかはありますけど。そのとき、かなりエネルギーは落ちていたようです。朝起きて、歯も磨かないことが１カ月半ぐらい続いていたかなって。もともとそうですけど、外に対しての興味があまりないのです。その頃にしても、旅行とかは考えられなかったんです。家でずっと、音楽だけ聞いていて。そういう時期もあったなあって。（間）それでも自分では別に何ということもないし、外に対しては別に変わったこともなかったのですけど。外に行って友だちと遊ぶとかはなくて、電話が掛かってくることぐらいだったと思います。おそらく、外との関係がちょっと切れていたかなって思います。

カ5　まあ、夏休み中にだったのが安全な枠みたいだね。

ク5　はい。それ以上ははみ出さない。それは自分の健康さだと思います。だから、中学３年間は無遅刻・無欠席で、高校に入っても２年間は無遅刻・無欠席だったんです。確か風邪をひいて休むことになって、それからはかなり休みました。何かそれで記録が途切れたってことで、残念な気持ち、張りがなくなったのがありましたね。でも、出席日数が足りないとかではなく、ちょこちょことなんですけど。（間）自分では妄想の世界は遠い世界だと、最初は思っていたんですけど。（笑）そんなことはなくて、ほんのちょっとしたことで、どっちに転ぶかで違うみたいです。ただ、その一歩ってものすごく大きいとは思うんです。（その通りですね）たまたま、ほんの些細なことや、親の状況とかまわりの環境とか、そんなことがあると思うんです。自分の生育歴を考えたら、その中ではがんばってる方ではないかと。客観的に見て。よくおかしくならずに来てるなと思うこともあるんです。（間）自分は外の世界に対して興味をもっていないし、興味が少ないと常日頃から思っているのですが。（間）

カ$_6$　内の世界のことには興味がいっぱい…。

ク$_6$　ありますけど。けどというのは、外の世界も面白いなあって思えるところもあるから。バランスがとれている。昔は旅行に関心がなかったし、行っている人が不思議でたまらなかったのです。性格で言ったらカントのように、全然自分の生まれたところから一歩も離れなかったというようなタイプに近いと思うんです。だから、旅行に興味がなかったのは事実です。今だったら、ゆっくり電車に乗って旅行でもとつくづく思うときもありますが。そんなことに興味のもてる人が、昔は不思議だったのです。

カ$_7$　しなくてもよかったのだろうね。あなたは。

ク$_7$　必要なかったですねえ。今の方が求めてると思います。アーバンライナーのポスターを見たら、名古屋へ行きたいなあって（笑）思うようになりました。

カ$_8$　一人で？

ク$_8$　（笑）一人でない方がいいと思いますけど。一人は好きですけどね。ずっとそうでしたね。でもね、本当に一人が好きかというと違うような感じがあって。たとえば家族皆でおりながら、一人になりたいみたいなところじゃないかなって思うのです。まだ、自立からは遠い感じがあって…。（間）

先々週はあの、面接が終わってから事故がありましたが、気は楽だったんですね。先週はほんとうにまわりのことが気にならずに、自分のことをしていたと思うのです。まったく外が気にならなかったんです。自分のもっているあのケースは、前よりは楽になりました。

カ$_9$　ああ、そうですか。ふん、ふん。

ク$_9$　というのは、青年期の問題をいろいろもってますでしょ。だけど、それはどうでもいいのではないかという気がちょっと出てきたのです。それから、問題はそこじゃないっていう感じが自分の中であります。ほんとにやる気になればすぐできるような気もします。もう一つ、ベースのところで、妄想なり関係念慮が出てくる原因っていうか、もとをたぶん探りたいのだろうと。自分は、ある程度ほんとうは自分でも知ってるのではないかなあと。（なるほど。どんなふうに？）（間）そこを言うか言わないかですごく悩んで…。（なるほどね）先生が20回目くらいでって言っておられたと思うのですけど。そこで出るか、自分の中で整理していっているのかもしれません。僕は自分の中でたとえば父親を離して見ている部分もあって。離さなければ、見られないのかもしれませんけど。（間）僕の父親のレベルはボーダーライン（境界例）だと思うのです。おそらくそうだと思います。ボーダーラインがどういう感じなのかっていうのを全然知らなかった時代から、そういうのを見てきてるっていうことになるんです。それで、ボーダーラインがどういうものであるかが知識で入ったときに、初めて父親がそうじゃないかなって、納得できる部分っていうか、自分の中で納まりがついた部分があったように思います。それで、いろんなケースの中で、ボーダーラインをやってる治療者に対して、すごい怒りがこみあげてくるのはなぜかって考えたんです。なぜ、逆転移を起こしているのかと。どうしても自分の中で結論づけたいというか、納まりをつけたいところがあります。だから、両親の離婚のこともそうなんです。僕は離婚して正解だったんではないかなって、ずっと思っていたんです。それが正しかったと今も思っているんです。おそらく、そんなにはずれていないと思うんです。自分でも確信があるんです。

カ$_{10}$　それは？

ク$_{10}$　性の問題なんです。ちょっと常識では考えられないところの逸脱が父にあったんで、そこのところは気になっていたんです。記憶にも残っていたし。それを聞かされたのが25、28歳くらいだと思います。逸脱があったと母親から。（お母さんからね）はい。それは、ずっと隠していたことなんです。（うん、うん）それで、今までの母親の態度に納得がいったんです。（ああ、なるほど）なぜそんなに父親を嫌うのか、避けなければいけないのかがそれまでわかりませんでした。

カ$_{11}$　それはそうだね。そういう問題は子どもからは隠されているものね。

ク$_{11}$　母親は性のことに極端に潔癖っていうか、そういう部分があって。だから、結婚したてのときは全然気づかずに、母親自身も。もちろん、母親自身は父親がボーダーラインだとはわかっていないです。今もわかってないです。変わった人だったということだけで。僕が思ってるのです。だから、母は納

まりがついていないのではないかと思います。（間）

カ$_{12}$　お母さんのその潔癖過ぎのところが、逆にお父さんのそういう行動に影響を与えてるようには思いませんか？（思います）そこはね。

ク$_{12}$　今はね、父親を悪者にしてるって気が自分の中でもあるような気がしているんですけれど。以前は父親も母親のことを潔癖過ぎると言ってました。だから、どちらか一方だけが悪いということはないと思います。

カ$_{13}$　今、やっぱりお父さんの方を悪者にしてるような感じですか。

ク$_{13}$　いや、もう違うと思います。（違うねえ。僕もそんなふうには感じられないから）もともと父は私には優しかったと思うし、悪い面は見せなかったと思うんです。

カ$_{14}$　そうでしょう。（はい）むしろね。（はい）好きだったような感じだろうね。

ク$_{14}$　母親はガミガミ言うけど、父親は言わないし。まあ、言えないのかもしれませんけど。（なるほど）（笑）いろいろ考えて、今思ったら、（言えないようなことをしてるから）そう、そう、そうなんです。しかし、子どもには少しも見せなかったなあって、今思いますねえ。確かにやっていたと思います。だから、ふだんの父親を見ている限りでは全然おかしいところはなかったと思います。（間）結びつきっていうか、父親と母親を見ていたら、自分で納得した面もあったんです。昔には。うちの家はみんな堅かったんです。（性的な面で）うーん（だけじゃなくて）そうでもないなあって（笑）思い出したんですけど。祖父とかも結構遊んでいて。面白い人だったんです。すごく…。

カ$_{15}$　そうでしょうね。そうでないとね、お母さんの潔癖さの生まれてくる根拠がないものね。

ク$_{15}$　はい。祖父はすごく遊び人で、仕事もよくしたし、昔の、明治の人なんです。父親が大正で、母親が昭和と。（間）なんか、なるようにしてこうなったと思いますけど。その当時は何も思わずに。ただ、母親は母親ノート法のときに先生にお話ししたと思うのですが、近くに入退院を繰り返してるおばあさんがいて、その人がずっと母親のところにきて、話をしてたっていうのがあって。その人は分裂病だと思うんです。完全に。そういう人が出入りして、僕はその人に大事にされました。僕もその人のことを好きだったし。（間）今でもね、絵の具をもらったことを覚えているんです。僕には少しもその人はおかしくなかったし。家に帰ったらね、娘さんとすごい言い争いをして。（間）近くにはいろんな人がいたんです。僕のまわりには。

カ$_{16}$　そういう人が出入りできる家だったんですねえ。

ク$_{16}$　ちょっと変わってました。確かに。だから、付き合いはそんなにないんです。そのおばあさんとかね、限られた人だけです。母親は人を毛嫌いするんです。自分の家の中では、祖母ともすごい喧嘩はするけれど、つながりがものすごく強くて、他人が家の中に入ってくるのを拒むし、今もそういう傾向が強いですね。そのおばあさんのことを母親は尊敬していましたね。

カ$_{17}$　なるほど。あなたも好きだったし。

ク$_{17}$　はい。

カ$_{18}$　だから、あなたもそのおばあさんには特別の感情があるみたいだねえ。急に感情がグワッとこみ上がってくるみたいだね。

ク$_{18}$　おばあさんに？

カ$_{19}$　僕に話をしているときに。

ク$_{19}$　さっき？

カ$_{20}$　ええ。そのおばあさんを取り扱う人に対する怒りが相当あなたにあるのかなあ、と私は感じていました。(間)

ク$_{20}$　ひょっとしてそうだったのかもしれません。その当時、思っていたのは、その娘さんに対しての怒りというよりも、おばあさんに対してなぜそんなことを言うのかなっていうのが大きかったように思います。

カ$_{21}$　今は冷静だけれど。

ク$_{21}$　ええ、今そう言われて考えたので。

カ$_{22}$　何か緊迫感を感じた。すごい思いがこもっているような感じがして、僕はこの間から話に出ているアグレッションの問題と直感的に結びつくような、あなたのアグレッシブさを感じました。

ク$_{22}$　はい。アグレッシブというのだったら、きっとそうだと思います。ケースを聞いていたときに絶対許されないことは、そこにつながるのだと僕は思うのです。ほんとうは意識化できていないのでしょうね。

カ$_{23}$　何か他人とは思えないような感情の入り方が、その人に対してあるような。

ク$_{23}$　おそらくそうでしょうね。家のまわりの人とは違う思い込み、思い入れがあるのだと思います。(うん)〈沈黙３分10秒〉今考えてみたら、そのおばあさんといた時間なんてほんとに少ないんです。なぜ、そんなことを詳しく覚えてるのかと。その人が物干し台に上がって、何か叫んでるっていうようなことを聞いたことがあるんです。そんな絵が浮かぶんです。

カ$_{24}$　あなたの家の物干し台？

ク$_{24}$　いえ、違います。自分の家の物干し台で、すごい難しいことを叫んでたって。（難しいことをね）はい。ほんとにお婆さんとはほんのわずかしか会ってないと思います。そこの家に犬がいたんです。その犬のこともよく覚えてます。（笑）すごい賢い犬で、遠くまで行ってそこで会うといっしょに帰ってきました。雑種だったけれど、すごい犬でしたね。やっぱりそこの人のこと好きだったんですね。（そうでしょうね。何かがね）うん。すごい家だが、家の間でうまが合うっていうか。（家の間でね）いろいろな点で、母親の学歴コンプレックスとか、そんなことも関係しているかもしれません。（あなたのお母さんの）はい。そう思います。（それは？）それはね、そのおばあさんは頭のいい人って言っていたでしょ。近所に住んでる人は、その人の言っていることがわからないのです。（なるほど）だから、ほんとに叫んでることなんて全然わからないことなんですね。ひょっとしたら筋が通っていたのかもしれません。（笑）（なるほど）それで…すごい思い入れなのかなあ。どうしてだろう…。

カ$_{25}$　すごい思い入れだね。ある意味で自分自身のおばあさんよりも印象が強いみたいなところがあるのかもわからないぐらいだね。

ク$_{25}$　そうですねえ。今はそうですね。祖母に対しては、愛していても当たり前なのに。そのおばあさんの方が肉親より…。（ねえ）直系のおばあさんなのになあ。（そうだね）だから、こんな勉強し始めてそれを思い出したのか。それとも、もともとそうなのかというのがはっきりしないのですが。もともとそうなんでしょう。きっと。（もともとでしょうね）もともとそのおばあさんとはうまがあったと。

カ$_{26}$　そうでしょう。もともとね。だから、こういう勉強したから、少し整理をつけてしゃべれるのかもね。（はい）それでも、ほとんど整理はついていないね。

ク$_{26}$　全然ついていないですね。なぜかわからないのです。自分でも。

カ$_{27}$　内容も覚えていないし。その難しい内容も。

ク$_{27}$　それは妄想とかではなくて、ほんとに聞いてもいないのです。何をしゃべっていたかを母親も説明できなかったので、よくわからないのです。

カ$_{28}$　だから、難しいことをしゃべっていて、理論的には通じていたかもしれないぐらいには具体的なのに…。

ク$_{28}$　またか…。（笑）

カ$_{29}$　あなたにそう感じさせる内容があったのでしょう。（うーん）だから、内容が消えているのは妄想とかではなくて、内容が消えているってことだね。

ク29　うーん。どうしてそうなったかが全然わからないのです。

カ30　ええ。〈沈黙１分30秒〉今日は時間になったので、このへんでおいておこうと思うのですが、いいですか？

ク30　はい。

カ31　それじゃ、また。来週は休みでしたね。それじゃ、今日はこのへんで。

ク31　はい。ありがとうございました。

個人面接（3回目）を受けて

今回の面接については、性的な逸脱行動のところで、その内容を話すのを止めた。話せたとは思うが、話さない方がいいと判断した。それ以上に、昔近所に住んでいたお婆さんに対する思いがなぜこんなに強いのか理解に苦しむ。おそらく私のまわりには、いろいろな病態水準の方がおられたのが一因だと思う。分裂病、境界例、ヒステリーなど、以前ロールプレイで演じたロールは、すべて実際体験に近いものである。しかし、この疑問は疑問のまま置いておきたい。

今後の展開については楽しみである。夢をどうするかが問題になってくる気がする。それと、パックのまま食卓に出てくるおかずについて考えていくという、現実的な問題にも非常に興味がある。今、自分自身が面白い状態にある。今後ともよろしくお願いします。

カウンセラーの印象とコメント

先週のカウンセリング直後に起こったテレビとテープレコーダー事件が、冒頭にクライエントから話される。今回の試みやカウンセリングが家族を巻き込む恐れがあることをカウンセラーとクライエントは改めて確認した。

関係念慮がクライエントにあり、それは特に恋愛時に出てくること、高校2年の夏休みにエネルギーが低下したことなどが語られる。特に関係念慮を妄想と思い込みたいとの話は、普通は逆に避けたいことなので、クライエントが技術者から心理療法家に転向したこととも相まって、内界への親和性を感じさせる。エネルギー低下が夏休みという守られた枠内で行われていること、それまでは皆勤で、健康すぎるのではないかと思っていたこと、内界と外界のバランスがとれていることなどから彼の基本的なところは健康であるが、カウンセリングを今回のような形で受けているので、彼の語り口を勘案すると多少躁的になっているようである。

前置きの話が一段落すると、父親の話になった。彼は自分の父親は性的な逸脱行動をもつボーダーライン（境界例）の人ではなかったか、とあっさり述べている。カウンセラーは彼のあっさりさが気になった。仲間内とはいえ、かなりの内容であることをどうして彼はこうもあっさりと話したのだろうか。性的逸脱の詳細をあえてカウンセラーは聞こうとしなかった。この段階で父親の診断をする意味がないこと（もし、父親が彼の言う通りであり、それに多大の影響を受けているなら、この後のセッションで中心課題になってくる）、仲間のいる中なので、彼がどこまで自発的に話すかを見ることで、関係念慮や躁の状態のレベルを見る必要もあったからである。

クライエントの見方が離婚、性的逸脱行動に関して、まったくといっていいほど、母親の感覚や視野から見ていることをどれぐらい気づいているかが、父親の診断よりもカウンセラーには大切に思われた。カウンセラーの応答（12）から、今は父に対する見方が変わってきていると話しているが、もう一つ実感がなく、カウンセラーはクライエントと母親の結び付きは堅固で、彼の生育史にある父性と母性のバランスの乱れが、これからのカウンセリングの要点の一つになる感じがした。母親の問題点に関しては、カウンセリングの面接場面では表れていないことが、面接の感想に記されている。それはパックのままのおかずである。「パックのままのおかず」とは、以前に彼が実施した「母親ノート法」の点検の際に、彼の母親は買ってきたおかずを皿に盛りつけずに、パックのまま食卓に出すことを言っているのである。彼の母親や祖母は古風な習慣を守っており、昔の家長とでも言うべきような扱いを彼にしており、風呂に入ることはもとより、新品のジュースの栓を開けることまで彼の許可を求めてからするような人たちである。これらの日頃の行為と、パックのままおかずを食卓に並べるような行為とのギャップに、カウンセラーは驚いたことがあった。そして、カウンセラーが指摘するまで、クライエントも不思議に感じていなかったことに、カウンセラーの驚きがさらに増したことがあった。その記憶がここにきて、クライエントによみがえってきたようである。

話が急に変わり、近所の分裂病のお婆さんのことになる。父親とそれにまつわることをクライエントは避けたのかもしれない。あるいは、初めに話題になった関係念慮や内界への傾斜へ話を戻したのかもしれない。このお婆さんに彼も母親も好意をもっており、お婆さんの娘さんに対して攻撃的である。境界例や分裂病者に関わる人に対するクライエントの攻撃性の形成に関わる話であると直観したカウンセラーは、その点に注意を向けるが、もう一つはっきりしていない。お婆さんと攻撃性との関連をカウンセラーが突いたあたりから、クライエントに沈黙が多くなっていることからも、これはクライエント自身のより深い問題とつながるとの予感がカウンセラーにした。また、お婆さんの話をしながら、母親の性格やコンプレックス、祖母と母の母子関係に言及しているところが、このお婆さんの存在が自分の家族の問題と重なっていることを示唆している。

第4セッション　「肉の塊を運ぶ夢を見ました」

【平成X年5月24日】

カ$_1$　それでは50分ほど。

ク$_1$　お願いします。

カ$_2$　どうですか。

ク$_2$　先週は別に外的には何もなくて、平穏無事に本人も家族も過ごしました。（えーえー）あの、今朝と5日ぐらい前に、ちょっと気になる夢を見ました。書いてないのですけど。（はい）今朝の夢から言いますと、夢の中で4時半に起きることを自分で言い聞かせているのです。4時半に夢の中では起きたんです。実際に4時半に目覚まし時計が耳元で鳴ったと、瞬間にそう思ったのかもしれませんが。4時半に起きるということの象徴的な意味は何かなって、そのときに思ったのです。

カ$_3$　夢の中でですか。

ク$_3$　いいえ、起きてからだと思います。

カ$_4$　起きてから。

ク$_4$　起きてからなんですけれど。4時半に僕も起きるのですが、クライエントと約束しているような感じなのです。そのクライエントはお母さんか、子どもさんかはわからないのですが、誰かもう一人といっしょの時間に起きるという夢だったのです。（なるほど）それからその4時半に起きることの象徴的な意味が何かあるんではないかと。実際4時半にベルが鳴って、4時半に起きたのですけれど、起きて布団の中で考えていました。その夢はそれだけです。もう一つの、その5日ぐらい前の夢がすごく気になる夢で。一つは前日に焼き豚かなんかを食べていたんです。変な話ですけど。

カ$_5$　それは現実のことですね。

ク$_{5}$　はい。肉の区切りって言いますか、焼き豚っていろんな筋肉を断面で切ってますでしょう。その変わり目が気になっていたのです。夢の中では、今度は夢なのですけれど、夢では何か肉を持って歩いているのです。でっかい肉なんです。焼き豚を大きくしたような感じの大きな肉の塊なんです。

カ$_{6}$　ああ、そんなに大きいのですか。

ク$_{6}$　こんなに大きいのです。（手で示す）それを持って山道を歩いているのです。食べるのか、食べないのかはっきりわからないんですが。その筋肉と筋肉の間に、血の固まったような部分があるんです。その面で筋肉と筋肉が分断されるみたいな感じで、すぐ離れてしまいそうな感じなのです。そこの部分をよく見ると紫がかって乾燥した感じで、血が固まった、あるいはなんか腫瘍みたいな感じがしたんです。（うん）けれどもよく見たら（うん）やっぱり血液が固まった感じっていうか。（うんうんうん）そういうものが何かついていて、それをすごく気にしてるという夢だったんです。（なるほど）その肉を持って、山の病院へ行くのです。その病院っていうのは古い造りでね。ガラス戸も古い感じので。中を見ているのですが、中には入れないんです。昔、N病院で、手術したときに見た感じの病院なのです。山の上に立っていて、近くに海があるような感じがするのです。（なるほど）高いところに沿って、断崖の前、建物がある夢を見たのですが、何か身体のことが気になりまして、その夢では。今は身体の調子はいいのはいいんですが、気持ちの悪い夢だったので、朝起きてからも印象に残ったのですけれど。

カ$_{7}$　どういうところが気持ち悪かったのですか？

ク$_{7}$　やっぱり肉の塊…。

カ$_{8}$　…を背負ってる。

ク$_{8}$　肉の塊を背負ってるということと、筋肉と筋肉の紫がかった部分がすごく病んでる感じがあって。

カ$_{9}$　病んでる感じがあるわけだね。

ク$_{9}$　はい。それですごく気になって。そのことと病院が出てきたので。前回のカウンセリングを受けたときの感想で書きましたが、この場へ夢を出すか出さないかを考えていたのです。このような夢を見たので、これは出した方がいいのじゃないかなとの思いがありました。（はい）それから、おばあさんのことですね。近所のおばあさんのこととは直接には結びつかないのですが、なんとなく気になるので夢を今お話ししたのです。

カ$_{10}$　普通の病院というよりサナトリウムみたいな感じだね。

ク$_{10}$　そういう感じがありますね。ちょっと人里離れた断崖絶壁にあって。山道を歩いていく感じがありました。

カ$_{11}$　手術を受けたっていうのは？

ク$_{11}$　脱腸なんです。

カ$_{12}$　ああ、そうですか。

ク$_{12}$　はい。幼稚園へ行く前に切った方がよいって。N 病院で生まれたのですけど、生まれたときからこの子は脱腸の気があるって言われていたらしいのです。やっぱり出てね。脱腸の手術も N 病院なんです。小さい頃から痛みの記憶が全然ないのです。しかし、親の話では観劇に行ったときに泣き出して、病院へ連れて行ったと言われて。僕には全然痛みの記憶はないのです。幼稚園のときに手術したことは、今も新鮮に覚えています。

カ$_{13}$　どんなふうに？

ク$_{13}$　病院に入って、手術室まで運ばれますね。その間によその手術室が見えたんです。カーテンで仕切られていて、ふっと見たら、全身真っ白なやつで、マーキュロかなんかでその手術の場所に印がしてある人がいて。そういうのが二つぐらい見えたんです。左手に。手術室に入って、電灯がいっぱいついた丸いのがありますね。それを見ながら、数を数えてくれって、1 から順番に。そのときは幼稚園に行く前ですが、100 は数えられたんで、もっと数えたいと思ってたときに麻酔がかかって、7 か 8 ぐらいで意識がなくなったのを覚えているんです。そのときに父親がいましたですかね。手術のときに父親が何か言ったような気がします。それを最近まで覚えていたのですが、今はちょっと出てきません。

カ$_{14}$　お父さんがおられたのですか？

ク$_{14}$　そのときは思うんです。勘違いしてるかもしれません。妹が死んだときのことかもしれません。生まれてすぐ、未熟児で、心臓弁膜症で死んだのです。それも N 病院で。そのときのことははっきり覚えています。その手術のときの映像が目に焼きついていて、左手の方に部屋が二つぐらいあって、盲腸の人がいて。自分が脱腸の手術をして、水が飲めないので、手術の後で母親が水道工事中だと言ったのを覚えています。それは違うなって。そんなに都合よく水道工事にはならないと。子供心に水を飲ましたら駄目だ、辛抱しなければ死んでしまう、と思っていました。小さいときから病気が多くて、それで心配かけていました。今まで。

カ$_{15}$　肉っていうのは肉体が病んでるって感じですか？

ク$_{15}$　ええ、その夢を見たときには心配っていうか、外的なことから考えていくのが安全だと思っていまして。たとえば、その夢だったら、体がどうかなって思ったんです。この面接が始まって歯が痛くなったでしょう。あのときも２月頃に歯医者へ行って診てもらってる夢を見たんです。透明の歯を歯医者さんが出されて、悪いところを教えてくれた夢があって。歯が欠けて痛み出したのは面接が始まってからで。夢を見たときに、外的なことからチェックすべきだと今は思っています。それと肉体の夢かもしれないし、どこか本当に病んでる部分をちょっと気づかせられてきてるのと違うかと思うのです。本当にグチャグチャになったり、癌になってたりじゃなくて、血が固まったみたいな感じで、固定されてる状態かなと思っています。〈沈黙14秒〉

カ$_{16}$　肉親が病んでるっていうことも考えられるでしょう？

ク$_{16}$　はい。〈沈黙７秒〉確かに夢の中の自分は普通のままで、肉の塊を運んでるという感じがあったのですけど。それともう一つ、これは母には聞かなかったんですが、家の者に、家系をたどれば、分裂病か何かの人はいるなという感じがあるのです。早死の人はいるみたいです。確かに病んでるっていうと家の者は皆病んでる感じなんです。いろんな症状があって、ヒステリーもあるし、ボーダーくさい感じのやつも（笑）ありますし。僕には確かに病んでるっていう感じを皆もっている。家族の者は何も気づいていないし、それほど問題になってることじゃないかもしれませんけれど。

カ$_{17}$　そうですね。〈沈黙５秒〉

ク$_{17}$　何かそれを抱えてたって（うん）その肉の塊をね（ええ）抱えてたことが。

カ$_{18}$　そうだね、かなりでっかいしね。

ク$_{18}$　はい。

カ$_{19}$　重かったですか？

ク$_{19}$　重さはあまり感じなくて。

カ$_{20}$　そうすると本当の肉だったら相当重いね。20キロぐらいはゆうにあるね。

ク$_{20}$　あると思います。持ちにくい形だったかもしれませんけれど、なんとはなしに持ててます。力もなしに、フワッて。

カ$_{21}$　抱えてるんだね。

ク$_{21}$　抱えてるのかもしれませんね。〈沈黙24秒〉肉親っていうのはちょっと気づきませんでした。

カ$_{22}$　（笑）はあ、そうですか。

ク$_{22}$　ええ。〈沈黙43秒〉今日初めて（ええ）妹のことを言いましたね。

カ$_{23}$　そうですね。

ク$_{23}$　普段はあまり意識していないのですが、妹のことが出てきたなと思いました。これも肉親ですよね。

カ$_{24}$　僕はあなたはずっと一人っ子だと思っていました。

ク$_{24}$　妹は僕が6歳のときに生まれてすぐに死にましたので。ある程度大きくなっていたら話題にのぼるのかもしれないですけれど。

カ$_{25}$　そうですね。

ク$_{25}$　だから純粋に一人っ子だったわけではなくて、妹がいて。

カ$_{26}$　生まれたとき、知ってる？

ク$_{26}$　ええ。

カ$_{27}$　見た？

ク$_{27}$　見ました。病院へ行って、死んだときももちろん行きました。そのときの病院の受付の感じを、いまだにはっきり覚えています。

カ$_{28}$　お葬式もありました？

ク$_{28}$　はい。

カ$_{29}$　それだったらね。

ク$_{29}$　〈沈黙1分32秒〉たまに妹のことを言うことがあるのですけど、普段は完全に忘れてるなって。（うん）

カ$_{30}$　そうでしょうね。内容がないですものね。まだ言えるような。

ク$_{30}$　ええ、生まれてすぐだったので。でも、言う内容はあるのです。

カ$_{31}$　あるのですか？

ク$_{31}$　これは僕が25歳のときに聞いた話ですけれど。母親から聞いた話なんです。妹が生まれてきたとき、母親は好きになれなかったって。

カ$_{32}$　好きになれなかった。

ク$_{32}$　そう言うのです。その生まれたての子どものことを。それは顔が父親に似ていたからだと言ったのです。

カ$_{33}$　はあ、そうですか。

ク$_{33}$　それ言われたときは愕然となって。

カ$_{34}$　もうその頃から、ご両親の仲は良くなかった。

ク$_{34}$　僕が生まれる前から仲は良くなかったのです。僕ももちろんその話のときに出てきて。僕もやっぱり歓迎されなかった子だと、そのときに言っていました。

カ$_{35}$　あなたも。

ク$_{35}$　はい。

カ$_{36}$　それはご両親から、お母さんから、お父さんから聞かれたの？

ク$_{36}$　母親から聞いたのです。

カ$_{37}$　誰が歓迎しなかった？

ク$_{37}$　母親だと思います。

カ$_{38}$　お母さんはあなたも歓迎しなかった。

ク$_{38}$　はい。というか、生まれてからはまた別だと思うのです。ただ、父親をいやだいやだと思っていたときに、子どもができたので。特にそう言っていたと思うのです。

カ$_{39}$　あなたの場合はお父さんに似ていたからというよりは…。

ク$_{39}$　できたことが本当にいやで。いやだいやだと思っていたら、子どもができてしまったって。そんなときに限ってできてしまうものだ、というようなことを聞きました。〈沈黙20秒〉そう言われたことがこたえるのはこたえるのですが、それよりも妹がそう言われたことの方が僕にはこたえた感じがあります。

カ$_{40}$　こたえているんだね。

ク$_{40}$　はい。

カ$_{41}$　自分のことよりも妹さんの方が。子どもにしたら何とも言えないですね。〈沈黙６秒〉それを言うくらいだったら夫婦関係をやめた方がいいぐらい腹立たしく思いませんでした？

ク$_{41}$　ええ、腹立たしくは思わなかったっていうか、思えなかったですけれど。それはなぜかなって後からいろいろと知識として、たとえば、ここの研究室での話の中で子どもをまわりが祝福しなかったら、母親のおなかが大きくならないとお聞きしたでしょう。（はい）あれでなるほどなって思った方が大きいですね、後で。母親はおなかの大きい人を見たら、軽蔑的なことを言うのです。

カ$_{42}$　ああ、そうですか。

ク$_{42}$　はい。自分はそんなに出なかった。不細工になるような形では出なかったって。

カ$_{43}$　出なかった。

ク$_{43}$　それは覚えてました。ふだんに言ってましたから。

カ$_{44}$　覚えてたわけね。

ク$_{44}$　覚えているんです。だから、先生が言われたとき、なるほどと頭ではわかる感じがすごくあって。それとか、お乳が出なくなったのです。途中で混合になったのです。お乳も出なかったし、おなかも。

カ$_{45}$　出なかった。

ク$_{45}$　〈沈黙８秒〉腹立たしいよりも、しかたがなかった思いの方が今は強いですね。

カ$_{46}$　今、自分の顔がしかたないなっていう顔をしてるように思います？

ク$_{46}$　していないと思います。でもやっぱりどうしようもないことってありますし。

カ$_{47}$　それはね。あるね。

ク$_{47}$　それでね、知的にわかろうという感じもないのですよ。

カ$_{48}$　それはそうだね。

ク$_{48}$　納得しようという気もないのですけどね。（うん）

カ$_{49}$　あなたがぐうっと感じる腹立たしさというのは、このカウンセリングの一つのテーマでもあるし。〈沈黙21秒〉あなたの言葉と表情に奇妙なアンバランスを感じるのでね。〈沈黙22秒〉

ク$_{49}$　（腕組みをする）

カ$_{50}$　今がっちり防御の姿勢に入ったのに気がついてますか？

ク$_{50}$　気がついてます。そう言われるだろうと思ったけれど、動いてしまいました。

カ$_{51}$　（笑）

ク$_{51}$　だからそこのところがね。（姿勢を直す）

カ$_{52}$　姿勢を直しても、つっぱっているのに気がつかれますか？　やはりどこかに出るね。

ク$_{52}$　うーん。そこがねえ。なんと言えばよいのか。〈沈黙44秒〉今もう一つ何かが出かけていたんです。（えーえー）いやだいやだと思いながら暮らしていた母親の話で。いやだいやだと思っている矢先に子どもができて。それから胸のことだったかな、胸のことじゃないか。〈沈黙14秒〉もう一つ何かあったように思うのですが、忘れてしまいました。

カ$_{53}$　はい。お乳が止まってしまったことではなくて？

ク$_{53}$　ええ。もう一つ何か思い出しかけていたような気がするんです。母親の変化で、身体の変化で。〈沈黙２分11秒〉母親の感情の中にも分裂したものがあったなって。今、妹のことからふっと思い出したんですけれど。それが本音だったのかもしれませんね。父親に似ていたのがいやだというのは。もう一方では顔はかわいい子だった。未熟児だったけれど、看護婦さんがかわいいから何回も出し入れしたりしたとかね。もともと心臓が弱いのに、それで弱ったんではないかと言っていた。そういう両方の感情があったのではと今思いました。どちらか一方しかいつもは考えていなかったのですが、よく考えてみれば、矛盾した二つの感情があって、ふだんはかわいい方が勝っていると。僕に対してもそうだと思うんです。

カ$_{54}$　そうでしょうね。

ク$_{54}$　そっちの面がふだんは強くて。だから本当に良いところも悪いところも言ってもらえていない感じがします。

カ$_{55}$　どちらも言ってもらえていない。

ク$_{55}$　良いことばかり、光の部分ばかりのような気がします。その欠点を自分もきっちり引き受けている感じがあって、他人の夢を聞いたときに特にそうなんです。良いところばかりを見ている。本来良いも悪いもなくて真実を伝えるべきところは伝えなければと思うのに、そこが見えていない。大きな欠点をもっている。それが今少しつながった気がするのです。だからその部分については表面的なのです。

カ$_{56}$　その部分についてはね。だから逆に、僕は不思議に思っていたけれど、あなたが気に食わないことや好きになれないようなことを母親には言わないね。傷のつくのがわかっているから。表面的に良いことを言っていると、時々はすさまじくなる。あなたもそれを言われて、いつまでも覚えてるほど傷ついている。深く。

ク$_{56}$　あまり傷ついていないと思いますね。

カ$_{57}$　ついていない。

ク$_{57}$　この感じだったら。

カ$_{58}$　この感じだったら。

ク$_{58}$　うん。

カ$_{59}$　そうすると、あなたに言われたのではないみたいだね。

ク$_{59}$　母親がですか？

カ$_{60}$　ええ。

ク$_{60}$　おそらくその憎悪の対象は、僕と違って父親の方にいっている。（そうでしょうね）だから僕は傷ついていないし、こたえはしているけれど、自分が言われている感じがないのだと思います。

カ$_{61}$　そうみたいだね。

ク$_{61}$　はい。一つは僕のことをほめてくれるし、僕はそれにこたえようとずっとやってきた。父親がいて、そういう環境だったのがあると思うのです。

カ$_{62}$　だからほめられる方は、あなた自身のものと受け止めてがんばってきたわけだね。すさまじいような感じのものは父親の方に預けてしまって。

ク$_{62}$　うん。

カ$_{63}$　流してきた。

ク$_{63}$　そうですね。それを25歳までは全然言わないで母親はやってきた。

カ$_{64}$　うん、あなたはいらない子だった、好きになれなかったというのは、25になった後で言われたことですか？

ク$_{64}$　はい。それまでは、ひと言もそんなことを言わなかったですね。

カ$_{65}$　思っておられただけだね。

ク$_{65}$　はい。

カ$_{66}$　そういう経験があったと。

ク$_{66}$　はい。

カ$_{67}$　うん。〈沈黙54秒〉25歳になって、あなたに対するお母さんの思いが、今までの子どもみたいなものから変わってきたのかもしれない。

ク$_{67}$　ふーん。

カ$_{68}$　あなたを見る目がおとなって感じになったのかな？

ク$_{68}$　うん。その話はたまたまのきっかけで母親が話し出したのです。僕が結婚したらその話をしようと思っていたって言ってました。

カ$_{69}$　なぜ、結婚するまで待てなかったのかな？

ク$_{69}$　待てなかったのですね。ただ、しかたがないなと本当に思えるような状況だったのです。父親のしたこととそのときの家の状況が。なんていうか、ちょうど妹ができた頃に母親がヒステリックになっていました。誇張があるのかもしれないけれど、7割は本当の話だと思うのです。新婚当時、どこに住んでいたかは知らないのですけれど、父親の元の愛人といっしょに同じ家に住んでいたのです。（へえー）その話も教えてくれました。（うん）その女性が父親が帰ってくるのが遅いと泣いていたらしいのです。（へえー）

カ$_{70}$　よくいっしょになど住まれたね。

ク$_{70}$　母親がでしょう。その頃は何もわからなかったのですって。

カ$_{71}$　そう思える？　本当だろうか？

ク$_{71}$　いや、うちの母親だったらそうかもしれない。

カ$_{72}$　ああ、そうですか。そういうところがある。そういうお母さんですか。

ク$_{72}$　普通に考えたら、僕の今の常識ではそれはおかしいとか思うのですが。父親はもちろんおかしいのですけれど。今ならともかくその当時の母親の感覚だったら、本当にわからなかったっていう言葉は事実だと思います。

カ$_{73}$　はあ、そうですか。

ク$_{73}$　ええ。母親はそういうことを知らずに育ってきたって。性のこととか。

カ$_{74}$　じゃ、その人を誰だと思ってられたのでしょう？

ク$_{74}$　わかりません。

カ$_{75}$　性のことを知らずに、ということがあったとしても？

ク$_{75}$　ええ。

カ$_{76}$　３歳の子どもでもわかるのでは？

ク$_{76}$　わかりますね。

カ$_{77}$　母親の肩をもっている？

ク$_{77}$　母親のですか？　いやあ。

カ$_{78}$　そうか、お母さんの見方をそのまま自分に移している。

ク$_{78}$　そうかもしれませんね。状況として父親がその女性のことをどのように言っていたかがわからないのです。うまく父親が取り繕っていたような気がするのです。

カ$_{79}$　３歳の子どもでもこのおばちゃん誰って言うよ。

ク$_{79}$　ええ。それとまわりの状況もおかしいなって気づきますね。

カ$_{80}$　わかるよ。このおばちゃん誰？　というときには３歳の子どもでもわかっているよ。

ク$_{80}$　ええ。

カ$_{81}$　何か変だということはご両親のそれもそうだけれど、違うことがある。（はい）変なのはそれを今あなたが自然に受け入れてるような感じがするところが。

ク$_{81}$　ええ、言われてみれば。

カ$_{82}$　そこが不思議なのです。

ク$_{82}$　言われてみればそうです。

カ$_{83}$　うん。私には。

ク$_{83}$　考えてみたら、まわりの状況がそれを許したのもおかしい。たとえば、祖父母が何も言わなかったのかなって、そういうところへ嫁にやったのが。

カ$_{84}$　（笑）そうでしょう。あなたも改めて話すとおかしいでしょう。

ク$_{84}$　おかしいです。〈沈黙24秒〉

カ$_{85}$　お母さんの方がむしろ愛人のある人からお父さんを奪ったのかな？

ク$_{85}$　その愛人から見たらそうじゃないかと。

カ$_{86}$　どっちが先に付き合っていたかによるものね。

ク$_{86}$　それは向こうです。（うん）見合いで結婚したし、向こうが先です。（うん）おそらく間違いないと思います。それで夫婦二人が２階に住んでいて、下にその愛人が住んでいたらしいのです。（うん）だから、ひょっとして、父親がその家に間借りかなんかしていて、そういう関係になったままで結婚して、上に住んでたという可能性が高いと思います。おそらくそうだと思います。（笑）自分の中ではそういう感じで今まで納得していたのです。

カ$_{87}$　体のあちこちがかゆくなるよ。（笑）

ク$_{87}$　おかしいですね。（笑）おかしい。（笑）考え直さなければ。

カ$_{88}$　そう。あなたはあなたの目で見る必要があるのと違うかな？

ク$_{88}$　僕の目でですか？

カ$_{89}$　うん。それから結婚したら言おうと思ってる。それが25歳ぐらい。ちょうど適齢期に入る前ぐらいだね。それでは結婚させたくないとの意図がお母さんに働くね。

ク$_{89}$　はい、あります。口ではね、いい結婚をして幸せになってほしいと言うが、無意識ではね、じゃまされているとすごく感じているのです。

カ$_{90}$　そうね。今のは意識に近いところだと思うのだけれど。

ク$_{90}$　ええ。

カ$_{91}$　先のおかしさのところは？

ク$_{91}$　先のとは違います。

カ$_{92}$　うーん。大分深いところでやられている自分を感じましたか？

ク$_{92}$　そうですねえ。他人のことだとおかしいと思うのだろうけれど、自分のこととなると当たり前のことのように思えている自分があるなって。

カ$_{93}$　お母さんがおっしゃる思いと同じ視座に立って見ればおかしくないのでしょう。

ク$_{93}$　そうですね。たぶん、母親の視座でいつも見ているのかと思います。

カ$_{94}$　お母さんは自分流に見ておられるから。だから、おそらくおかしくないのでしょうね。〈沈黙９秒〉

ク$_{94}$　自分がもっているすべてのケースより自分の家の方がおかしいな。（笑）そういう気がする。

カ$_{95}$　おかしい事実もあるのかもしれないけれど、おかしいことをそのままあなたが取り込んでいるところなんだよ。

ク$_{95}$　ここをやらないと駄目ですね。

カ$_{96}$　これが僕が今思ってること。

ク$_{96}$　はい。〈沈黙15秒〉

カ$_{97}$　僕がおかしさを指摘したことに対して、反発するぐらいのあなたの思いがお母さんに対してあるということ。

ク$_{97}$　うんうんうん。〈沈黙８秒〉

カ$_{98}$　僕のこのへんがかゆくなってくる。（笑）

ク$_{98}$　ふーん。〈沈黙12秒〉だいぶしなければならないことがあると思いました。

カ$_{99}$　そうね。今日は時間なので、このへんにしましょうか。

ク$_{99}$　はい。

カ$_{100}$　また来週。

ク$_{100}$　ありがとうございました。

個人面接（4回目）を受けて

今回の面接内容は具体的な事実が確認できて、かなりの満足感が得られた。母親の立場から父親を見ていたことに対しては、なるほどその通りだと思う。また、母親が自分の子どもに言ったことの真意は、子どもを傷つけることではなく、子どもを自分の味方につけること、自分から離れないようにすることであるように思われる。他にも意味があるのかもしれないが、母親の口癖に「私を捨てたら死んでやるから」という演劇臭い言葉がある。父親ならずともヒステリックだと感じる。このような言い方で母親は私を困らせた。私は私で勉強に励み、いい子を演じていた。母親は私が賢かったから好きになったと言った。このような限定的な愛情が本当のものなのかと私は今思う。好きだとの感情は本物だということは認める。母親の死が耐えられないものとして、私に存在した。自分の死より苦痛である。母が先に死ぬことが、非常にかわいそうな気がした。私は人に対して「かわいそう」と言うのが嫌いだ。しかし、母に対しては「かわいそう」が出てくる。

今回夢をどうしても報告したくなった。今後もどんどん出すかもしれないが、肉の塊を肉親というのがすぐにはわからなかった。しかし、病んだ肉親という解釈は「えっ」という感じがしている。どうもありがとうございました。

カウンセラーの印象とコメント

今回のカウンセリングで夢を話そうかどうかをクライエントは迷っていた。夢を話すレベルのカウンセリングは、仲間内とはいえ、クライエントに抵抗を起こさせていた。4回目になって夢を話す気持ちになったのであろう。しかし、まだ抵抗が残っているのか、夢は書かれておらず、夢への入り方がどことなくギクシャクしている。夢は「大きい肉の塊を持って山道を歩き、断崖の前に建っている病院へ行く」ものである。クライエント自身の連想からは、気持ちが悪い、肉が病んでいる、近所の分裂病のお婆さんとサナトリウム、自分が受けた脱腸の手術、そして未熟児で心臓弁膜症で死亡した妹のことが思い出される。分裂病のお婆さんへの過度の関心が前回問題になっていたが、この夢から自分の家系や家族が精神的に病んでいる方向に発展する。「家族が病んでいる」は今後のカウンセリングにおける主要なテーマになる予感がカウンセラーにはしている。カウンセラー（16）の応答はカウンセラー側の直観をフィードバックしたものである。

カウンセリングはクライエントの自己表現に対するカウンセラーの直観のフィードバックによって促進される。この直観はクライエントのあらゆる行動、言葉、動作、言いよどみ、雰囲気などの総合から生じる。カウンセラーの直観がクライエントに伝わるような形でフィードバックされたとき、クライエントの中の表現しきれない、まとまらない感情にインパクトが与えられ、方向性とまとまりがクライエントの心に生まれる。

妹の記憶が刺激になって、母親は妹も自分も好きになれなかったこと、それは父親への不信感が基本になって生じたことが語られる。クライエントは自分が母親に嫌われていることより、妹が母に嫌われていたことの方がよりショックが大きいと述べている。カウンセラーはここにクライエントの防衛を感じたので、クライエントの攻撃性を誘発するような応答を入れている。しかし、クライエントは母親をかばうように、巧みにそれを避けている。それはクライエントの姿勢にまで現れるが、防衛は固い。カウンセラーはクライエントと母親の関係のしがらみを彼がいかに解決するかが、彼の内在する攻撃性、結婚問題、より健康な異性関係の樹立などの今回のカウンセリングのメインテーマであることを感じている。

カウンセラーはメインテーマを深めるような応答を巧みに入れるが、クライエントは両親の葛藤、母親の父親への憎悪に話の方向を向け、自分との関わりを巧妙に避けている。それでも、カウンセラーが執拗に食い込むので、母親の父親への恨みが新婚当時からあったこと、また妻妾同居という異常な関係があったことが明らかになる。しかし、ここにおいてもクライエントは母親の純粋さを支持する奇妙な反応を見せる。そこをカウンセラーから突っ込まれ、クライエントは母親の視点から物事を見て判断していることを知的に理解するところへやってきた。

記録を読まれた方やカウンセリングを見ていた大学院生の中には、カウンセラーの態度が強引に映るかもしれない。このときカウンセラーは、知的な解釈や理論からこのような突っ込みを行っているのではない。筆者はクライエントと自分の感情が合わずに、クライエントの述べる内容と感情に乖離を感じると、その程度に応じて自分の側に身体反応が出る。これはカウンセラー自身が原因する身体症状ではない。それはそのクライエントが帰ったり、クライエントの述べる内容と感情が一致すると、カウンセラー側の症状が消失するからである。因果関係ははっきりしないが、境界例のクライエントには偏頭痛が、分裂病圏のクライエントには腰痛が、神経症圏のクライエントには腹痛、悪寒、むかつきがよく起こってくる。そして、クライエントにはかゆみが生じた。カウンセラーにこのようなことが生じてきたときには、今カウンセラーが感じていることを率直にクライエントに伝わる形で述べようと努力する。少なくとも、カウンセラー側の身体症状が治まるまで、それを続けるのである。これは筆者流の「純粋性」の表現のしかたの一つである。

このようなカウンセラー側の症状は逆転移ではないかと思われる方もおられるだろう。確かに、ある種の逆転移が含まれているかもしれない。ただ、筆者自身の逆転移のチェックは、カウンセラーの怒りが含まれているかどうかによっている。カウンセラーの応答に怒りの感情が含まれているときは、逆転移に気をつけている。カウンセラーには人によって自分の逆転移の指標がある。それを見つけて、それが起こったときに、いち早く対応できるのがプロのカウンセラーであろう。今回、ここではクライエントに対する怒りや攻撃的感情はなかったと思っている。

母親の視座に立って物事を見ていた、と気づいたクライエントはこれからの日常生活、特に家での生活がつらくなることが予想される。

第５セッション　「僕も背中がかゆくなりました」

【平成Ｘ年５月31日】

カ$_1$　どうですか。

ク$_1$　今日カウンセリングが始まる前に、少し落ちつかなくなりました。（ええ）昨日ですけど、急に眠気がしまして。昨日は事務所（クライエントがカウンセリングをしている場所）で寝て。午前中お客さんが来るまでちょっと時間があったので横になって寝てしまって。ドアのノックの音で起き、ねぼけた顔でちょっとお話しして、打ち合わせだけして帰っていただいたりして。午後から夢の本を読み出したのですけれど、眠気が強いんで寝た方が能率的だと思って。４時くらいまで寝たんです。ご飯を食べた後、１時から５時くらいまで、うつらうつらしていたのです。そのとき、すごい数の夢を見まして。覚えているのはそんなに多くはないのですけれど。（ええ）ここで寝てはまずいなーと途中で思ったんです。夢を見て起きたときに、ここの場は夢を見るところじゃないかって、（ええ）この部屋で何かあったんじゃないかと。そんな感じの夢が続いてまして。（ええ）覚えている夢と言いますと短い夢なんですけれど。自分が片隅で変な形で寝ていたんです。変な形というのは手を枕にして、部屋の真ん中じゃなしにすごく端で寝ていたのです。（ええ）夢の中で自分で寝込んでしまって、夢の中で自分のいた位置にヘビが２匹いるのです。

カ$_2$　２匹？

ク$_2$　ヘビが２匹出てきているのです。１匹は短い、これぐらいの。自分ではマムシって思っているんです。（ふん）それとおとなしいヘビが１匹いて。（ふん）部屋の中で、グループをしている感じがあるんです。（ふん）そのヘビが誰か人のところへ行くんです。男の人とか、女の人とかへ。（なるほど）男の人のところへ行くので、危ないな、かまないかなあ、どうしたらよいのかなって僕は思っているのです。

カ$_3$　２匹とも行くわけ？

ク$_3$　１匹だけです。その小さいやつだけ。シュシュシュッと。

カ$_4$　毒ヘビの方が行くのだね。

ク$_4$　かまれたらたいへんなことになると、こっちはヒヤヒヤしながら見ているのですけれど、その人はなんにも知らないのです。（ふんふん）わりと普通の顔をして座っていて。そこへ毒ヘビがヒュッヒュッて来て。大丈夫かなという感じで見ていて、そんな夢なんです。（なるほど）色が鮮やかなヘビだったのです。

カ$_5$　何色ですか？

ク$_5$　もとの色自体は地味な色ですけど、斑点が、本当のマムシってあんなのじゃないと思いますが、四角形の斑点がポッポッポッて。

カ$_6$　何色ですか？

ク$_6$　色はこんな色ですかねえ。（深緑色のソファを指して）（ふんふん）こういう地に（右脇の黄色い箱を指さして）こういう斑点が（ソファを指さして）こんなふうに（指で四角形を作り）ポッポッポッて。そういうヘビだったんです。色は2匹とも同じような感じだったんです。小さいシュシューっていう方が（ヘビが動いていくゼスチャーをしながら）印象に残っていて。

カ$_7$　ふん、ふん。

ク$_7$　その夢からさめた後に、よく覚えていないのですけども、前に勤めていた会社の社長さんが出てきて。やはり夢でグループをやっている感じなんです。（ふん）何人かがそこにいて、自分がグループを主催しているのに、自分はやっぱり寝ているんです。（ふん、ふん）こりゃ起きないと、自分がやっているのにと思いながら、寝ているんです。その夢の中で。（ふんふん）それですごくあせって。これは起きてから思ったのですけれど、準備不足の夢かなあと。その後にもまだ夢が続いていて。（ふんふん）いろんな夢を見て覚めたときに、それもまだ夢の途中ですけれど、この部屋はいろいろなことがあって、崇りというと変ですけれど、そんなものがあってこういう夢を見るのではないかと。（なるほど）それが短い時間に集中して見たとの感じがすごく強いのです。（ふんふん）人の出入りとグループをやっている感じがずっとありました。（ええ）今ここで夢を言っているのは落ちついていますが、そのときはワーッと思うものがありました。

カ$_8$　なるほど。いろいろな人が研究所へ来てくれたのだね。（ええ）夢の中で。

ク$_8$　はい。前の会社の社長さんとか、初めてお会いしたような男の方とかね。（ふーん）夢の中でそのヘビがいた場所は、後で考えたら自分が寝ていた場所なのです。（なるほど）だから、蛇が自分の分身という感じがあるのです。（なるほど）猫がヘビになったかなってちょっと考えました。（笑）攻撃性と毒ヘビは結びつくし、おっとり寝てるヤツも自分だと思いますし。（ふんふん。

なるほど）不思議ですね。家ではほとんど、そんなに多くの回数の夢を一度に見ないのですけれど。（ええ）1時から5時ぐらいまでの間に集中して。

カ$_{9}$　そうねえ。事務所は夢を扱う場所だし。もっぱら毒ヘビの方ばかりに今自分の関心を集めてるようだけど、ヘビは2匹いるよねえ。

ク$_{9}$　ええ。動きがあるのは毒ヘビの方で、もう1匹は確かにいるんですけど。その場で。

カ$_{10}$　ちょっと長いヤツですか、それは？

ク$_{10}$　ええ、ちょっと長くて。巻いているんでもないのですけれど、こういう感じで、そのとぐろを巻くっていう、あれじゃないのですけれど、こういう感じがして。（手でゆるやかなカーブを描く）

カ$_{11}$　半分寝ているみたいだねえ。

ク$_{11}$　半分寝ているみたいですね。相当眠かった。（ふんふん）あれはちょうど、『生きている象徴』を読んでいた途中だと思うのです。これは読み切れないと思ってやめたのです、その日は。あれは夢を扱った本で、個人分析の本で、女性の本ですけれど。読んでいてなかなか進まなかったのです。（ええ）読むこと自体について別になかったのですが、目覚めたときのだるかったことといったらなかった。すごくだるい感じで。（ふんふん）起きるタイミングが悪いのかと思いますけど。（なるほど）睡眠の周期で言えば、どこで起きたのかなどと考えていたのです。（ふん）家にいると昼寝したり居眠りして、気分がいいのですが、昨日はだるい感じでした。（ああ）顔を洗ったら戻りましたけれど。（そうですか）昼に居眠りして夢を見る経験はいままではないのですが。だいたい晩寝るのが遅くて、短い時間だけ寝るのであまり夢も見ずに。（ふん）日曜日は夕方まで寝てしまいます。そんなときに夢を見るのです。（ああ）それまではほとんど見なくて。（うーん）夢の授業が始まったら夢を見ない、少なくなるというのも（笑）ありますが。（笑）（そう。ふーん）書くのが億劫になるときもあるのです。（ハイ）用紙に書くことが。（ハイ）いつもは手帳につけていますので、それもあるかもしれません。（ふん）夢を出さずに抵抗してもしかたがないのですが。（フッフッフッ。ふーん）今さらね。

カ$_{12}$　ええ、今さらねえ。

ク$_{12}$　あ、それから、もう一つ夢があったのです。忘れていました。珍しいと思ったのです。火曜日にクリニックでテストを二人とって、水曜日の午前中も行ったのです。そのときにお父さんの面接を急遽することになったのです。それで火、水で新しい人に3人お会いしたんです。（ハイ）それから継続の人、男の子が来ていたのです。有料の人が。新しいケースは男の子です。（ふん）初めてあそこでテストが必要だという感じがして、ロールシャッハ・テストを取ったのです。その晩にロールシャッハ・テストを取っている夢を見たのです。その子かどうかはわからないのですが、おかしな反応が出てくるのに、どうしてここを聞いておかなかったのかと思う夢を見ました。（なるほど）後で考えれば、インテークが未熟なだけかとも思ったのですけど。（笑）（なるほど）何か気にかかって、これで大丈夫かなとの思いがあったのです。（ふんふん）水曜日の朝にそれを見て、木曜日にその疲れで眠気がして、居眠りしていたときに夢が出てきたのです。（なるほど）自分ではいつもより寝ていたのです。（ふんふん）だから、なぜそんなに眠気が襲うのかが疑問で。（ふんふん）今思ったのは、かなりいろいろな人に会っているのだなあと。（ああ。なるほど）思いついたのは、その夢の中の見知らぬ人とかが夢の原因かもしれないが、原因になっているのは家族の方ではないかと。（ハイ）パッと顔を会わせたりというのもあったのですよ。（ハイ）その中のお父さんにちょっとおかしい人がおられたので。（そうですか）それも残っているのかなと今思っているのですが。

カ$_{13}$　ふんふん。

ク$_{13}$　確かにいろいろな人に、その日だけでもそうとう会っていますね。だから、それが事務所の中でもう一度出てきたのかと。（なるほど）そういう感じで今思いついたのです。

カ$_{14}$　やっぱり、そういう人が気にかかっているのだね。

ク$_{14}$　ええ。そのときだけで忘れたつもりになっていたのですけれど。

カ$_{15}$　プロ意識。

ク$_{15}$　いやー。でも、強烈に残っていたのです。2日だけなのですけれど、短い間にいろいろなケースの方が来られて。（ふんふん）性非行とか。家庭内暴力とか。登校拒否とか。お父さんやお母さんにしても、いろいろな自我レベルの人が来られ、2日の間に。（なるほど）あそこはあそこで勉強になるところだと思います。（そうですね）ただ、初回の面接とかインテークはこっちが緊張してしまいます。（ふん）性格的にいちばん最初がいちばん苦手でね。（ふんふん）それにやっぱりエネルギー使ってたのかなと思います。（そうですね）〈沈黙60秒〉

カ$_{16}$　今眠たいですか？

ク$_{16}$　いや、眠たくないです。（うん）寝ていないのですが、全然眠たくないのです。

カ$_{17}$　そうですか。あなたは自分は危険さがわかってハラハラしてるけど、他の人たちは危険が迫っていても平気だと。そういう皆と自分の感覚に相違がある。（間）

ク$_{17}$　そう言われたら、クリニックの職員の方は少しも危ないと思っていないのです。（ふんふん）僕はその子をかなり危ないのではといちばん気になっているのです。心配してるのです。ただ、どう動いたらいいかが問題で。（ふん）そうですねえ。あまりはっきりと言えない面もあるかと思うのです。

カ$_{18}$　そりゃそうですね。

ク$_{18}$　そういうケースがあれば引き受けたいとも思うし、そうは言っているのです。（ふんふん）どうなるかわかりませんが。ケースについては、危ない感じを僕はもっているのです。

カ$_{19}$　なるほど。自分の家族を見る見方の中にもそういうのがないですか？

ク$_{19}$　見方ということであれば、これまでの面接でずっと続いてきてることで言えば、母親の見方でずっと見てきたとの思いがないことはなかったのですけれど。（ええ）たとえば、叔父が来たときに、僕は僕なのだから、父親と話をしてもいいのではと叔父が言っていました。（なるほど）僕もその通りだと思っていました。どちらかというと、母親の肩をもってるわけでもないし（なるほど）叔父は見ていたので、そのように感じると思う。25歳でその話を聞いたときには、今まで母親が黙っていたことで、母親が悪者になっていた部分もあったから。（うん）それで考え方自体が少し変わったのです。（ええ）それまでは叔父が言っているような公平な感じで、父親の良いところも見ていたように思うのです。（なるほど）そこが前回の、母親の見方がおかしいというのか、母親の目で見ているなと考えていたところです。〈沈黙50秒〉

カ$_{20}$　なるほどね。今日はずっと前からの流れと少し変わった感じよりも、ふと話が飛ぶような感じがしたのでね。

ク$_{20}$　うーん。今回全体がですか。

カ$_{21}$　うん。夢をたくさん見ておられるけれど、何か現実限定的で。（ええ）そんな感じがして。現実的に感じても、心の世界を豊富にもっている人なのに。（はい）あなたのケースが、沈黙の中であなたの心に、どんな段差や渦をつくっていたのかと私は思ったのです。

ク$_{21}$　沈黙の中で考えていたのは現実的なことです。（ふん）先ほどお話しした子どものこととか。そんなことを考えていたのですが。（ふん）なんと言っ

たらいいのか。出てこないのです。出てこないというのは。〈沈黙28秒〉

カ$_{22}$　何かな。

ク$_{22}$　何かが出てこないのですよ。

カ$_{23}$　そうそう。何かがね。何かがブロッキングされているね。

ク$_{23}$　それで自分の体が重い感じで、このへんに鉛みたいなのがあります。

カ$_{24}$　そうそう、つかえているのでしょう。

ク$_{24}$　こういう感じで、舌状みたいなイメージがあるのです。ずーっと。

カ$_{25}$　っん、っん、っん。

ク$_{25}$　重いんですよ。鉛みたいに。

カ$_{26}$　そうそう。そういうのが僕の方にもせまってくる。口から出る言葉だけは現実的だからね。乖離感を感じてました。

ク$_{26}$　心が言葉にならないのか、何か。〈沈黙15秒〉

カ$_{27}$　はあはあ。

ク$_{27}$　それがまだ出てこない。

カ$_{28}$　うーん。夢になっているのかなということも考えていたのですけれど。

ク$_{28}$　ふーん。何か現実的なものをもう一度夢で見ている感じがしていた。ひょっとしてそこに接点があるのじゃないかというのが、あったのですけれど。（うん）でも、今いちばん悩んでる、現実的に悩んでいるところが夢に出てるのじゃないかと。（なるほど）だから、これまでの流れが今このへんに（胃のあたりを押さえながら）あり、そこから何かが出てこないかと。

カ$_{29}$　なるほどね。

ク$_{29}$　それがちょっと重たくて。

カ$_{30}$　なるほどね。今ちょっと顔がおだやかになったのに気がつきました？

ク$_{30}$　いや、わかりませんでしたが、ちょっと楽になりました。

カ$_{31}$　楽になったね。〈沈黙18秒〉

ク$_{31}$　この重たい感じと事務所にいて夢から覚めたときとか、眠りたくなったときの感じとが似ているような気がします。

カ$_{32}$　そうですか。多分ね。

ク$_{32}$　全然関係がないかもしれませんけれど、今ふと重い感じとか、だるい感じとかが近かったなと思ったのです。

カ$_{33}$　なるほど。ふんふん。

ク$_{33}$　なぜですかね。

カ$_{34}$　夢のコンテンツまで行かずに、身体が夢を見ている、体が受け止めているのだろうね。（ふーん）それは言葉にならないけれど。（ふーん）コンテンツになったら、言葉になるんでしょう。（何度もうなずく）ねえ。

ク$_{34}$　言葉にできれば楽でしょうねえ。

カ$_{35}$　そりゃ楽ですよ。〈沈黙５秒〉あなたがね。

ク$_{35}$　何か、長く黙っていると心臓のまわりが。

カ$_{36}$　押しつけられてくる？

ク$_{36}$　ええ、鉛みたいな感じで。（なるほど）（間）

カ$_{37}$　そういう感じが、ぴったりする言葉で言えるようになったらね。

ク$_{37}$　（うなづく）

カ$_{38}$　言葉を探してもいいですよ。

ク$_{38}$　（間）背中が痒くなってきた。（上着の上から背中を掻く）

カ$_{39}$　（笑）

ク$_{39}$　（録音テープのスイッチを入れてなかったことに気づき）今日、録音するの忘れてました！

カ$_{40}$　ああ、ほんと。（笑）

ク$_{40}$　（しきりに頭をかく）

カ$_{41}$　フッ、フッ、フッ、ほんとにね。

ク$_{41}$　（ビデオ用マイクを指さして）こっちの方は入ってますね？

カ$_{42}$　うん。こっちは入ってる。（間）今日はバーバルにならない面接だね。うまいことにテープが止まってる。（ええ）今日のは録音しても、バーバルではしかたがないのかもしれないね。

ク$_{42}$　そうですね。

カ$_{43}$　うん。

ク$_{43}$　（間）こういうこともありますね。

カ$_{44}$　ありますねえ。

ク$_{44}$　（時計を見ながら、笑）

カ$_{45}$　（笑）それじゃ、今日はこのぐらいに。

ク$_{45}$　どうもありがとうございました。

個人面接（5回目）を受けて

今回の面接は１回休みとの感じを私ももった。休もうとの気持ちはまったくなくて、前半は夢の内容をどうしても言いたかった。崇りは家の問題と確かにつながると思う。しかし、分裂病を心配している子どもと私と近所の老婆との関係はどういうことだろうか、との思いが残っている。老婆のことは次回にやりたい。

前半に先生の顔を見ると、退屈かなと思った。先生の足の方を見ると、サンダルからのぞいた足の親指がピクピクしているので、退屈されているとチェックを入れてしまった。

しかし、もらった宿題の方はなぜか今これを書いていて忘れてしまった。私の調子が悪いのか、どこかでブロックしてしまっているのか。次回もよろしくお願いいたします。

カウンセラーの印象とコメント

前回のカウンセラーの突っ込みが、やはり抵抗をもたらしたようである。クライエントはカウンセリングが始まる前に落ち着かなくなっている。しかし、クライエントは今回の場面設定もあってか、カウンセリングに対する意欲を見せ、夢を報告している。

夢は2匹のヘビがテーマである。1匹が毒ヘビ、もう1匹はおとなしいヘビである。クライエントは2匹のヘビを自分の性格の二面として解釈している。毒ヘビの特徴はクライエントだけが気づいており、他の人々は気づいていない。以前に勤めていた会社の社長が夢に登場するが、意味はわからない。クライエントは事務所では夢をよく見るが、自宅では見ないという。今回の夢は女性の夢分析のケースを読んでいることが刺激になっていると述べているが、それもあまり深まらない。クライエントは眠いことを連発している。しかし、カウンセリング場面では眠くないと言う。しかし、明らかにクライエントが眠そうだとカウンセラーは感じている。

話はクリニックで面接した男の子に移る。クライエントは男の子が危ない子だと感じている。クリニックのスタッフがそれに気づかないことに攻撃性が向きかけるが、止まる。それに代わって、前回の自分の視座が母親と同一視していたことが、再び軽く取り上げられ、父親の良いところも見えてきて、両親を見る目が客観的になっている。

夢に感じる何かがブロッキングされていることに気づきだしている。しかし、それが何かはこれからの課題である。

カウンセリングが進むにつれて、クライエントの顔が穏やかになる。カウンセリングの前後でのクライエントの表情はカウンセリングの成り行きを判断する大切な手段である。筆者はしばしばカウンセリング事務所の受付の人にそれを聞く。カウンセリング事務所の受付の人のクライエントが良くなっているかどうかの判断は信用できるようである。それが結構カウンセリングのプロセスの指標になる。

クライエントは思いを言語表現できずに、前回のカウンセラーの身体症状であるかゆみが出ている。カウンセリング関係を考える上で興味深い。

今回のカウンセリングでは、録音テープが止まっていることにカウンセリングの最後の方で気づく。カウンセラーには今回の面接は今までのことを消化するための休みのように感じた。

第6セッション　「僕の家は閉鎖的です」

【平成X年6月7日】

カ$_1$　どうですか。

ク$_1$　先週は感想にも書きましたが、自分でも1回休みだったと思うのです。でも、最初の部分で夢をしゃべりたかったのがあります。一つ前の話ですけど、近所に住んでたお婆さんのことと自分のことと、それからこの前の夢でいちばん気になっていた部分は、分裂病が心配という男の子なのです。3者に何か関連があるのではないかと今朝は思っていたのです。先週K先生から宿題だと言われた部分を考えようと思っていたのですが、やはりお婆さんのことをやりたいとの思いがありました。

カ$_2$　やりましょ。（クライエントの顔を見て微笑む。クライエントも微笑む）

ク$_2$　はい。どうしてそこまでこだわるかというところだったのですが、やっぱり出てこないのですね。自分が理解されないことでイライラしたり、攻撃的になるということはあると思うのです。それとそのお婆さんをまわりの人がわかってくれなかったこととはつながると思うのです。しかし、それにしてもこだわり方は普通ではない。

カ$_3$　ええ。そうみたいですね。

ク$_3$　はい。〈沈黙23秒〉頭で考えたら出てこないのです。（ええ）〈沈黙24秒〉家族とどうのこうのという話だったと思いますが。何かちょっと（間）思い出してきました。（間）ちょっと待ってくださいよ。（間）家族（間）家族の中でもわかってもらえないことかなあ。（間）違うような気がするなあ。（間）残っているのは、母親の目で見ていたというのはありますが。（間）近所のお婆さんは今のところつながってこないですね。〈沈黙55秒〉そこを急に考えても出てこないのかもしれないと思いまして。

カ$_4$　それはそうですね。

ク$_4$　もう少し、家の中の現実的なことを考えていったら、それが出てくるのかな？

カ$_5$　そう。その方が良いと思います。

ク$_5$　自分もそう思うのです。母親ノート法の会話をつけていて、どうしてもここへ持ってこられないような内容があったのに自分で気づいて。（ああ、そうですか）それは近所の人の悪口を母親も祖母も言うのです。それが耐えられなくてね。耐えられないというよりも、なぜそう言うのだろうかなあって思うところがあるんです。自分の家は保守的で、自分の家だけにこもるタイプの家なんです。外との交流が下手だと思うし。〈沈黙30秒〉

カ$_6$　どんなところがどういうふうな悪口になるのですか。

ク$_6$　たとえば、僕が帰ってくる時間が遅いでしょ。いつも12時まわってますよね。ちょっと一服してから風呂を炊くのです。僕が1時間ぐらい入ったりするのです。夜に風呂を炊いたり、入れば音もするでしょう。それで文句を言いにくるのではと。文句を言いに来られたらいやだ、あんな人に文句を言われるのはいやだと。たとえば、僕にもっと早く入れとか、静かにとか、30分ぐらいで入りなさいとか。お風呂に入るまで僕はいろいろ何かをしてますので。外を気にしてるっていうか、他人を気にして。お風呂だったら文句を言いに来てから考えればいいと思うのです。そういうのが多いのです。

カ$_7$　今のは気づかいと言えるかどうかはともかく、よその悪口じゃないね。

ク$_7$　ああ〈沈黙10秒〉そうなんです。ただ、母親の言い方に僕は悪意を感じているのです。その部分だけでは悪口ではないけれど、あんな人に言われるのがいやだっていう思いがあって。相手は隣の人なのです。何かを感じるのです。

カ$_8$　そこはねえ。

ク$_8$　はい。

カ$_9$　あんな人と言うのは？

ク$_9$　やはり。うちの母親が問題だと思うのです。あの〈沈黙12秒〉どっちかと言うと。隣の人については、僕はよく知っている訳じゃないのですが。そんなに変わってるとか、母親が言うような人間ではないのじゃないかと思っているのです。夫婦で住んでいるのですが、女性が男の人といっしょにいたり、家に男を引き込むと言うのです。母親が。

カ$_{10}$　夫婦で住んでいて、別の男を引き込むと。

ク$_{10}$　はい。それははっきりわからないのです。どういう人かもわからないし。本当に変な関係があるかどうかもわからないのです。

カ$_{11}$　お母さんは見たことはない。

ク$_{11}$　ええ。おそらくないと思います。だから、何かおかしい感じで言うのです。（なるほど）母親自身のセクシャリティの問題が入っているのではないかと。その分母親のバイアスがかかって見ていると、僕は考えています。実際のところはわからないのですが。母親の目で見たら、そういう人という言い方になると思いますが。

カ$_{12}$　お母さんの方の思い過ごしで、関係ないのではというような感じ？

ク$_{12}$　はい。可能性が高いと思います。（なるほどね）だから、その人から文句を言われるのはいやだと言うのです。で、祖母も同調してるようにも（間）いや、祖母はそうでもないかもしれません。母親はそういう感じがあると思います。あの（間）女性の問題になると、ちょっとしたことでも思ってしまうようです。母親は。

カ$_{13}$　それも悪口ではなくて、自分の思い込みの方だね。

ク$_{13}$　はい。

カ$_{14}$　ああ。悪口を言うのはあまりないのかな？

ク$_{14}$　そうですね。（笑）隣の人に対して母が嫌悪感をもっているのをこっちが感じて。

カ$_{15}$　なるほど。そこは。（はい）ふだんの付き合いは？

ク$_{15}$　ほとんどないと思います。

カ$_{16}$　ほとんどないのですか。

ク$_{16}$　回覧板渡したりぐらいじゃないですか。話もしないし。たとえば挨拶もしない。僕は近所の人に会うと先にこちらから挨拶をするし、向こうもするし。

カ$_{17}$　そうだね。挨拶は。（はい）お母さんの方は相当わだかまりがあるのだね。

ク$_{17}$　はい。隣の人の方はあまり意識されていないと思うのです。

カ$_{18}$　向こうは。

ク$_{18}$　はい。

カ$_{19}$　両方に隣があるのですか？

ク$_{19}$　はい。両方に隣があります。

カ$_{20}$　そっち側は。左？　右？
ク$_{20}$　右の方です。
カ$_{21}$　左側の方は別に何もない？
ク$_{21}$　いえ、左手の方の家の人ともいろいろあるのですわ。
カ$_{22}$　それもあるんですか。
ク$_{22}$　あります。あります。たとえば溝の掃除をしないとか。
カ$_{23}$　なるほど。
ク$_{23}$　そういう文句が家の中では出るのです。
カ$_{24}$　家の中で。
ク$_{24}$　外へはあまり出さないと思います。でも大きな声でしゃべるので、隣の人の耳がよければ聞こえると思います。（笑）
カ$_{25}$　なるほど。（笑）まあ、聞こえよがしに。
ク$_{25}$　聞こえよがしに言っているみたいな。
カ$_{26}$　溝を掃除されないのは事実なんですか。
ク$_{26}$　それは事実かもしれません。
カ$_{27}$　溝の方は。
ク$_{27}$　はい。におうと言ってます。
カ$_{28}$　なるほど。溝がにおう。
ク$_{28}$　きちんとお風呂も洗ってないのではと。そんなことも。
カ$_{29}$　へえー。
ク$_{29}$　僕はそれに悪意を感じるのです。
カ$_{30}$　ああ、なるほど。
ク$_{30}$　普通じゃない感じを受けるのです。
カ$_{31}$　井戸端会議のうわさ話じゃないの？
ク$_{31}$　いえ、違います。何か違う。〈沈黙18秒〉
カ$_{32}$　もっと悪意を感じるのだね。
ク$_{32}$　はい、感じますね。
カ$_{33}$　お向かいは？
ク$_{33}$　お向かいは…前面に道路があって。あ、向かいもそうです。（笑）そう言えば。向かいに対してもそうです。向かいへは坂道があり、下になるのです。向かいは木が伸びてきているのです。大きな柿の木の枝がこっちへ入ってくると言って。うちが出したら文句を言われるのに、向こうの枝は入り放題でこっちへ来ると。（笑）

カ$_{34}$　枝が侵入してきている。(笑)

ク$_{34}$　枝が侵入してきている。木の手入れもしないとか。こっちの植木に当たってじゃまになるとか。それも外には出さないで、家の中で言っているだけです。

カ$_{35}$　筋向かいは。

ク$_{35}$　筋向かいは家が大きくて、3軒分の土地があります。

カ$_{36}$　なるほど。3対1なんだね。

ク$_{36}$　3対1ですね。もともとそこは土地の人で、後の3軒は新しい。

カ$_{37}$　買ったりして。

ク$_{37}$　はい。建て売りとか。裏は公営の住宅ができていて、駐車場になっているので別に問題はない。

カ$_{38}$　なるほど。それは鉄筋の高い建物？

ク$_{38}$　はい。駐車場が坂になっていて、駐車場があって（身振りで示す）その後ろに建物ですから。

カ$_{39}$　隔絶されてるわけだね。

ク$_{39}$　はい。

カ$_{40}$　それなら、隣接する3軒だね。そんなによく聞こえるのですか？　隣同士で。

ク$_{40}$　聞こえないと思うのです。

カ$_{41}$　よその家のテレビも聞こえない。

ク$_{41}$　全然聞こえません。そうそう。隣は寝るのが早いって言うのです。何もせずに寝るって（カウンセラーが笑うとクライエントもつられて笑う）うちは2時とか3時とか、平気で起きているので、静かにしなさいと僕に言うのです。

カ$_{42}$　そうか。お母さんは気づかい症なんだなあ。

ク$_{42}$　気づかい症ですね。確かに2時3時まで起きています。電話には2時でも3時でも出られますから。(笑) 本当に起きているのですけれど。しかし、やはり閉鎖的ですね。田舎ですからいろいろ行事がありますでしょう。運動会とかどぶさらいとか、月に1回ぐらいありますでしょう。

カ$_{43}$　地域のつき合い。

ク$_{43}$　はい。母親が出るのです。僕は運動会に出ようかなと思うのですけど、忙しいのだからやめたらいい、と入れていないのです。

カ$_{44}$　お母さんが出さないようにする。

ク$_{44}$　出さないようにしているように思います。

カ$_{45}$　なるほど。

ク$_{45}$　〈沈黙25秒〉出さないようにすることで、ちょっと思い当たることがあります。僕が家にいたら安心なのです。

カ$_{46}$　あなたが？

ク$_{46}$　はい。私が家にいるだけで、しゃべってなくても。母親は口に出して言うんじゃないのですが、祖母はそうなんです。

カ$_{47}$　口に出される。

ク$_{47}$　ええ。いてくれと。日曜日は外出しないように。僕が出なかったら喜んでいます。（なるほど）（笑）僕はだいたい寝てますでしょう。金、土は寝ずに日曜日に十何時間寝るというふうで、起きたら夕方であっという間に晩になって（笑）という生活で。だから日曜日に家にいたら喜びます。どこかへ行くのだったら、早く帰っておいでや、今日は遅いのか、早く帰って来るの、と祖母は言うのです。それを聞くと出て行きたくなります。家にいても楽しいこともありませんし。話が合うわけでもないし。でも、家にいたら確かに１週間分の疲れはとれるのですけれど。日曜日に学会とかがあれば、次の週はフラフラですけれど。

カ$_{48}$　そうでしょうねえ。今の生活を見ていると。

ク$_{48}$　本当に規則正しい生活にしなければ。たとえば日曜日の使い方はもったいない感じがあります。起きたら夕方で。家から出さないようにされているというか。（間）

カ$_{49}$　出さないように。

ク$_{49}$　そういうのがわかっているみたいなところがありまして。〈沈黙25秒〉

カ$_{50}$　なるほど。じゃあ日頃は夜遅いのも、金、土は寝ないのも、あなたが日曜日に家にいるためにやってることみたいだね。

ク$_{50}$　あ、それは（間）（笑、オーバーアクション）それは（間）ちょっと、はいと言いにくいのですが（間）（笑、股間に手をもっていく）そうは思えないです。

カ$_{51}$　そうは思えない。（笑）

ク$_{51}$　ええ、思えないです。自分ではいたくはないですから。でも本当はそうなのかなあ？

カ$_{52}$　今、動揺を感じましたね。

ク$_{52}$　いや。動揺、動揺かなあ。笑ってしまうのですよ。そう言われたら。それだったら、生活は直ると思います。（うんうん）去年か今年か忘れましたが、今度の休みからは規則正しい生活にしようと思ったのです。朝起きて晩に寝るという（間)。ところがやっぱりできませんでした。無意識に家にいたいのではないのですけれど。

カ$_{53}$　いや。今のは意識的と言うのでは？

ク$_{53}$　えっ？

カ$_{54}$　意識的に家にいたいのじゃないの。今、あなたは「無意識的」と言ったが。

ク$_{54}$　無意識的にって言いました？（カウンセラー、笑）わからなくなってきました。ちょっと待ってください。僕は活動的っていうか、朝起きて夜に寝る生活をしたら頭の方もすっきりするのではないかと思うのです。今のままだったら、行き帰りの電車で本も読めないのです。眠たくて。（そりゃあそうでしょうね）だらだらと2時3時まで起きているのです。毎日。午前中に何かあるときは8時半に起きますでしょ。そうすると、3～4時間しか寝られない。それがずっと続いて。（間）それを直そうと思ったけれども、やっぱり起きてしまうのです。だらだらと。

カ$_{55}$　何のために。

ク$_{55}$　日曜日に寝るためですかねえ。（笑）

カ$_{56}$　何のために。

ク$_{56}$　何のためにかなあ。（間）何のためと言うよりも、ケースの記録が書けないのです。晩に起きていて書こうとするのですが、気が散って他のことを考えているのです。

カ$_{57}$　どんなことを？

ク$_{57}$　女性のこともありますし、本当にボーッとしてるときもあります。そのときにテレビをつけたりするのです。深夜映画を見ようと思って見てしまうのです。それでテレビ番組が皆終わるのです。それで寂しくなって、今度はビデオを見るのです。

カ$_{58}$　なるほど。そのとき眠たくならない？

ク$_{58}$　全然、眠たくないのです。授業中はこんなに眠たくなるのに。

カ$_{59}$　ああ、寂しくなるのですか。

ク$_{59}$　何か寂しいのですよ。〈沈黙36秒〉

カ$_{60}$　すっと寝るには。

ク$_{60}$　何もしないのだったら寝たらいいのです。ほんとにね。1時ぐらいに寝てね。ケースを書いたりするのならいいのですが。それで切羽詰まって。

ケースを3つも書いていなかったのです、今週は。書けないし、本も読んでいなかったし。ケースだけは書かなければと思って。1ケースいつも4時間かかるのですが、1時間半で3ケース皆書けたのです。本当は書けるのだと思ったのです。

カ$_{61}$　何が書かせないようにしていたのだろうね。

ク$_{61}$　はい。（間）何でしょうかね。

カ$_{62}$　いや。何のために起きているかなあ。

ク$_{62}$　はい。起きていてぼーっとしている時間が、気持ちがいいのです。それに足かせになってるのがケースなのです。ケースを書かなければというのがプレッシャーになっています。

カ$_{63}$　なるほど。だけど、それは起きているためのいい言い訳だね。ボーッとできるための。

ク$_{63}$　ケースが。〈沈黙45秒〉

カ$_{64}$　ケースを書かなければというのは、書こう思ったら書けるのでしょ。今のように。（書けました）だから、ケースを書くことが起きているための自分に対する最大の口実になっている。

ク$_{64}$　ケースの数が増えても増えなくても、あまり関係はないですね。1ケースでも1週間ぐらい書けませんね。それはわかってきたのですけれど、ほんとうに何があるのでしょうか？

カ$_{65}$　それはわからない。（笑）何だろうね。やがてわかるかな。

ク$_{65}$　なぜでしょうね。ケースの数とか労力とかは関係ないみたいですね。

カ$_{66}$　だから起きているためでしょ。今わかっているのは。

ク$_{66}$　そうなりますね。

カ$_{67}$　寂しさを補うことかもしれない。今、あなたの言葉から出てきたのは。どんな女性のことを考えてるの。

ク$_{67}$　女性ですか？　いらないこと言ってしまった。（笑）〈沈黙30秒〉

カ$_{68}$　それ以外は言っていないね。（笑）後はボーッとしてるから。

ク$_{68}$　ケースを言いました。

カ$_{69}$　ケースは言ったけれど、ケースは書けたし。（笑）

ク$_{69}$　〈沈黙68秒〉女性のことを考えてるのは、ボーッとしたいのではないときもある。はっきりとこういう子とか、まわりにいる子とか、大学にいる子とか、いろいろ考えるのです。それでどうってことはないのです。ただ、考えているだけなんです。

カ$_{70}$　何を。

ク$_{70}$　なんていうか。どうつき合えば、とかを考えるのです。考えるのですが、実行に移すのではなしに考えているのです。こう言ったらこうとか。

カ$_{71}$　付き合い方みたいなこと、ものの言い方みたいなことを。

ク$_{71}$　しかし〈沈黙28秒〉考えてみれば、具体的に（間）最近何もないですね。

カ$_{72}$　ああ。最近は。

ク$_{72}$　はい。デートするようなことありますでしょう。そういうのが最近、（間）記憶をたどっても。（笑）ないのですね。記憶の間違いかなあ。

カ$_{73}$　女性との付き合いはものすごくナイーブだね。今のあなたを見ていたら。ああ言えばこう言おうとか、こう言ったらああ言おうとか。

ク$_{73}$　失敗ばっかりしてきたから、勇気もないし。

カ$_{74}$　それを考えるから失敗するのでは？

ク$_{74}$　そうかもしれませんね。

カ$_{75}$　相手は生きているから。

ク$_{75}$　そうですね。（笑）そこのところで先々週でしたか、母親にじゃまをされ続けてきたとの思いがあって（間）母親の問題というか、性に関する問題があるので、全然オープンではないのです。そういう話には。

カ$_{76}$　家では。

ク$_{76}$　はい。家がオープンでないっていうのか。

カ$_{77}$　異性の親にはだいたいオープンじゃないけれど。それ以上に何かオープンじゃないものを感じるのかな？

ク$_{77}$　感じますね。〈沈黙20秒〉この歳になって母親が問題というのではないけれど、今はしかたがないとの思いはあるけれど（間）やはり苦痛で。〈沈黙25秒〉

カ$_{78}$　それは苦痛でしょう。

ク$_{78}$　名前の呼び方一つをとっても、しかたはないのですが。母親はＡちゃんとは言わないですが、Ａ君って呼ぶのです。恥ずかしいですね、電話がかかってきたときに外に対して。聞こえていることもあるのではと。祖母はそれに輪をかけて、Ａ坊って言うのですよ。35歳にもなって。（間）

カ$_{79}$　うん。なるほどね。Ａ坊なのだろう。おばあさんのイメージとしては。

ク$_{79}$　ええ、昔のままだと思うのです。呼び名を変えろとは言えませんし。

カ$_{80}$　そうねえ。あなた自身はどう呼んでおられるのですか。

ク$_{80}$　おばあさん。

カ$_{81}$　おばあさんって。

ク$_{81}$　おばあさんかおばあちゃん。直した方がいいですね。

カ$_{82}$　お母さんは？

ク$_{82}$　お母さんと言っていると思います。

カ$_{83}$　普通。

ク$_{83}$　はい。母親ノート法の前はおかあちゃんと言ってるときがあったのです。

カ$_{84}$　ああ、なるほど。

ク$_{84}$　呼び名は関係の問題ですね。

カ$_{85}$　そう。

ク$_{85}$　はい。今、おばあさん、お母さんと呼んでいます。

カ$_{86}$　だから、あなたとしては意識して脱出しようとしている。

ク$_{86}$　向こうは「母親ノート法」を読んでいませんから。（笑）これはある意味ではしかたがないと思っているのです。祖母にしたって今さらというのもある。（間）ただ、まだ残ってる部分があるのです。父への（間）不満というか。（間）

カ$_{87}$　なるほど、それがあなたの方にくる。

ク$_{87}$　それを感じるから、自分は子どもだとは思うのですが。

カ$_{88}$　逆に。あなたが。

ク$_{88}$　早く帰って来いというのも同じだったと思うのです。

カ$_{89}$　ああ、そうだね。

ク$_{89}$　さっきはなぜ起きてるかの話だったですね。

カ$_{90}$　そうです。

ク$_{90}$　はい。〈沈黙19秒〉起きていてメリットは全然ないのです。その時間、何かボーッとしていたい。

カ$_{91}$　眠れないのだね。

ク$_{91}$　そうですね。眠れないのですね。何か、テレビでもしかたなしに見てますねえ。何かがかかっている限りは全部のチャンネルを回し、終わるまで。毎日です。

カ$_{92}$　毎日ですか。

ク$_{92}$　はい。

カ$_{93}$　じゃ、昨晩は寝ていない？

ク$_{93}$　昨日は寝ていないですね。テレビは見ていないですけれど。

カ$_{94}$　これで昼に寝だしたら、登校拒否の子になるねえ。

ク$_{94}$　ええ。だから、昼夜逆転の登校拒否のお母さんが心配してこられても、自分はびくともしないのです。（笑）

カ$_{95}$　なるほど。（笑）慣れてる。

ク$_{95}$　絶対、大丈夫です。すぐ治りますって。

カ$_{96}$　なるほど。そうね。方向性があるときはね。

ク$_{96}$　ええ。〈沈黙25秒〉今の話は思春期の頃から引きずっている問題で、恥ずかしいけれどもそんな心性があって、その頃の男の子の感じをいまだに引きずってるように思うのです。そうでありながら、35歳の部分があり、ギャップは大きいのです。（ええ）でも、夜寝て朝起きる生活をすぐにはできないように思うのです。

カ$_{97}$　うん。それはそうでしょう。

ク$_{97}$　〈沈黙1分15秒〉外から見ると、奇妙な生活に映るのではないかと思うのです。（そうね）〈沈黙3分8秒〉考えたら今の生活に戻ったというか、学生のときの生活に近いのかもしれません。働いてるときはちゃんと寝てちゃんと起きてたと思ったのです。その枠が外れたら、やっぱりこういうふうになるのかなあって、自然にしておけばね。この12年間はその枠でやってきて、今みたいにこんな2時間、3時間ということはないと思います。しかし、もう一度考え直さないとと思います。

カ$_{98}$　何のためかな。

ク$_{98}$　やはりそれですね。不安なんです。聞いてる人にはわかるのでは？

カ$_{99}$　皆にわかられて、自分だけがわからないような感じで。

ク$_{99}$　そんな思いがあるのです。

カ$_{100}$　今日はこのへんにしておきましょう。

ク$_{100}$　ありがとうございました。

カ$_{101}$　どういたしまして。

個人面接（6回目）を受けて

今回は日常生活で困っていることを述べたつもりである。まるで自分が非行少年の面接をしているときの反対になったみたいで、ずいぶん素直に自分の青年期や少年期の問題を述べたと思う。面接直後はすごく恥ずかしい思いをした。しかし、ここまでの面接すべてに、自分の違うフェーズが出ていると思う。意識せずにいろいろの私が出てきたのだ。

さて、ここまで面接が進んで、自分がやっている面接に変化を感じ始めてきた。まず、沈黙が怖くなくなった。以前はクライエントの会話が途切れたら、カウンセラーとしてどう切り出したらよいかすごく悩んでいた。しかし、今反対の立場になって、セラピストが安定していて無言でもびくともしなかったら、クライエントはなんの圧力もなく、自分の世界で考えることができるのだと気がついた。これは自分がカウンセリングをするときに大きい経験となる。

不思議なことに、新しく私が面接している男性のクライエントは、非常に私と生育歴が似ていたり、境遇が似ていることが多い。今きっと、自分の方がそれができる時期に来ているのかと思う。ありがとうございました。次回もよろしくお願いします。

カウンセラーの印象とコメント

先週のカウンセリングで、分裂病のお婆さんと分裂病が心配の男の子のこと、自分の攻撃性のことが残されていた。このうち、まず自分の家と近所との関係を通して、母親と祖母と自分の性格、家族が作る家族の問題が現実的なレベルで明らかにされていく。

現実的な目で自分や家族を見ることは、それが現実的であるだけにカウンセリングとしては厳しい作業になる。自我の強さと現実吟味能力、現実を変えていくエネルギーがないとこれらの作業はできない。自分の問題に気づき、自分でそれを引き受ける覚悟がないとやれない作業なのである。これらの理由から、カウンセリングでは最終局面でこれらの作業が行われることが多い。現実適応の段階は、終結段階に入って行われるのが最も普通のカウンセリング・プロセスである。クライエントは６回目でこれを始めている。彼との現実での３年間にわたる付き合いでわかっている部分が、カウンセリングによって集約されてきた現れであろう。この回に行われた現実認識により、さらに深い問題に進むことが予想される。

彼の家は保守的で、外との交流が下手で、自分の家だけにこもるタイプである。家では近所に対するイヤミがたえず話されているが、それらの攻撃性は外へは向かわず、自分たちが後ろ指をさされないような自戒で、内向的な方向をとる。他家の悪口はときには、母親の関係念慮を疑うほどにエスカレートする。そのときは母親の性的コンプレックスと関係している。

彼が家にいることを母親と祖母は望んでおり、彼の存在を中心にして家が成り立っていることがわかる。クライエントは家にいたくないと意識的には言いながら、無意識的には家に居るのが安心で、家から離れられない。母親と家との結びつきは、固着と呼んでもいいほど強固であることがわかる。家や母親との固着と分離・結婚への願望が、彼の中心的葛藤の一つであることがますます明確になってきた。これらの固着は、両親の関係・祖母の婚姻にまつわる問題やいくぶん病理的なものを含むのではないかとの疑いを放棄できない、彼の家の問題と深い関係がある。

彼にはボーッとする時間が必要であり、それは寂しさを埋めるための空想による自己愛的な時間である。女性に対するアプローチをイメージによってシミュレートしている彼の行動は、カウンセラーの胸に迫る。クライエントはそれを笑いながら、サラッと言ってのけているので、よけい哀れに似たものを感じさせる。

女性に現実的にアプローチするためには、母親と祖母から独立しなければならない。彼の呼び名がいまだに子ども時代のままであり、彼の方からの祖母や母親のそれも最近まで、子どものそれであった。彼の自立はそんなにやさしくはない。それは彼が家から独立的になればなるほど、母親と祖母にも子離れと自立が要求されるからである。母親や祖母の配偶者が存在するとそれは容易であるが、今の家族ダイナミックスを考えると、誰かが犠牲になる怖さがカウンセラーにはある。家族全体の動きを見ながらカウンセリングを進めることが必要である。それは何よりもクライエントのペースをカウンセラーが尊重することで、カウンセラーのペースで行わないことである。このカウンセリングがエンカウンター・グループの雰囲気で行われているため、そちらからの要因も考慮しておく必要がある。

第７セッション　「父のことをいろいろ思い出しました」

【平成X年6月15日】

カ$_1$　それじゃ始めていきましょう。

ク$_1$　よろしくお願いします。〈沈黙27秒〉カウンセリングを受けてから特に思うのですが、自分が逆転移を起こしやすいような新しいケースが、続いて入ってきているのです。両親が離婚していて、青年期で悩んでる子が。その悩みは自分が高校時代の２年くらいのときのものなのです。そういうケースは変な逆転移さえ起こさなかったら、よくわかる感じはあるのです。逆転移だけに気をつけようと思って。カウンセリング自体はうまくいっていると思う。もう一つは、過去の自分みたいな感じがあって。自分は登校拒否にならずにきましたが、そのケースのクライエントに過去の自分を感じるのです。別のケースでお父さんの面接をしたのです。その家も母一人子一人で結婚されて、自分の嫁さんが母を見ている人なのです。母親が父親の役割もやり、自分の嫁さんは母親と比べると何もできてない不満と不平を話された。何か自分の未来のような感じがし（笑）これではいけないと。

カ$_2$　やばいね。

ク$_2$　はい。自分の境遇によく似た人が来られるようになった。先生にカウンセリングをしていただいているからこのようなケースができる、という思いがあります。先週は日常生活で家族のことについて、おかしいと思うことをお話しさせていただいたのですが、終わった後、恥ずかしい感じがしました。裸の部分をしゃべって、ちょっとしんどかった。１回１回のカウンセリングが全部違う印象が自分にあるのです。ベースではつながっていても、違う切り口のところを自分が出していると思っています。今日は何を言うかが決まらず。〈沈黙14秒〉まったく白紙でと考えてました。〈沈黙11秒〉それで日常生活を朝型の生活にしようと思ったのですが、やはりできませんね。（そうでしょうね）調子が悪い日があって、のどが痛くて。そのときは早く寝て、2日くらいつづけて寝ましたが、それでも深夜映画を見ています。（笑）〈沈黙13秒〉その生活パターンが変わったら、もう少し生産的に何かができるのではと思っているのですが。

カ$_3$　そうでしょうね。一時は生産が落ちるかもしれないが。

ク$_3$　変わるときは落ちますか？

カ$_4$　ペースが変わるから。

ク$_4$　〈沈黙21秒〉本を読む時間も減ってましたね。たとえば、電車の中で本を読めない日があるのです。睡眠不足もあって。覇気がなくボーッとしていたり、居眠っていたりで、読めなかったりするのです。もし、その時間も読めたらもう少し軽く何冊か読めると思うのです。もう少しできないかと思ったときに休んでしまって。ケースの記録をためてしまうのが不安で。〈沈黙40秒〉断片的に急に思い出すことがあるのです。たとえば、父親が靴をたくさん持っていたなあと。いろんな靴を持っていて、色違いのとかコンビネーションのとかを含めて十何足はあったと思います。日曜日に、家にいるときに自分で底を直したりして。（自分で？）ええ。靴クリームも自分で買ってきて。クリーナーから光らすのまで、自分で日曜日にしてました。途中で思い出したんです。

カ$_{5}$　そこからどんなことを思いました？

ク$_{5}$　やはり女性を意識していたと思うのです。おしゃれだと思いました。外車に乗っていたのです。昭和30年代に。（すごいね）ええ。写真が残ってます。それで思い出しました。

カ$_{6}$　何をされていたのですか。

ク$_{6}$　サラリーマンですけど。外車があるのが不思議で。会社の車でもないし。役職は部長か、もっと上だったのかもしれませんけれど。小さい会社だと思うのです。だけど外車を買えるかなあと。その時代にね。

カ$_{7}$　国産車でもすごく高かった。

ク$_{7}$　はい。ミゼットとか三輪トラックが走っている時代で、そんな車に乗っていて。会社の車かどうかはよくわかりませんが。

カ$_{8}$　お母さんとはそういう話をまったくしませんか？

ク$_{8}$　ええ、しませんね。

カ$_{9}$　できない？

ク$_{9}$　できないですね。靴から車を思い出しましたが、背広も多く持っていました。今も洋服ダンスの上に名前を貼ったまま残っているのです。残っているのですよ。今、家に。不思議だなあと思います。

カ$_{10}$　処分されずに？

ク$_{10}$　ええ。

カ$_{11}$　ふーん。着られたことがあります？

ク$_{11}$　いえ、ないです。

カ$_{12}$　着てみたいと思います？

ク$_{12}$　思いません。

カ$_{13}$　体格が全然違いますか？

ク$_{13}$　よく似ているのじゃないですか。僕が成人した頃に1回会ったときは、僕の方が大きくなっていましたけれど。その年代の平均的身長というのだったら、いっしょぐらいだと思うのです。そんなに小柄ではなかった。当時としては。

カ$_{14}$　服は処分されずにあるのですね。

ク$_{14}$　中はないのかもしれませんね。開けたことがないので。

カ$_{15}$　開けたくなりません？

ク$_{15}$　あんまりなりませんね。

カ$_{16}$　靴はもうないのですか？

ク$_{16}$　靴はないと思います。出ていくときに持って行ったのかもしれません。

カ$_{17}$　靴をみんな。

ク$_{17}$　全部持っていくわけじゃありませんから。ただ（間）まとめて送ったのかもしれませんね。

カ$_{18}$　服もね。

ク$_{18}$　そうかもしれません。衣装箱だけあって名札を貼ってあるというのも。何か他のものを入れているのじゃないかと思うのです。おそらく。

カ$_{19}$　見てみたいね。私はね。あなたは？

ク$_{19}$　僕も見てみたいと思ったのですけれど。家の中にそんなのがあって、全然気にしていない。それと話は違いますけど、祖父の背広も全部置いてあるのです。それを処分できないところもありまして。僕の部屋は祖父の部屋だったので、そこへそのまま置いてあるのです。

カ$_{20}$　そちらの方はある意味ではわかる。半分形見みたいなものだから。

ク$_{20}$　処分しにくいのでしょう。名前が貼ってある衣装箱があるのです。

カ$_{21}$　他のものを入れるのだったら、きっと名前は取りたいと思うね。

ク$_{21}$　取りたいですね。冬服、夏服って書いて、名前まで残っているのです。（間）何が入っているのでしょうね。

カ$_{22}$　亡霊が入っていたらいやですが。

ク$_{22}$　ええ。そう言われるかと思いましたが。（笑）開けてびっくり玉手箱、みたいなのがあったりして。（間）コンビネーションの靴が今でも印象的で、色は覚えていないのですが、父親がそのような靴を履いていたって。

カ$_{23}$　派手だね。

ク$_{23}$　派手ですね。

カ$_{24}$　その時代だったらね。

ク$_{24}$　ええ。母の話なのですが、道で女の人に会うでしょ。外で誰か知らない人に会うでしょ。そうすると父親が挨拶していたと言うのです。そういうことが多かったと。

カ$_{25}$　へえ。お母さんには挨拶せずに。

ク$_{25}$　ええ。母親の全然知らない人に父親が。何かいろいろありました。

カ$_{26}$　うーん。母親というのはそういうことをよく覚えているからね。母親というか女性は。誕生日でも結婚記念日でもよく覚えているでしょう。女性の方は。

ク$_{26}$　ええ。あ、母親の誕生日が近いです。（笑）

カ$_{27}$　覚えているのだね。お母さんの誕生日は。

ク$_{27}$　ええ。母が働きだしてから、急に覚えるようにしましたね。それまでは覚えていませんでしたが、意識的に努力して覚えたみたいなところがありまして。（笑）〈沈黙17秒〉靴の多さ、知ってる女性の数の多さや外車とか、父親を思い出すのは。〈沈黙18秒〉一度だけ父親の会社へ遊びに行ったことがあるのです。七五三のときに親子３人で。

カ$_{28}$　５歳のとき？

ク$_{28}$　おそらく５歳でしょうね。七五三は全部行ったのです。

カ$_{29}$　へえー。そんなに行ったのですか？

ク$_{29}$　はい。３歳も７歳も行ったのじゃないかなと思っています。

カ$_{30}$　女児の七五三のときも。男のときも女のときも七五三をしてもらった？

ク$_{30}$　はい。おそらく。写真が違うのです。顔が。

カ$_{31}$　（笑）そりゃ違うでしょう。３歳５歳７歳で。

ク$_{31}$　７歳のときの写真があるのです。

カ$_{32}$　七五三の？

ク$_{32}$　はい。そう言われると、少し自信がなくなってきました。家へ帰ってもう一度確かめます。しかし、確かに髪の毛をのばしているのと坊主頭のときのがあるのです。それは３歳のときで、５歳のときの後ろ姿もあるし、７歳のもあるような気がします。

カ$_{33}$　男は５歳のときだけだからね。それ以外は女子でしょ？

ク$_{33}$　それも行ったみたいです。

カ$_{34}$　へえー。お母さんはどう思っていたのだろうね。

ク$_{34}$　そう。ちょっとおかしい。いやおかしいというか。（笑）そういうところがありますね。母には。だから七五三のときの思い出が残っているのですよね。

カ$_{35}$　どういう思い出が？

ク$_{35}$　たとえば、５歳のときだと思います。叔父と両親といっしょに行きました。そのときは全員でタクシーで帰ったのです。そのときにダッコチャンみたいな黒人の風船人形が売っていたのです。それを僕が持っていたのですが、じゃまになるので叔父さんに渡したのです。叔父さんに渡すときにいやな予感がしたんです。（笑）だから自分で持っていたいと思ったのに叔父さんが預かることになって、それを割ったのです。

カ$_{36}$　故意に？

ク$_{36}$　故意にじゃないです。間違えてね。（間違えて？）それがわかっていたのです。子供心に。

カ$_{37}$　予感があったのだね。

ク$_{37}$　それを思い出しました。それを今でも覚えているのです。（笑）印象に残っていますね。七五三のことを。

カ$_{38}$　僕の風船はどこへ行ったのでしょう、っていうのを？

ク$_{38}$　うん。（間）七五三の頃の自分の姿の写真が目に焼きついているし、いまだに僕の寝ているところに７歳のときの写真が貼ってあるのです。やっぱりかなり変わったことですかね。男子を７歳も３歳も七五三に連れて行くのは？

カ$_{39}$　普通はしないと思うが。

ク$_{39}$　うちは何でもやっておけばいいと思っている。くそ丁寧さがあると思うのです。（笑）

カ$_{40}$　そうかもしれない。僕もそこまでは知らないけれども。妹さんの代わりということはないのかな。

ク$_{40}$　そうですね。７歳のときはそうかもしれません。僕が６歳のときに生まれてすぐ死にましたので。自分の肌身で感じてる。喜んでしてあげればよいとの感じがあって、チャンスがあれば何でもやらせるという感じが強いと思います。お稚児さんの写真がありまして、そのときのことも覚えていますね。どういう事件があったとか、どういうことを言われたかとか。

カ$_{41}$　どんなことをですか？

ク$_{41}$　写真が女の子のように写ってました。１回皆さんに見ていただきたいなって思うような面白い写真なのです。（笑）

カ$_{42}$　女の子みたいに写ってる。

ク$_{42}$　そうです。階段があって、僕は上の方にいたのです。そのときに母親がもっと顔を出しなさい、写らないからとか言って命令してたのを覚えています。（笑）小学校のときはいやでした。赤いシャツを着せられて、女性的な格好をさせられて、女性的なイメージをもたれるのがいやだったのです。

カ$_{43}$　そうでしょうね。七五三に女児の分までしてもらっているし。何か親の意識の中に。

ク$_{43}$　両方あったのかもしれませんね。

カ$_{44}$　髪型も服装も親が決めているからね。まだその歳頃は。丸刈りにしていたらまさか女の子だと思わないし。

ク$_{44}$　だから、小学校の入学式のときの写真がいまだに心に焼きついているのです。（笑）今もそのイメージがあるのです。僕の中に。

カ$_{45}$　どんなのですか？

ク$_{45}$　半ズボンをはいていたと思うのです。そのときは背はすらっと高く、髪は長めで七・三に分け、ふわっとした感じです。顔は笑っていて女性的な感じなのです。その写真を見まして。今とは大違いです。その頃はそう思われるのがいやでした。中学校になって丸刈りになりましたが、小学校の間はずっとそんな感じで。

カ$_{46}$　なるほどね。今でもくやしい感じがあるみたいだね。

ク$_{46}$　ありますね。今だにあると思います。もうすんだことですけれど。

カ$_{47}$　記憶は鮮明ですね。すんだわりには。

ク$_{47}$　ええ。記憶は鮮明です。よみがえっているのかもしれませんけれど。普段はないですよ。今は。

カ$_{48}$　そうでしょうね。

ク$_{48}$　七五三のことを恨みに思っていると、生きていられないと思います。35歳にもなって。（間）

カ$_{49}$　男の子になることは父親に似ていくことでしょう。お母さんはそれがたまらなかったのだろうか？

ク$_{49}$　うーん。あると思いますね。〈沈黙8秒〉ありますね。だから僕が女性とか性とかに興味をもたないように、必要以上に干渉する。性に関してオープンでないところがありますね。（なるほど）（間）まあ、そういう話は父親とやるべきことだし。

カ$_{50}$　そりゃそうだね。男の子だからね。

ク$_{50}$　それで家ではできなかった小学校高学年から中学時代は、友だちなり町内の悪い先輩に教えてもらったと思います。

カ$_{51}$　その方が一般的だけど。父親と息子でもあまりしゃべらないけれど。

ク$_{51}$　そうですね。でも、何かあったときに聞くことはありますでしょう。何かあったから話すようになるでしょう。（ええ）性の問題でも。（何かあったらね）だから僕の見方自体が、母親の目から見ているところがありますね。

カ$_{52}$　そうみたいだね。

ク$_{52}$　それと自分の欲しいものをもらえなかったなと。親の価値観で選んだものを与えられていて、それをよいと思っていましたね。野球のユニフォームにしたってね。みんなの持ってるのが欲しかったのです。それが叔父がスポーツ用品の会社に勤めていたので、ユニフォームをもらってそれを着ていたのですけれど、それでも値段とか関係なしにみんなといっしょのものが欲しかった。

カ$_{53}$　うん。特にユニフォームだからね。

ク$_{53}$　ほんとはそろっていなかったら駄目なのですが、そのへんはいい加減で。（笑）適当なのを着ていましたけれど。〈沈黙7秒〉いまだに恨みに思っているのかもしれませんね。これだけ思っているのは。

カ$_{54}$　そうね。なんかずっと満足せずにおかれているのでしょう。

ク$_{54}$　結構、思い出そうと思ったら、思い出せることがあるのではと。何かあるような気がして。そこをしなければと思います。今のところはまだ意識化できる部分だけでもしなければと思うのです。〈沈黙14秒〉ふだんは父親も母親もおとなしいのですが、夫婦喧嘩のときは母親が感情的になるし、父親もすごく感情的になっていました。それと今の自分の攻撃性が関係していると思うのです。

カ$_{55}$　激しかった。（はい）やりとりが。

ク$_{55}$　はい。それで父親が出て行き、いつも一晩二晩帰らないのです。

カ$_{56}$　なるほど。それであなたはどうしていたんだろう？

ク$_{56}$　僕ですか？（ええ）（息をつく）〈沈黙9秒〉母親の側に立っているときと父親が帰ってくるのを待ってる、の両方あったように思います。はっきり覚えていないですね。ただこういうことは早くやめて欲しいというのがあったように思います。（そうでしょうね）〈沈黙6秒〉母親についていたとも言えません。どちらかというとうるさい母親より父親の方が好きだったですね。（ええ）なんでも買ってくれるし。

カ$_{57}$　うん。お父さんは金回りがよかったのだね。

ク$_{57}$　いいですね。考えてみれば。

カ$_{58}$　何でも買ってくれるし。外車だし。

ク$_{58}$　祖父の方がもっとよかったのかもしれません。（そうですか？）父親の金回りがよいのはあまり家にお金を入れてなかったのではと。（へえー）祖父がいっしょに住んでいたので、それで金回りがよかったのじゃないかなと。（なるほど）後でちらりと祖母から聞いた話かもしれません。（間）いや、違う。父親が言っていたのです。父親は自分がお金を入れていると言っていました。そうです。やはり父親は無茶苦茶金回りがよかったことになりますね。（そうね）何していたのかな？（笑）不思議になってきました。（ええ）何か自分でやっていたのでしょうね。

カ59　やはりあなたの見方はお母さんの見方で見ていたのと違う？　そこも。

ク59　父親はボーダーラインでなかったりして。

カ60　もし、不正じゃなくてお金をきちっと稼げる人ならボーダーラインではないのと違うだろうか。（そうですね）〈沈黙16秒〉実家が金持ちでそれを食いつぶしていて、金回りのいい人は別だけれど。自分できちっと稼いでいたらね。波のある人、NHK のテレビの主人公の幸吉のお父さんみたいに、あるときは船いっぱいお金を持ってくると言ったり、ふだんは奥さんからお金を持っていき、たまに当たったときは大金持ちの人でボーダーラインということはあるが。

ク60　でもやっぱり、ずっとよかった訳じゃないです。不思議ですど、サラリーマンをやっているときが、羽振りがよかったと思います。多分会社が倒産したのだろうと思っています。叔父、父の弟は横浜の方で事業をしていて金があったので、それからそちらの方へ行ったのですね。

カ61　自分で倒産した訳じゃないね。

ク61　そうです。自分の会社じゃないから。それからの生活は普通で、弟に使われてる感じで。

カ62　普通の生活ね。

ク62　普通の生活だったです。

カ63　ええ。それでも使われた割りには普通の稼ぎがあって、普通の生活ができていた。

ク63　〈沈黙５秒〉ただ〈沈黙８秒〉叔父の家だし、後のことはよくわからないですね。ちゃんとできていたかどうかは少し疑問です。肩書は専務とかをもらっていたのです。だけど、どの程度仕事がやれていたかは疑問です。すぐ辞めて、また大阪に帰って来ているのです。

カ64　弟に使われるのって難しいね。普通の人でも。まだ兄貴に使われるのだったら辛抱できても。

ク64　弟さんはしっかりした方で、父はいちばん下だったのかもしれません。真ん中だったかな。これも母親の話だから。

カ65　いちばん下だったら弟はいないのでは？

ク65　あ、違う。上？　上でもない。あれ？（笑）いや、下じゃないです。僕もおかしいですね。（笑）上でした。

カ$_{66}$　でしょうね。

ク$_{66}$　いちばん上ではないと思います。真ん中か。兄弟の中でもいろいろ言われてたらしいのです。母親に聞いたことですから、眉唾かもしれませんけど。問題があるということは言われていたらしいのです。それは弟さんが母親に言ったことだと思うのです。ああいう奴と結婚したらたいへんだと。

カ$_{67}$　なるほど。お母さんが。

ク$_{67}$　しかし考えてみると、祖父も父との結婚に反対していたと母親からは聞くのですが、直接に祖父から何かを聞いた記憶はないのです。

カ$_{68}$　ないのですか？

ク$_{68}$　はい。そういうことは話しませんから。今考えて見ると、それもきいていなかったと思います。（なるほど）僕が母親の話だけからすべてを構成していたのかと。

カ$_{69}$　そうですね。当たってる、当たっていないはともかくとして。

ク$_{69}$　そうですね。〈沈黙５秒〉

カ$_{70}$　いろいろな事情があったのだと思うけれど。兄弟がおられて。他の方がバリバリやってまともなのに、一人だけがおかしいことは少ないが。特にボーダーラインというのでは。（はい）僕らの経験だったら、やっぱりみんなどこかちょこちょこおかしいことが多い。（ええ）ボーダーラインをつくるお母さんなりお父さんなりに育てられることによることが多いから。兄弟みんなに何らかの影響があって。たとえば、バリバリ仕事はするが、冷たかったから離婚されているとか。傷みたいなのが出てくること多いでしょ。

ク$_{70}$　これは僕も知ってることですが。〈沈黙10秒〉弟さんにもいろいろ問題がありました。僕の見たところでも。

カ$_{71}$　見ているところで問題があった？

ク$_{71}$　はい。叔父の家に泊まったのです。叔父の家だけれど別荘みたいになっていて、そこに父親と僕が二人で泊まったときがあるのです。夏休みに。そのときに、叔父が愛人を連れてそこへ来ていたのですよ。愛人が何人かいて。

カ$_{72}$　へえー。お父さんの愛人ではなくて、叔父さんの愛人。

ク$_{72}$　ええ。叔父さんの愛人。お母さんが亡くなられて愛人が何人かいるということで。一人は僕は確実に知っています。

カ$_{73}$　知ってるわけ。

ク$_{73}$　お顔を拝見しました。（笑）

カ$_{74}$　すると、お父さんの兄弟は女性の方にいろいろな問題が多い。女性にもてる。

ク$_{74}$　そうですね。それは本当だと思います。僕はお風呂に入れられてたのも知っていますし。

カ$_{75}$　どういうことですか。？

ク$_{75}$　何かお風呂に入れられてたのです。音がよく聞こえるのです。交替で叔父と愛人の方がお風呂に入れられている音が聞こえてくるのです。何かはだいたいわかっていましたけれど、そのときは。母親の言うことが全部が正しいとは思いませんが、事実もありますね。まあうちはそういう家ですかね。

カ$_{76}$　お父さんのどんなところがもてたみたいな気がする？〈沈黙３秒〉叔父さんも。

ク$_{76}$　叔父さんは厳しいところがあるのです。父親はゴルフの練習場をやっていたのです。叔父が経営しているゴルフ場です。たとえば、子どもがゴルフのボールを盗みにくるのです。打ちっ放しなので。３人も４人もくるのです。父親は一応怒るのですが、ボールを持たせて帰すのです。

カ$_{77}$　優しいのだね。

ク$_{77}$　ええ。僕はそのようなところしか見ていないのです。（笑）僕に対してもそうでした。

カ$_{78}$　なるほど。あなたもそれは受け継いでいるねえ。

ク$_{78}$　受け継いでいると思います。少しは。

カ$_{79}$　だから女性に対してもお父さんは優しいところがあったのかなあ？

ク$_{79}$　うーん。女性だけじゃないような気がします。子どもにも。

カ$_{80}$　なるほど。外の人に優しくて、内の人に厳しい人もいるが、内の人にも優しかったのだね。（はい）お母さんにだけ厳しいとも思えないねえ。おそらく。

ク$_{80}$　ええ。父は厳しいことはないと思います。母親は妹が生まれた頃からヒステリックになったって。

カ$_{81}$　お母さんが？

ク$_{81}$　言ってました。

カ$_{82}$　なるほど。お父さんは女性や子どもが求める優しさをもっておられたのにねえ。〈沈黙７秒〉そういう優しさのある人は自分中心じゃないでしょ。ボーダーラインと違うね。（ええ、ええ）（笑）

ク$_{82}$　違いますね。

カ$_{83}$　ボーダーラインの人はケチだからね。自分にはケチではないが、奪う方で、他人にケチだから。〈沈黙９秒〉私の経験でもそのようなボーダーラインは見たことない。

ク$_{83}$　（うなずく）〈沈黙３秒〉（溜息）〈沈黙９秒〉何かよくわからなくなってきました。

カ$_{84}$　お父さんをボーダーラインだとずっと思い込んでいたみたいだね。あるいは思い込まされていた？

ク$_{84}$　〈沈黙18秒〉理論からみれば、誰かを癌だと言う人が癌だという、それで見れば、母親が問題なのかも。

カ$_{85}$　私が客観的に見ると、子どもが亡くなることから夫婦の仲に亀裂が入ることが多い。特に母親が動揺するから。おそらく妹さんが亡くなられたときに、お父さんが言われたようにお母さんが変わられたのかもしれない。ヒステリックにもなるし、やはり耐えられなくなって、少しおかしくなられた。それに耐えられるだけのお父さんじゃなかった。そういうときは異常なあたり方になるから。異常なあたり方をされるとしまいには双方が異常な反応になってくる。いやになってくるから、お母さんの方は冷たく感じるし、異常に思うような相乗作用が起こったような感じがするけれど。昔の話だからわかりませんが。

ク$_{85}$　僕自身がまた聞きのまた聞きかもしれません。

カ$_{86}$　また聞きではないこと、たとえばあなたに対して優しかったのは本当だと思う？

ク$_{86}$　はい。

カ$_{87}$　だからゴルフボールを持たせて帰すようなところは、あなたにもあったと思うね。

ク$_{87}$　はい。

カ$_{88}$　会社が倒産するまでは営業でがんばっておられて。

ク$_{88}$　うん。

カ$_{89}$　がんばったらがんばるだけ給料がもらえるような仕事だったとすれば。ちょうどその時代は日本経済が膨張してくる時代だから、今のバブルみたいなことがあっただろうし。理屈は合うみたいだけれどね。

ク$_{89}$　はい。

カ$_{90}$　時間がきましたね。また来週にしましょう。

ク$_{90}$　ありがとうございました。

個人面接（7回目）を受けて

今回は過去語りが多く、七五三の意味を改めて考える機会になってよかったと思う。それにしてもよく覚えているものである。自分はしつこい性格だとも、執念深いとも、自分で思う。あるいは、自分ではあまり気にしていないところが意外とこたえているのかもしれない。

今、以前の写真を出して見て、アルバムに父親の写真がまったくないのに改めて感心している。それは写真を整理するときに意識的に外したからである。母親の目を気にして、不快にさせないためである。ただ、そういう母だが、父の写真を捨てることはできずに、そのまま箱の中に入っている。そう言えば、父は写真をやっていた。私の写真が大量にあって、全然整理できていないのを見ると、父はどういうような気持ちだったのだろうと思う。その写真の量を見ると、どう考えてもやはり愛されていたのだと思う。この夏休みにでも、写真の整理をしてみようかと今考えている。自分史をこの機会にまとめてみるのもいいかなあと思える。

今回はこの感想を書きながら、写真を引っ張り出して見ていた。父親の顔をこんなにまともに見たのは、何年ぶりであろうか。今回もこんな新鮮な気づきがあろうとは、本当にありがとうございました。

カウンセラーの印象とコメント

カウンセリングを受けてエネルギーが取られること、自分のケースのクライエントに対して逆転移が生じやすくなっていること、家庭の現実を話して恥ずかしくなっていること、生活リズムが狂ってきて睡眠がうまく取れず疲れがひどいこと、を冒頭にいくぶん防衛的に語る。ケースに対して逆転移が起こりやすいとクライエントは述べているが、これは今まで気づかなかった逆転移が、自分の生育史が整理されるに従って自他の区別がついてきたことを示している。教育分析の目的の一つに、逆転移に気づきやすくなることがあるが、第3回目の沈黙の意味とカウンセラーの態度に対する気づきと同様、教育分析がその目的を達成するのに援助的に働いていることがわかる。

1回1回のカウンセリングにクライエントは違う印象をもっている。これはカウンセリングが進展していることを示す重要な指標である。同時にカウンセリングのペースが少し速いのかもしれない。回数が20回と決められているブリーフ（短期）カウンセリングに属する教育分析であることや聴衆のいることが、なんらかの作用を及ぼしていることが考えられる。

いくぶん防衛的な事柄をカウンセリングの冒頭で話すときは、今まで防衛していた事柄を逆に今回のカウンセリングで話そうとする態度の現れであることが多い。クライエントは今まで忘却していた父親のことを、断片的に急に思い出すことが増加している。断片的に急に思い出す思い出し方は、抑圧の部分的解除を示す。クライエントは長い間、母親の視野から物事を、特に父親に対しては見てきた。これまでのカウンセリングによって、そのことに気づいた。離婚や家族の問題を父親一人にその責めを負わせる母親と同調し、ついに父親を境界例とまでに思うようになっていた。父親に対するクライエント自身の記憶が、長年の抑圧と忘却の彼方からよみがえってきた。父親を客観的に見ると、仕事をよくし、優しいが、少し見栄っ張りで、永遠の少年的な心性をもった人のようである。クライエントが長年思い込んでいた境界例とは違うようである。

カウンセラーは父親が境界例ではないとクライエントに主張したいのではない。自分の目で、自分の視座から世界を見て欲しいのである。それが母親の視点に組み込まれている彼の自立と独立を促すからである。だから、少し父親を肯定的に見る方向へクライエントを誘導している傾向がある。ここで大切なことは、母親を悪者にしないことである。父親を悪者にする態度は、離婚後のクライエントの家の結束を固めたが、それはクライエントや母親を含めた家全体の発展を妨げもした。今、その点を見直すときである。ここで母親を悪者にしたら、彼が独立した後、母親や祖母を破壊する危険がある。誰をも悪者にせずに、事実をすべて見て、それらが構成する世界の再統合を図るのがカウンセリングである。このためにカウンセラーはデータに基づいて自分の仮説をクライエントに話している。カウンセラーの見方を示しておいた方がよいと判断したためである。

父親の話がまったく出ないクライエントの家に、父親の衣装箱がそのままに置かれているのは興味深い。それは父親との離婚や夫婦関係にまつわる心理的な影響が、その影をいまだに落としている証拠であろう。クライエントは両親の離婚後と妹の死後、女の子的に育てられている。母親はクライエントが男になって父親に似ていくのが耐えられなかったのかもしれない。妹（娘）の死を痛み、娘に対する母親の贖罪の形をクライエントに負わせたのかもしれない。小学校の間、彼は女の子のような服装をさせられていた。友だちからからかわれ、本人も嫌悪しながらも、なお母親に従わざるを得なかった彼の気持ちと、父性が弱いという彼の家の伝統がうかがえる。彼が35歳になっていまだに結婚しないのも、母からの独立だけでなく、母性に支配されている家からの独立が大変だからである。

彼の攻撃性とふだんの態度の乖離が、両親の日常の態度とすさまじく攻撃的な夫婦喧嘩の態度の乖離に影響を受けたのではないかとの示唆がなされている。父親はそのような母親の態度に嫌気がさして出ていった。しかし、彼は同様なことを感じながらも家に縛られていることが推測される。これはやがてカウンセリングの中で明確に出てくることが予測される。

父親への見方が変化するのに伴って、父方の兄弟へクライエントの目が向けられていく。父方の兄弟は実業家として成功する素質と女性関係の多さがクライエントの目からも確かめられていく。カウンセラーは両親の夫婦関係の破壊が、父親の病的な女性関係が唯一の大きな原因ではなく、妹（娘）の死、父親の会社の倒産などもきっかけとなっており、さらにそのようなきっかけで夫婦関係が崩れていく、両親双方のそれまでの歴史を整理したいと思っている。

過去が現在に影響を及ぼしている点をクライエントの視座から整理されると、クライエントが現在の問題に具体的に取り組む基礎が固まる。そうでないと、現在と過去の混在や自分と他人（母親、父親など）との混同が起こり、クライエントの腰が定まらないからである。過去のクライエントの視座からの整理が一応完了した時点が、このカウンセリングの第１段階の終わりであり、第２段階の始まりとなることが予測できる。

第８セッション　「僕の写真を見てください」

【平成Ｘ年６月21日】

カ$_1$　いかがですか。

ク$_1$　いつもカウンセリングの感想を前の晩に書いているのです。昨日は、七五三のことを書こうとワープロを打ってましたら、前回写真の話がありましたので、写真を見たいと思って今日持ってきたのです。変かとも思うのですが、先生に見ていただこうと思って自分で整理したんです。（カウンセラーは写真を見る）

カ$_2$　これはお宮参りだね。

ク$_2$　七五三とお稚児。

カ$_3$　これ、女の子みたいだね。

ク$_3$　ええ。

カ$_{4}$　これ、何歳のとき？　3歳？　もうちょっと大きいかな。

ク$_{4}$　4歳か5歳になる前だと思います。

カ$_{5}$　草履はいて。これ男の子の草履かな？

ク$_{5}$　よくわかりません。本当にどっちだかわからない写真なのです。家にある写真の中ではいちばん女性的ですが、母親がこれを気に入ってまして。

カ$_{6}$　そうですか。

ク$_{6}$　男か女かわかりませんね。

カ$_{7}$　上の方はクリクリ坊主だから、男の子だ。

ク$_{7}$　はい。生まれてからずっとクリクリ坊主にして、かなり続いていたらしいのです。

カ$_{8}$　これは外車？

ク$_{8}$　いいえ。外車の写真もあります。これです。クライスラー。

カ$_{9}$　本当だ。クライスラーだ。

ク$_{9}$　もっとはっきり写っているのもあるのですけれど。出てこなかった。

カ$_{10}$　3ナンバーだね。昔のね。

ク$_{10}$　はい。

カ$_{11}$　へえー。これあなただね。

ク$_{11}$　ええ。

カ$_{12}$　白雪姫の王子様の踊り？

ク$_{12}$　はい。これ幼稚園のときです。

カ$_{13}$　一見したら女の子みたいだね。男の子をよほどいやだったのかな？　お母さんが。あなたが男の子になっていくのが。男の子がいやっていうより男になるのが。

ク$_{13}$　そうかもしれません。

カ$_{14}$　これは？

ク$_{14}$　これは僕の音楽の仲間で、結婚式のときのです。

カ$_{15}$　これは？

ク$_{15}$　七五三ので、父の写真が出てきたのです。

カ$_{16}$　何歳かな？

ク$_{16}$　3歳だと思います。

カ$_{17}$　3歳。5歳のときのは女の子のようだね。

ク$_{17}$　はい。こんな写真があるのを知らなかったのです。父親が写っているのです。

カ$_{18}$　これがお父さんだね。こっちがお母さん。あなたは一休さんみたい。（間）昔から神経がこまやかそうな感じだね。

ク$_{18}$　誰がですか？

カ$_{19}$　あなたが。

ク$_{19}$　そうですね。小さいときからあまり寝なかったって。

カ$_{20}$　寝なかった。いまだに続いてる？

ク$_{20}$　いまだに続いてます。（間）全然変わっていないと思います。後は、年齢はごちゃ混ぜで面白そうなのを持ってきたのです。

カ$_{21}$　この頃はあんまり神経質と違うな。ひげをはやしていたことあったの？

ク$_{21}$　この写真は５年くらい前です。ひげがはえてる写真を探したのですが、あまりなかった。それは僕がどこにいるかわからないでしょ。名字も違いますし。

カ$_{22}$　そうだね。

ク$_{22}$　全然わからないでしょ。これは誰にも僕だとわからないと思って持ってきたのです。〈沈黙５秒〉顔だちが全然違いますから。

カ$_{23}$　この人と違う？

ク$_{23}$　いや。違います。

カ$_{24}$　これは？（違います）全然当たらないなあ。

ク$_{24}$　これはわかりにくいと思います。僕も似てないと思いますから。

カ$_{25}$　あーそう。

ク$_{25}$　これはすごい写真です。ほんとにびっくりします。

カ$_{26}$　わかった。これだ。

ク$_{26}$　そうです。髪も長いでしょ。

カ$_{27}$　先入観があった。眼鏡をかけている人を探したのがまずかった。面影あるよ。

ク$_{27}$　そうですか。顔も表情も違うし。（間）いちばん意外だったのは、父親の写真がいっぱいあったのです。調べてみたら、カンの中に、手つかずでかなりの量があるのです。アルバムの整理をするときは、母親を気兼ねして意識的にしなかったのです。機嫌が悪くなると思って、その話はしなかった。自分一人の写真ばかりになったのです。

カ$_{28}$　今度は遠慮せずに整理した？

ク$_{28}$　七五三のことから整理しだして、父親がカメラをやっていたことを思い出したのです。何台か昔の型のカメラが今もあります。

カ$_{29}$　６×６の？

ク$_{29}$　はい。父親は凝っていたところがあって、昔はビデオが無かったから、子どもの写真をたくさん撮っていたみたいです。

カ$_{30}$　あー、やはりあるのだね。

ク$_{30}$　いっぱいありました。

カ$_{31}$　今度は、あまり遠慮せずに整理した？

ク$_{31}$　２階で一人で見ていました。思っていたよりも過干渉だったと思うのです。愛されていたのだとは感じましたね。

カ$_{32}$　そうね。この写真を見たら本当にそう思う。

ク$_{32}$　父親の顔を何年かぶりにまじまじと見ました。カウンセリングを受けなかったらこんなことをしなかったと思います。

カ$_{33}$　なるほど。どうでした？　まじまじとお父さんを見て。

ク$_{33}$　若い写真しかありませんでした。老年期に入る前に会いましたが、そのときのイメージはあまりないのです。僕の中に残っているのは父親の若いイメージですね。夏休みに写真の整理でもやってみようかと。自分の生育史ということで、並べてみようかと思います。すごい作業になると思うのです。その写真の量からしても。

カ$_{34}$　そんなに多量にあるのですか？

ク$_{34}$　僕のだけでもかなりあります。それを順に追ってまとめていくとなるとかなりの作業になるのではと思います。父親がいなくなってからは写真を撮っていないのです。５歳くらいまでの写真が多くて、そこから間があって、学生時代の写真しか残っていないのです。

カ$_{35}$　お父さんが撮ってくださった写真がほとんどってことかな。

ク$_{35}$　そう思います。それと叔父とね。叔父もちょっと写真をやっていましたから。だいたいは父親が撮ってたのでしょうね。妙に新鮮でした。

カ$_{36}$　お父さんの顔が？

ク$_{36}$　ええ。顔もスタイルも服装もすごく新鮮でした。

カ$_{37}$　この時代に３ナンバーの外車だからね。石原裕次郎の若い時代の車だものね。

ク$_{37}$　古いですものね。

カ$_{38}$　古いっていうか、当時の最新式。裕次郎が乗っていたような車。

ク$_{38}$　当時の最新式でしょうね。

カ$_{39}$　目立っただろうね。

ク$_{39}$　目立つでしょうね。そりゃ。

カ$_{40}$　父親がさ、すごい外車に乗ってるとね、自分も自慢したくなるような感じってあるでしょう。あまりそういうのはなかった？

ク$_{40}$　そういうのはあまりなかったと思います。

カ$_{41}$　そういうのはあんまりなかった。

ク$_{41}$　ないですね。全然ないですね。それでいい格好したりした思いはないですね。

カ$_{42}$　それでもみんなが言ってくれたでしょう。お前のお父さんはすごい車に乗っているとか。

ク$_{42}$　ないのです。当時は価値がわからなかったのじゃあないですか。

カ$_{43}$　乗せてもらったこともあまりない？

ク$_{43}$　ずーっと乗せてもらっていました。

カ$_{44}$　ずーっと乗せてもらっていたんだね。

ク$_{44}$　日曜日とかよく連れて行ってもらいました。

カ$_{45}$　連れて行ってもらっていた。

ク$_{45}$　父親の運転している車に乗ると酔わないのです。父親は運転もうまかった。叔父もうまいのです。他の人が運転したらすぐに酔って。ブレーキのかけ方ひとつにしたってうまくて、少しも酔わなかったのを覚えています。市内で１回脱輪して、道端に落ちたことがあります。市場の近くで。いっしょに皆が押して手伝ってくれたことが印象に残っています。

カ$_{46}$　やはり、車が珍しい時代だったんだね。

ク$_{46}$　そうかもしれません。新しいもの好きなのです。家系が。

カ$_{47}$　家系がですか？

ク$_{47}$　祖父もそうです。

カ$_{48}$　新発売っていったら、すぐに買ってこようと思う方？

ク$_{48}$　祖父は違う趣味です。軍用犬を飼って、民間の犬だけれど警察に貸していたのです。写真でしか知らないのですが。僕が知っている昔のことは写真でです。直接の記憶は少ないから。ひょっとしたら父の車も写真を見て、もう一度思い出しているのかとも思います。今の時代にポルシェに乗ってるといったら、自慢しますけれど。自分の感じで言ったら、時期が合っていないみたいな感じがあるのです。もっと僕がわかるようなときにそういうものが欲しいって。おとなになって価値のあるものがないみたいな。

カ$_{49}$　時期がずれているみたいな感じなのだね。

ク$_{49}$　そういうくやしさがあるような気がします。

カ$_{50}$　なるほどね。今度はポルシェを自分で買わないとね。（笑）

ク$_{50}$　免許を取りにいきたくないのですが。

カ$_{51}$　ポルシェじゃなくて、フェアレディを獲得するか。

ク$_{51}$　そうですね。（間）話は変わりますが、フェアレディで思い出しました。20歳ぐらいのときにフェアレディに乗りたくなったのです。車の本ばっかり買っていたことがあるのです。免許も取りにいかずに。

カ$_{52}$　免許も取りにいかずに。

ク$_{52}$　先に車を買う方を考えていたのです。いろんな雑誌を多量に買いました。１年くらい続きましたね。中古車の情報とかを。不思議なことに免許も取りにいかないのに、まず乗りたいものがあったというか。

カ$_{53}$　写真で満足して。

ク$_{53}$　そうですね。車にはそういうところがあるのかもしれませんね。〈沈黙13秒〉先生はうまいなって、今思っています。僕はちょっとごまかしたのですけど。（笑い）

カ$_{54}$　ごまかさずに言うと？

ク$_{54}$　ごまかさずに言うと、そっちの方がいいなって思います。

カ$_{55}$　車より？

ク$_{55}$　はい。〈沈黙47秒〉女の子みたいなかっこうをさせられていたときは、ずっといやだったのです。あるときかなり大きくなって、ひげが濃くなってから逆に昔の自分が好きになれたというか。

カ$_{56}$　どんな感じで？

ク$_{56}$　かわいいなって。自分で自分のことを言うのは変ですけれど。

カ$_{57}$　ちょっと危ない世界に？

ク$_{57}$　ええ。そうかもしれません。ちょっと倒錯した部分は夢と関係があるのかと思って。中学時代の男が前面に出てきた時分と関係しているのかなと。こういう育てられ方をしてきた自分と関係があるのかと思うのです。いやだった面と今は普通に見られる面と。

カ$_{58}$　気がついていた？　女の子みたいなかっこうをさせられてることに。

ク$_{58}$　はい。それは気づいてました。

カ$_{59}$　皆から言われました？

ク$_{59}$　外からはあまり言われませんでした。母親が女の子みたいにかわいい、女の子みたいなかわいいかっこうをさせようと言ってましたね。

カ$_{60}$　お母さんが女の子みたいなかわいいかっこうをさせようと。

ク$_{60}$　そんなこと言っていたと思います。よそからの話で聞いたのは、男のくせに赤いものを着てるって1回くらい言われました。赤い服を着てましたから。

カ$_{61}$　3歳は女の子の七五三なのに、男の子として写っていて、五歳の男の子の七五三がいちばん女の子みたいで。

ク$_{61}$　まるっきり逆ですね。

カ$_{62}$　そう。逆転してるね。

ク$_{62}$　小学校のときのピンを思い出して。

カ$_{63}$　ピン？

ク$_{63}$　髪をヘアピンでとめられたことを思い出しました。それには自分でもびっくりしましたね。

カ$_{64}$　いやがってヘアピンを取ってしまうことはなかったのですか？

ク$_{64}$　はい。聞き分けのいい子で。

カ$_{65}$　聞き分けのいい子でね。

ク$_{65}$　AC が高かったのでしょうね。（笑）

カ$_{66}$　うん。

ク$_{66}$　しつこい性格かと昨日思っていました。母親のいいなりになりながら本当はいやだったんでしょう。いまだに覚えていますので。

カ$_{67}$　そのいやさをいつ出せたのかな？

ク$_{67}$　反発するのではなくて、クラブをおもいっきりやるとかで。

カ$_{68}$　お母さんと向かい合うのではなくて。

ク$_{68}$　たとえば、参観日の日にクラブをやって、母親の帰るときに坂道のところでダッシュしたりするのです。みんなバテバテでね。それを見て、母親はそんなにきついのだったらやめたらと言うと、朝練にも行き、夏休みもヘトヘトになって帰って来るのです。

カ$_{69}$　クラブは何？

ク$_{69}$　野球部。

カ$_{70}$　硬式？　軟式？

ク$_{70}$　準硬式。学校でいちばんきついクラブで、最初は50人くらいいるのですが、1学年が20人になってしまう。

カ$_{71}$　最後までやったの？

ク$_{71}$　2年間やって、3年目にやめたのです。

カ$_{72}$　それは？

ク$_{72}$　クラブが合わなくなったのです。朝早くから夜遅くまで休まずに行っていたのですが、こんなに辛いことをして何になるのかと思ったのです。レギュラーポジションをとる意欲がなかったのです。やる気をみせるのが下手だったし、気力もなかったと思います。僕の友だちで、たいしてうまくないやつでもすごいガッツを見せるのです。客観的に見ると、すべりこみをしなくてもいいところで、ヘッドスライディングしたりするのです。監督だったらその子を使います。志気があがりますでしょ。僕はそういうことをしなかったし、できませんでした。今はそのときとは感じは違います。あまり変わってはいませんが。

カ$_{73}$　監督に取り入る格好を。

ク$_{73}$　ええ。そんなところがありましたね。（間）変わっていないところは、朝早く来ても、授業中居眠りをするとかはあまり変わっていない。（笑）これでは駄目だと立ち止まったのです。そのときの反省で、今は自分が生きていると思っているのです。それから、いやでも２年間はやめずに続けられた。それがなかったら、もっとくじけていたかもしれません。そのときに、意味もなくなぐられたり、お尻はあざだらけで。誰か一人、掛け声を失敗したら全員がバットでなぐられる。お尻をおもいっきりバットで殴られると、骨に当たったりして痛いときがあり、あの痛みをいまだに覚えています。僕が悪いことをしていなのに殴られないとなぜいけないのかと。たとえば、試合があります。チームが負けても、自分は玉拾いをしているだけでしょう。声を出して、声も枯れているのに、負けたことでグラウンドを何周もさせられたり。出してもらっていないのに。情けない思いをいっぱいしました。

カ$_{74}$　しかし、ある意味でそのときに男が鍛えられることになるね。

ク$_{74}$　ええ。それだけと思います。そんな厳しいクラブは、他にはありませんでした。だからそういうところへ入ったのだと思います。

カ$_{75}$　野球部だったら、女の子のブラウスを着て行ったら怒られるから。

ク$_{75}$　怒られますね。小学校高学年くらいからその傾向がありまして。

カ$_{76}$　なんとか脱出しようと？

ク$_{76}$　そうですね。たとえば鉄棒もそうだと思います。前回りもできなかった。手を放して落ちた。（笑）でも母親の危ないことはするな、がありますでしょ。逆上がりはすぐにできるようになって。努力して、蹴上がりもできました。そういうときは意地になる方で。（間）クラブをやめた理由は、うまが合わないのもありました。野球部のキャプテンで、夢に出てきた子なんです。相手のユニフォームを交換して片づけるという夢だったのですが、自分の中で相手と折り合いをつけるのが大きかったと思いました。〈沈黙27秒〉クラブをやめてからは、勉強をするのでもなしに音楽ばかりやっていました。中学1年ぐらいから音楽を聞き出して、自分でギターを弾いてやっていました。だから、その後はずっとそればかりです。

カ$_{77}$　音楽の方に？

ク$_{77}$　ええ。

カ$_{78}$　ギターは相当弾けます？

ク$_{78}$　いえ。今は全然弾けないと思います。

カ$_{79}$　当時は弾けた？

ク$_{79}$　はい。かなり弾いていました。

カ$_{80}$　クラシックですか？

ク$_{80}$　いえいえ。

カ$_{81}$　ポピュラー？

ク$_{81}$　バンドを組んでやっていたのです。

カ$_{82}$　へえー。ゴスペルソングではなくて？（カウンセラーは彼がゴスペルソングの趣味があるのを知っている）

ク$_{82}$　はい。ゴスペルはやらなかったです。ブルースとかをやっていたのです。

カ$_{83}$　へえー。ギターは何ですか？　リードギターですか？

ク$_{83}$　はい。

カ$_{84}$　リードギターで。

ク$_{84}$　今、自分のお腹が鳴りました。

カ$_{85}$　どんなことを感じました？

ク$_{85}$　今も何か時代がずれてるなって思います。

カ$_{86}$　どういうことかな。それは。

ク$_{86}$　何か自分がやりたいことは、早すぎたりまわりと合わなかったりで、悪い思いがあったりして。今でこそバンドブームで、高校生がやっています。バンドが市民権を得たと思います。やりやすい条件が整っています。でも、僕らの時代は僕らの時代で楽しかったですが。

カ$_{87}$　ちょっと、非行に走りかけました？

ク$_{87}$　いえ。全然。

カ$_{88}$　それはなくて、まじめにバンドをやっていた。

ク$_{88}$　まじめにバンドをやっていました。

カ$_{89}$　パンクファッション的な服装はしなくて？

ク$_{89}$　そうですね。どちらかというと、髪は長かったです。みんなやってました。

カ$_{90}$　長い髪で。

ク$_{90}$　長かったですね。肩くらいまであったので。

カ$_{91}$　ヒッピースタイルみたいな？

ク$_{91}$　そうですね。自分はその世代にも少しずれている感じがあって。僕がもう少し大きかったらウッドストックのジェネレーションで。もう少し後だったらというものがあって。学園紛争も終わっていたし。

カ$_{92}$　どこか静かな時代だね。狭間というか。それで野球をやって、バンドをしていた。

ク$_{92}$　はい。いろいろやってます。7、8年やってましたか。

カ$_{93}$　バンドを7、8年もやっていたのですか。それでリードギターだったら、ギターを相当弾けるのでは？

ク$_{93}$　そうでもないのです。いつも玉拾いの方ですから。まあバンドの方は少しましですが。

カ$_{94}$　リードギターなら玉拾いではないでしょう。あなただったらベースの方が向くのかもしれないが。

ク$_{94}$　性格的にはそうかなって。僕もそれがいいかなと思うタイプの人間ですけど。（間）バンドは考えてみたら自分中心でやってました。

カ$_{95}$　自分がリーダーですか。

ク$_{95}$　そうです。ずっとそうです。

カ$_{96}$　ボーカルは？

ク$_{96}$　ボーカルもやりました。

カ$_{97}$　そうですか。

ク$_{97}$　下手です。（笑）

カ$_{98}$　ボーカルは他に誰かいたのですか。

ク$_{98}$　はい。いました。いないときがあったので。

カ$_{99}$　いないときには自分が歌って。あんまり想像できなかった。

ク$_{99}$　自分でもいろんな面があるなって。

カ$_{100}$　それからがゴスペルですか。

ク$_{100}$　それからロックをやったのです。しかし、自分のベースにあるのは黒人音楽だと感じていました。ブルースからサザンソウル。ソウルからゴスペル。だいたいそんな流れでゴスペルへと。自分にぴったりとくるものをずっと探していて。それはブルースの中にある何かなのです。それをずっとしているとゴスペルに行き着いて。あっ、これだって。

カ$_{101}$　それではソウルを求めて？　カウンセリングもソウルを求める中に入っているのかもしれませんね。

ク$_{101}$　そうかもしれませんね。でも〈沈黙30秒〉カウンセリングの場面で、男の子だと、今自分の好きなことは何かとよく聞きます。今の自分を考えると、そのときに好きだったことはきっと大事なことだろうと。（そうですね）その人の本質のようなものがきっとあるのだろうと。自分の場合だと明るい曲ではないですね。ブルースにしても。

カ$_{102}$　そうね。ゴスペルもね。

ク$_{102}$　（間）頭で考えたら理屈づけはいくらでも出てくるのですが。（間）その頃からはずっと黒人音楽でないと駄目だというのが自分にはありました。固さみたいなものがあるかなと思います。

カ$_{103}$　なるほど。しいたげられたものが求めていくとの言い方がぴったりくる？

ク$_{103}$　頭ではそう思います。

カ$_{104}$　腹とは少し違う？　まだ？

ク$_{104}$　はい。お腹の中は違います。頭で考えたことはその通りなんです。たとえば、黒人音楽だったらアップテンポな曲の中に本当に悲しい曲があるし。そういうこともよくわかるのですが。抑圧された黒人とか、虐げられた黒人とか、頭では思うのですけれど。何か違うのです。

カ$_{105}$　なるほど。違うのだね。違うところがあなたには大きなところだろうね。

ク$_{105}$　自分のわかってもらえなさと重なるのかと。頭ではなるほどと納得している。しかし。うーん。

カ$_{106}$　なるほど。来週そのへんを考えていきましょう。今日はこのへんで。

ク$_{106}$　ありがとうございました。

個人面接（8回目）を受けて

今回の面接では、どうしても先生に写真を見ていただきたいという思いが強くなったので、前夜アルバムを探した。昔の写真に対しては、まるで自分が別人のような気がすることもある。特にモノクロの写真はそうだ。

私がカウンセラーであってもクライエントの写真を見せられたら、必死でクライエントを探したと思う。運良く１回で見つけられなくって、２回目も駄目で、それでも必死で探して、やっぱりどうしてもわからない場合、私は謝るだろう。このことは先生を試すというよりも、「昔はこんな自分の姿でした。今と大きく違うでしょう。わからないくらいに」とのメッセージの方が意識としては強いように思われる。もっと考えれば、「私はどういう姿をしていても、私に変わりないのです。そういう私を見てください」ということである。これは見つけられたらいいが、見つけられないときというのは、クライエントに対する興味が少ないのではないかとクライエントに思わせる可能性は高い。それが人間だと思う。今の状態は現代と同じくらい過去の自分を肯定できるというところだ。後の先生のお話にあったが、ある種の過去に対する整理は自分の中ではついたとの思いがある。そして、今出てくる言葉は、「ヒエー」とか「どうしよう」とか、今後の面接のことを考えるとそうなっている状態です。また、よろしくお願いします。ありがとうございました。

カウンセラーの印象とコメント

前回父親と自分の歴史を述べた後、クライエントはそれが事実かどうかをもう一度確かめたくなり、写真をひもといた。そして、その写真をカウンセラーに見せたくなった。クライエントが日記や写真帳をカウンセラーに見せる行為は、ラポールの確立やより深い信頼関係の樹立を意味する。同時に、あるときはそれはカウンセラーに対するクライエントの依存性の高まりを意味することもある。

カウンセラーは熱心にクライエントの写真を見つめる。カウンセラーがどれだけ熱意を込めて、興味をもってそれを見つめているかをクライエントはそれこそ食い入るように眺めている。男の子とはっきりわかる写真、女の子としか思えない写真、父親の豪華な外車、今のクライエントと同一人物とはとても思えないようなクライエントの写真など、クライエントの過去が視覚像を通してカウンセラーに確認されていく。それに伴って、クライエントは幼い頃から神経質でよく眠らなかったこと、父親が写真の趣味をもっていたこと、離婚後の写真がないこと、父親に愛され、車に乗せてもらい、いろいろな場所に連れていってもらっていたことを思い出した。クライエントは車に興味があり、一時期、車の本を多量に買ったにもかかわらず、運転をしたいと思わなかった。父親に対する思慕として、クライエントは車そのものと乗せてもらうことにしか関心がなく、クライエントの独立の象徴的意味としての運転願望はなかったのかとカウンセラーは思った。カウンセラーに昔の写真を見せることも、昔の私はこうですが今はこのようになりましたと、久しぶりに会う父親に写真を見せるような心の働きがあるかもしれない。

クライエントは思春期の反抗を母親に直接ぶつけるのではなく、自己を鍛える形で実施していた。自虐的とさえ思える鍛練は、先輩や監督への男性同一視や父親への願望があったのかもしれない。カウンセラーに対する憧れと自罰的態度、先輩に対する激しい他罰的態度のときとしての爆発はこれと同様の心的メカニズムであろう。

高校のクラブが上記のような心的意味をもたなくなった時点で、クライエントはクラブをやめ、より内的表現が可能な音楽へのめり込んでいく。それはロックからソウルミュージックへ、やがてゴスペルソングへと彼を駆り立ててゆく。

彼はどこかで戦いを避ける人であるようである。それは、激しい感情むきだしの両親の夫婦喧嘩がトラウマとなって、自分の内界に退却することで戦いを避けてきたのかもしれない。彼は非行の形を取らなかった。母親とも喧嘩をしなかった。彼は挑戦はするが、戦いになるのを好まなかった。今回のカウンセリングの冒頭に出てきた攻撃性の問題は、彼の遅まきながらのドラゴンファイトであるようである。行動化を起こさせずにここをやり抜くのがカウンセラーとクライエントの共通の課題であろう。

第9セッション　「僕の家系は数世代に渡って複雑です」

【平成X年6月28日】

カ$_1$　どうですか。

ク$_1$　（間）先週でちょっとひと区切りついてしまった感じがあって、今日は何を話していったらいいのかと。言葉で表したら「ヒエー」と、そんな言葉になるのです。（ふんふん）（間）それと夏休みまでに、今日を入れて2回になると思うのです。

カ$_2$　お母さんに対する見方は少し変わりましたか？　日常生活の中で。

ク$_2$　それほど変わらないと思います。母親の見方で見てきたとは思うのですが、母親自身に関してはそれほど変わらないんですね。家に帰ったらTパターン（「母親ノート法」で相手主導のパターンをいう）を意識してやっていたのですけど。自分の中で母親に対しては、自然に流れてると思うのです。母親自身が別に変わらないでしょう。テレビが落ちたときはびっくりはしましたが、父親の話が出てくることはまずないですし。（家ではね）自分だけで考えているので。母親ではなくて、父親が今どうしてるかとふっと思うときはあります。もう死んでいるとは思いますが、はっきりしたことはわかりません。

カ$_3$　おいくつぐらいですか。

ク$_3$　もう70ぐらいになるのと違いますか。

カ$_4$　それで死んでいるとは？

ク$_4$　全然連絡がないことと変な電話がかかってきたことがあると、前に言ってたことがあると思うのですけど、そのときに身体の具合が悪そうだった。あれは父親だったと思うのです。もうだいぶ前です。10年ぐらい前になる。父の声やイメージは前の写真と全然違っていた。若いときの写真を見たので、自分の中で父親イメージが変わったとは言わないんですが、受け止め方が違うと思いますね。（自分のね）母親がすべて自分の都合のよいように、うそを言っていた感じはしないのですが、どこかで自分と同じような思い込みとか、関係念慮みたいなものがあったかもしれません。それだったら、母親の考えや影響を受けていると思います。母親のヒステリックなところも自分の中にあります。考えていったら、近所のおばあさんのことも関係ないこともないと思うのです。宜保愛子さんの本で、気になる人とかイメージに浮かんでくる人が守護霊になるとかいう話があったんです。自分のは守護霊とかは関係なしに、こんなイメージが今頃出てきて忘れられないところは、大事なところなのではと。自分なりにもう一度考え出すと、結びつきの強い母親と分裂病のおばあさんとに、どこかで接点のありそうな気がしてきました。それが今の自分の性格形成に影響を与えているのではないかと。祖父の影響も大きかったように思うのです。この前忘れていた話ですが、サイコドラマで自分にこんな感覚があると思い出したのは、肉親が死んだ後で、風呂に入って髪を洗うときに、目をつぶるのが不安になったのです。その感覚をそのときは覚えていなくて言えなかったのですが、心の中に穴が開くっていう感じで、自分の半分ぐらいの物がなくなった感じがあり、それで目をつぶったときに怖いのです。（なるほど）その感覚を思い出しました。それはちょうど祖父が亡くなったときで、何カ月か風呂で頭を洗うのが怖かったのです。僕は祖父の影響もあると思うし、そのおばさんとおばあさんと母親の３人の影響が大きかったと今は思っています。

カ$_{5}$　それは目をつぶったときに出てきます？　それとも、髪を洗うときに出てきます？

ク$_{5}$　風呂で髪を洗うために目をつぶるときにだけ出てきます。その何カ月間だけですけど。（ふーん）それを話しても、わかってくれる人、そういう感覚の人はいなかったのです。ただ一人だけわかってくれる人が昔に知っていて、その話をしにいったことがあるのです。

カ$_{6}$　髪を洗ってもらうのは、母性と関係していることが多いのだけれど。小さいときに髪を洗ってもらうときは、お母さんに抱いてもらいながら、目をつぶって、痛くないよとか言ってもらいながら洗ってもらうでしょう。そのときの母親との関係で、安心感の与え方が関係してくることが多いので。

ク$_{6}$　そうですね。普通に目をつぶるときではなくて、髪を洗うときだけだったですね。

カ$_{7}$　髪を洗うことは小さいときなかなか自分ではできないでしょう。母親にまかせっぱなしの感じでしょう。

ク$_{7}$　そのときは、今まで生きてた肉親が亡くなり、もういないということで、自分の中で何かが抜け落ちた感じがあったのです。そのときに感じたということは、自分の中である面が弱気になっていて、髪を洗うのも守りのなさが出てきたのかなって。

カ$_{8}$　おじいちゃんによく髪を洗ってもらっていました？

ク$_{8}$　いや、そんなにない。抱いてもらったりはあったと思います。ずっといっしょに暮らしていましたので。

カ$_{9}$　誰によく髪を洗ってもらっていました？

ク$_{9}$　わかりません。母親だと思いますが、その記憶がないのです。（間）やはり母親だと思います。耳に水が入ることを心配する母親だから、きっと自分でしないと気がすまなかったと思います。

カ$_{10}$　僕の中に父に髪を洗ってもらっていたことが結構あってね。お祖父さんの死、お父さんの死がイメージ的につながるかもしれないと。あなたにとってお祖父さんは、お父さんのようなところがあるでしょう。僕の中でイメージのつながりが出てきたのです。あなたに当てはまるかどうかはわからないけれど。

ク$_{10}$　父親とよく銭湯へ行ったことがありますね、そういえば。そのとき、洗ってもらった記憶があるのは父親ですね。母親にはあまりないような気がする。そんなには行っていないが、日曜日のお昼の間に、銭湯へ行って洗ってもらったり、背中流してもらったりした記憶があります。（間）父親は肩の凝る方だったので、マッサージに行ったり、見たことがあるのです。何回も、日曜日に。背中にお灸の跡が残っていて、印象に残っています。

カ$_{11}$　結構、いっしょに連れていってもらっていたのだね。

ク$_{11}$　そうですね。日曜日に心斎橋とか散髪屋に行ったこともあるし、マッサージしてもらっている間、1時間ぐらい、その横にいたりしてたことがあります。よく肩を凝らしていたと思います。母親が原因かと思いますが。（笑）よくいっしょに出かけましたね。

カ$_{12}$　あなたは肩を凝らす方ですか？

ク$_{12}$　僕は凝りません。柔らかいですね。凝るときはよほど緊張したとき。中学校、高校で勉強したときに凝ったときがあります。だけど、全体的には凝りません。案外リラックスしているのかもしれません。（間）父親のことを思い出そうとするといろいろありますね。そんなに長くはいっしょにいなかったのに、出てきますね。

カ$_{13}$　今まで、あんまり思わなかったのだろうね。

ク$_{13}$　ええ。いなくて当たり前だったから、別に考えたこともありません。いなくても生きていけるし。結構自分と素質は似ていますけど。あまり考えていたら、生きてられない部分があるし。（間）父親は冗談が言えた方だと思うのです。母親は僕が冗談を言えば言いますが、祖父母はまったく言わないでしょう。叔父も真面目一本で、全然冗談を言わないのです。いや、たまに面白いことを言うこともありますが、ほとんどないのです、うちの家は。だから父親は自分の性格に似ているかも。

カ$_{14}$　お父さんが冗談を言われたら、皆は笑いましたか？

ク$_{14}$　どうかな。笑える雰囲気ではなかったのかもしれませんね。どちらかといえば、苦しかったのと違うかな。全部、身内で固めているみたいなところに、父親が一人いるみたいで。帰るのも遅かったですね。そういえば。今の僕と変わらない時間に帰っていたようです。大体、12時まわっていましたね。いつもお土産を持って帰ってきた。（笑）（言い訳寿司みたいなもの）そうでした。大きいカニを買ってきたりね。

カ$_{15}$　そうか。その頃から、あなたも遅くまで起きるようになっていた。

ク$_{15}$　最初からね、そうですね。（お父さんを待っていたみたい）昔は寝たら死ぬのではないかと思って寝なかったのです。（小さいときから）ずっと起きているから、なぜ寝ないのとか、もう寝る時間だ、と言われながらも起きていました。（お父さんを待っていたわけじゃなくて）待っていた部分もあると思います。半分以上、あるのかもしれません。寝ない子だったと今でも言われます。

カ$_{16}$　寝てしまったら、この世とのつながりが切れるような思いがあった。お母さんや親との結び付きが、寝ることによって切れてしまうような感じがあった。

ク$_{16}$　今のテレビを終わりまで見るのもそれと変わらないような気がします。（間）

カ$_{17}$　テレビのサンドストームがいやなのも。この世の中のことを自分の目でその存在を確かめておかないと、目をつぶって寝るときになると、この世との絆が切れるのだね。今、呼吸が荒くなっていることに気がついていますか。

ク$_{17}$　いいえ。今、具体的なものが浮かんできたのです。小さい頃に父親が帰ってきて、どんなお土産をもらったかが浮かんできたのです。1つは貯金箱なんです。ピンクの筒型の貯金箱なんです。そこに小遣いをもらったら入れていました。後は昭和30年代にダッコチャンがはやっていたでしょう。あれを何個も買ってきてくれたのです。それを冷蔵庫のとっ手のところにくっつけたりしていました。（ダッコチャン）覚えてます？（覚えてますけど、男の子はあまり持っていなかったと思いながら聞いてました）ああそうですか。ふーん。2つぐらいありました。（2つだけですか）2つだったと思いますが、もっとあったかもしれません。

カ$_{18}$　男の子だったが、あなたはダッコチャンを喜んだのだろうね。ダッコチャンが必要だった。

ク$_{18}$　今、僕は全然違うこと考え出してました。（どういうこと）七五三のときの人形も黒かったのですよ。（へー）ダッコチャンも黒人を形どったみたいでしょう。

カ$_{19}$　七五三の人形？

ク$_{19}$　七五三のときの写真に写っていた人形も、黒人の人形だったんです。これは頭で考えたのですが、僕が黒人音楽を聞くようになったのはここからではと。（なるほど）これはちょっとうがった見方だとは思いますが。でも、今なぜあの人形を覚えているのか、七五三の記憶に残っているのかと思いました。全然関係のないことではないかもしれないと思います。

カ$_{20}$　影の人だからね。

ク$_{20}$　どっちにしましても、影に抱きつかれてる（抱きついているのかもしれない）かもしれません。（間）父親が日曜日にカレーを作っていたとか。料理は父親の方がうまいし。男が台所に立つなとよく言われました。父親がいなくなってからですけど。父親の方が料理はうまいし、カレーを作るにしてもダシからね。（ルーから作って）ええ、鶏ガラを買ってきて、ルーから作って。母親が作るような簡単ないい加減なものではないのです。

カ$_{21}$　お母さんの料理、ラフだものね。母親ノート法から見たら。

ク$_{21}$　食べるものなどどうでもいいと思っているのです。料理のうまい下手が気にならないですね。

カ$_{22}$　お父さんが料理がうまかったことは、お母さんには苦だろうね。

ク$_{22}$　そうですね。父親が下手な方がよいときもあるのですね。

カ$_{23}$　僕との会話が親の絆のあたりから、微妙に食い違っているのがわかる？　気づいていた？

ク$_{23}$　気づいていない。何をしゃべるかわからなくなってきた。

カ$_{24}$　3回ほど、あなたが話を逸らした。

ク$_{24}$　なぜ逸らしているのかなあ？　全然意識していないです。（そうでしょうね）最初、母親のことを言われてから、父親のことになってきたのですね。

カ$_{25}$　お母さんのことを言われたっていう感じがあるのだね。

ク$_{25}$　先生から母親のことをまず聞かれたのに、自然に父親の方へいったのです。わからないうちに。それはなぜかと思ったのです。それから、どこで自分が話を変えたかがわからない。なんとなく違ってきたように思うのです。

カ$_{26}$　これは後半の楽しみかもしれない。（いや、苦しみかも）苦しみか。（笑）彼我の差があるね。楽しみと苦しみ。（間）話を違えたことは、聞いているに人はすぐわかるが、自分のことになるとわからない。少し気持ち悪いでしょう。

ク$_{26}$　ビデオを見てみようかとすぐ思いますけれど。客観的に見てどうだろうと。（間）今、ふと全然違うところから、思い出したことがあるのです。叔母、母親の妹がこの前、家に来たときに、1回遊びにおいで、母親の聞いてないところでいろいろ話してあげるっていうことがありました。僕は聞きたいし、今まで言ってくれなくて、遊びにおいで、教えてあげたいことがあると言われたのを思い出しました。（いつ頃ですか）今年、正月か、去年の暮れだと思います。ここでは言えないが。それも複雑です。叔父と叔母の関係も。母と叔母も。（複雑っていうと）母親と下の二人とは父親が違うのです。その話を下の二人は知らないのです。僕は知ってますが。（あなただけが知ってる異父兄弟だね）うちにはわからないことがいっぱいありますね。祖母に関しても、しゃべらないからまったくわからない。そういうことを隠してきた家系です。僕は違うタイプで、オープンにしたい方ですが。

カ$_{27}$　あなたがオープンにすべき人かもしれないね。そういう運命をあなたはもっているのかもしれない。

ク$_{27}$　こんなことをやり始めたときにそう思いました。自分でやることの意味を、頭で思い続けてきました。ここまで生きてきて、そう思ったのかもしれません。叔母が話したいことは、僕が言ったこととは違うかもしれません。叔父と母親のことかもしれないですね。僕の中に入ってくる情報は母親からのものだけで、偏っていることもある。母親は父親のことをあのように言っているが、僕は僕で父親のことを考えたらいいと、叔父や叔母は言っていたことがあるのです。

カ$_{28}$　お母さんの見方でばかり見ないで自分の見方をするようにと叔父さんが言うのは、事実とお母さんの見方にはギャップがあるってことだね。それは叔父さんも感じている。その叔父さんはお母さんの妹さんのご主人？（いいえ）弟さん？

ク$_{28}$　はい、そうです。（お母さんの弟さんのことだね。お祖父さんという人は、実はお祖母さんの兄さんだね）そうです。（お祖母さんの旦那さんはどうなってるの？）二人か三人いるはずなんです。皆亡くなった。（あ、皆亡くなった）母親のお父さんは若くして亡くなっている。（それは墓もある？）入ってるかどうか、わかりません。（過去帳に入ってる？）入ってると思います。（過去帳には？）ええ。（戒名は？）あると思います。そこがすごくわかり難いです。（過去帳あります？　家に）家にはないと思います。（お仏壇もない？）仏壇はあります。（仏壇に過去帳が入ってません？）見たことはないのですが、あると思います。調べないと。位牌だけしか、僕は見ていませんから。（位牌はある？）はい。（誰の位牌があります？）妹でしょう。それから、祖父のがあります。（大叔父さん。お祖母さんの兄さん）はい。それから、母親のお父さんのはあります。わかるのはそこまでですね。後はどうなっているのかわからないのです。他はないのと違うかな。（生死不明？）いや。皆、亡くなったと聞いてます。（誰から？）母親から。それから、もう一つわからないことがあるのです。大叔父さんも訳がわからないところがあります。1回結婚したのはわかっているのですけれど。別れて、そのまま一人暮らしで、子どもがいない。(一人もいない) はい。

カ$_{29}$　そうすると、離婚されてから実家へ帰ってこられた。

ク$_{29}$　そうです。こうなってきたら複雑怪奇で全然わかりません。

カ$_{30}$　本当だね。一度、家族図を書いてみようか？

ク$_{30}$　やりたいんですね。ルーツじゃないですが。なんとも訳がわからないですね。まともな結婚といえば語弊あるかもしれませんが、叔母と叔父だけですね。叔母は嫁に行ってますから、もちろん名前は変わっています。娘さんが二人生まれています。僕と同じ年の従兄弟がいます。叔父、弟の方は夫婦仲は良いのですが、子どもはできていないのです。猫ばっかり飼っています。直系では僕しか残っていないのです。(あなたは独身だし。こういうことがはっきりしないうちは、すっきり結婚できない感じがあるね) はい。地に足がついてない家というか、ごまかしてきているみたいなところがあります。

カ$_{31}$　お父さんはボーダラインかどうかわからないが。僕は違う感じをもっているけれど。あなたはまだ３分の１か、半分ぐらい疑っているみたいだけれど。考えてみたら、お母さんとそのお祖母さんと叔父さんの方が、心理的に問題があるような感じだね。お父さんはなんとかして冗談を言いたかったようだな。笑いたかったから、むしろお父さんの方が正常かもしれない。こっちの方が固まりがあるような感じがする。

ク$_{31}$　はい、そうですね。僕が思ったのは、変に固い家へ柔らかい父親が入ってきて、バランスが崩れた感じがする。

カ$_{32}$　お父さんはシャドーみたいな人で、〇〇家へそのような人が入ったのだね。

ク$_{32}$　それで、僕が生まれた。僕がなんとかしなければいけないとそのとき思ったのです。

カ$_{33}$　あなたが統合の象徴ような人材になってくる。過去帳を調べて、そのへんを埋め出したら、誰か家族が病気をしそうですか。

ク$_{33}$　大丈夫だと思います。祖母は年だから別ですが、誰がどうなることもないと思います。

カ$_{34}$　今度はビデオが落ちてくるようなことはないだろうね。

ク$_{34}$　ないと思います。

カ$_{35}$　やりたいことだったら、やりましょう。お母さんやお祖母さんに聞いたりするのはだいぶ抵抗あるみたいだね。

ク$_{35}$　それは言ってくれないでしょう。一生懸命聞いても、ごまかされるかもしれません。

カ$_{36}$　どうしてそんなに抵抗するのだ、そのような家にはいたくない、僕は出て行く、とやるかな。過激なことをすると誰か病気をするかな。

ク$_{36}$　そうですね。しかし、祖母や母の言えなさもわかるような気がするのです。

カ$_{37}$　ほじくりださない方がいい？

ク$_{37}$　いや、やらないと。僕が自分の子どもらに、説明できないことになる。確かに、やればやったでたいへんだけれど。

カ$_{38}$　神様のご加護を頼りにして、やるか。それじゃ、今日はこのへんで。

ク$_{38}$　どうもありがとうございました。

個人面接（9回目）を受けて

この2週間の間でも、かなりの攻撃性が出ていた。プレイセラピーの授業のときもそうであるが、この強い攻撃性はどこからきているのかと考えると、母親に対してのものがどうもあるようである。きっと、自分の青春というものがなかったという思いが出てきたからだと思う。フェアレディを今から探すというのもしんどいことだ。本当に自分が失ってきたものの大きさを感じている。

思えば20歳からだけを考えても、すでに15年が経っているのだ。どうやって穴埋めをしていけばよいのか、すごい恨みが母親に対してある。女性との自然な関係が持てずに暮らした。普通に人生を楽しんだという気がしない。同じ一生、デートを楽しみ、もっとイキイキした生き方もできたのに。今、35歳になってこんなことをやっていていいのかと、考えている。

カウンセラーの印象とコメント

前回までのカウンセリングで、過去の事実の見直しがひと区切りついた。日常生活での母親イメージは変わっていない。それは母親が現実に変わっていないからだ、と理由を母親のせいにしている。この防衛的態度はクライエントのわかったことが現実になるにはまだまだ時間がかかること、急速に変わることの危険性、母親のイメージが変わるとクライエントの現実を変えねばならないことを意味している。同時に、母親に対するイメージが変わっていることがカウンセリング後の感想に書かれている。これはクライエントにとってまさに微妙な問題であることがわかる。

はっきりした証拠がないのに、父親はすでに死んでいるとクライエントはあっさり言いきることに、カウンセラーは驚きを感じる。父親のことに今はあまり触れたくなくなっている。父親の話を途中で避けて、母親の影響を前回と同レベルで繰り返す。母親の性格から自分の性格に話を転じ、被暗示性の高さ、分裂病の老婆への執着へと以前に積み残しているテーマに戻る。このテーマを話すときに、父親代わりだった祖父（大叔父）の死後に感じた洗髪不安が飛びだす。カウンセラーは母性や父性と洗髪不安の関係を解釈的に話す。クライエントは髪を洗ってくれたのは母親だと述べながら、父親がよく風呂に連れていってくれて、洗ってくれたこと、休みには外へ遊びに連れていってもらったことが思い出される。父親が肩を凝らすこと、冗談を言うことなど父親との触れ合いの思い出が具体的に出てくる。

カウンセラーはここで再び父親の○○家における存在のあり方を問題にする。父親がどこか浮いた存在であること、家に帰って来にくかったこと、それをクライエントは寝ずに待っていたことなどが現在のクライエントの態度の類似性と重なって浮かび上がってくる。カウンセラーの刺激と応答をクライエントは微妙にずらして話をつないでいく。このずれはクライエントの防衛というよりも、カウンセラーの応答によって、クライエントの自由連想的なイメージのタンクが刺激され、まとまりのない形で次から次へと浮かび上がってきたようである。父親は料理がうまかったが、母親は下手である、ダッコチャン人形に関心があったことから、黒い人への関心、黒人霊歌から影に支配されている自分へと話は飛ぶがイメージは固まっていく。

クライエントは影を背負い、閉鎖的な家を開放する役割を担っていることが確認される。そのために家族図を作ることをカウンセラーは提案する。家族のつながりの事実を明らかにしながら、クライエントの今を確認するためである。そして、これがクライエント自身の出発点になるとカウンセラーが見通しているからである。

今回カウンセラーは解釈したり、突っ込んだりしているように見えるかもしれない。ある意味ではそうであり、それがカウンセラーの特徴である。クライエントの話をよく聞いていると、だんだんまとまったイメージや直観がカウンセラーに生まれる。カウンセリングは、このカウンセラーの直観をクライエントとコミュニケートすることによって促進される。カウンセラーは自分の特徴と資質を把握して、それを生かすカウンセリングをすることが大切である。これがカウンセラーの個性であり、これを広い視野から体系的にまとめたものが、そのカウンセラーのカウンセリング理論である。

面接の応答からわかるように筆者のカウンセリングの特質は直観に優位なことである。しかし、直観には当たりはずれがある。それを補うのが現実感覚である。洗髪不安を母性・父性（親の守り）と解釈したカウンセラーは、その解釈を押しつけるのではなく、誰がおもにクライエントの髪を洗ったかを現実的に問い直している。この問い直しの過程でクライエントは、父親のこと、母親のことを具体的に思い出し、その連想がやがて元の親の守りや親子のあり方の方へカウンセリングを進展させている。クライエントの身体の動きや話のしかた、飛ばし方などの全体行動の事実にたえず気を配り、タイミングを見てフィードバックしている。

カウンセラーは、直観をユングの理論的背景を中心にした解釈、現実吟味を現実的行動や身体の動きをクライエントの実存的メッセージにもっていくパールズ的方法、応答に感情を乗せてクライエントのフィーリングに働きかけ、洞察と絆を強化するロジャース的方法を自分のものとして使っている。そして、ここで述べた3人の偉大な臨床家とその流れをくむ人がカウンセラーの先生である。

この回で、クライエントが第1段階で整理することの方法が提示された。成り行きが楽しみである。

第10セッション 「母の思うつぼにはまりつつありました」

【平成X年7月12日】

カ$_1$　どうですか。

ク$_1$　1週間面接が空いたときに、ちょうどプレイセラピーの授業がありまして、そのときにみんなを攻撃して、結構しつこいのです。それでね、「みんなはすぐ飽きてしまった」という話が多かった中にあって、最後までしつこく突いていったりしていました。攻撃性の原因の一つとして、母親のことがどうしても出てきます。20歳から35歳になるまでの15年間、何も楽しいことがなかった。それに抑えられていた感じがします。

カ$_2$　何も楽しいことがなかったのですか。15年間。

ク$_2$　何もと言ったのは、自分が心から楽しめたのかどうかが疑問になってきまして、やはり母親の目をすごく気にして生きてきたなって。

カ$_{3}$　どんな目を？

ク$_{3}$　具体的には女性のこととか。前の前の面接でのフェアレディがどうのこうのという話があったのですが。怒りの一つに、母親にいろいろ止められていたことをすごく意識しだして。

カ$_{4}$　いろいろというのは？

ク$_{4}$　今までのことです。それを止められたことについて、直接的な怒りは15年分ぐらい溜まっている。かなりの期間だし、すごく腹が立つ。

カ$_{5}$　うーん、それはそうね。長いね。

ク$_{5}$　一つは前向きに見れなくて、そのことについては済んだことかもしれないけれど、どうしようもないっていう感じが今ありますね。

カ$_{6}$　今、ちょっと怒りを飲み込んだことに気がついた？〈沈黙〉

ク$_{6}$　気づきませんでした。すごい怒りがある。今は笑いましたけど。すごい怒りが本当はあるのですよ。

カ$_{7}$　お母さんにガールフレンドをつくったり、交際するのをじゃまされたのですか

ク$_{7}$　はい。

カ$_{8}$　具体的にですか？

ク$_{8}$　はい。

カ$_{9}$　暗黙裏にではなしに。

ク$_{9}$　えー。暗黙裏にもあります。それはすごく多いです。

カ$_{10}$　どんな形で？

ク$_{10}$　25歳のときだと思うのです。ある子と付き合ってました、と言ってもそんなに長くはないのですけれど。何回か会っていました。そのことを母親が知って、1回家に連れて来たときに母親がすごくいやがりました。帰ってからですけど。

カ$_{11}$　彼女が帰ってから。

ク$_{11}$　本当にいろいろなことを言われて。

カ$_{12}$　たとえば？

ク$_{12}$　その女性が近所の人だったのです。それで母親も知っている人なんです。だからその人の行動を見ていることがあって、いろいろな男の人と付き合いが多いっていうことを言われたのです。そのことは母親にとっては受け入れられないことのうち、いちばん駄目なことなのです。それでこっちもすごく怒って、逆に。

カ$_{13}$　逆に？

ク$_{13}$　逆に反発するでしょう。ふつうは。

カ$_{14}$　意地になるね。

ク$_{14}$　そうなると思います。それで少しの間もめたのです。彼女から電話があったりとかで。そのときに、実はこの前、父親の話をしましたでしょう。例の話が出てきたのです。父親の女性関係のことが。

カ$_{15}$　どんなふうに？

ク$_{15}$　どんなふうにというのは、この前言った通りなのですけど。僕が母親に言ったのは、反対することで結婚させたくないんじゃないかと。それが意識していないところで母親にあると思うのです。それは今もあると思うのです。「結婚させたくないんじゃないかって」と母親に言うと、「そんなことはない。幸せな結婚をして欲しい」と言うのです。そのときに、父親の今までの女性関係のことをいろいろ言ったのです。その話は僕が結婚するときに言おうと母親は思っていたって、そのとき言いました。だから今その子とは付き合わないでくれって言われました。なぜか絶対その子は嫌いなんだってことを強く言いましたね。

カ$_{16}$　今のことで、すごい矛盾を感じましたか？　自分の中で。

ク$_{16}$　僕の中でですか？

カ$_{17}$　いや。お母さんが言ったことに関して。

ク$_{17}$　母が言ったことに関してですか？

カ$_{18}$　うん。

ク$_{18}$　そのときは感情で反発していただけで何も考えませんでした。今も感情の方が強いと思うのです。矛盾って言われたら。そうですね。〈沈黙〉本当に僕はそのときに何と言ったらよいのかな？〈沈黙〉矛盾というのだったら、不幸な結婚と母親が言うことに対して何を言ったらよいのか。私は駄目だったから息子は幸せになって欲しいというところも、ひっかかると言えばひっかかりますが。母親自身の幸福はどうかとか。

カ$_{19}$　他にすごく矛盾していると思うところはない？　あなたは男だよ。

ク$_{19}$　はい。

カ$_{20}$　彼女とあなたはどれぐらいの付き合い？　性的関係まであった？

ク$_{20}$　いや、なかったです。

カ$_{21}$　なかった。

ク$_{21}$　行きかけてましたけど。

カ$_{22}$　うん、行きかけていたところね。あなたのお母さんが、たくさんの男があってそうなったのと違うね。お父さんの方がそうだったのでしょう。男性の方がね。彼女は女性よ。今、あなたにたくさん女関係があるわけじゃないでしょ。今は彼女が最初の女性だね。こう深くなりつつある、今確かめたけれど、もしそこで性的関係があったとすれば、彼女と付き合うなと言うのは、あなたに淫乱な男になれっていうことになるね。捨てなければ別れさせるということは、せっかく一途なあなたに、淫乱な男になれということでしょう。あなたがお母さん、お母さんがあなたを女の立場として同一視していて、彼女の方を浮気な男としてみたらそれは成り立つけど、すごい逆転しているね。それに気づかなかった？

ク$_{22}$　はい、気づかなかったです。

カ$_{23}$　うん。〈沈黙〉これが続くと、母親の意向であなたは、女から女へ少し親しくなったら、次はまた捨てさせられる、別れさせられる男に仕立てあげられるということになる。逆にねえ。

ク$_{23}$　うーん。〈沈黙〉きっと母親は、そこまでいっていないという感じをつかんでいるのだろうと思うのです。そういうことにすごく敏感で、たとえば帰ってきた態度とかで不機嫌になるのです。女性といっしょだと。だから早め早めに言ったのだと思います。

カ$_{24}$　だから息子を自分の方に置いておきたい、他の女性に取られたくない思いだったらわかる。それは、それなりだけれど、言葉に矛盾があったのをあなたが感じなかったかどうかを僕は今問題にしたかった。

ク$_{24}$　はい。感じなかったです。感じられなかったです。

カ$_{25}$　そうすると、以前の七五三のときとおなじように、何か女性にさせられてくるし、感じが受け身にさせられて、逆転した関係になりかける。じゃまされ、あなたの気持ちをはずさせて、いいところまでいったら女を変えるというような男に仕立てあげられる。お父さんみたいなふうに仕立てあげられてくる。ひょっとしたら、お父さんも、もともとどういう性格だったのかわからないが、お母さんといっしょになることによって仕立てあげられたのかもわからない。僕にそういう危惧をもたせる。それは事実かどうかわからないが。この間からの面接で、筋が通ってくるような感じがした。35歳まで彼女はその子だけと違うでしょ。

ク$_{25}$　今、ちょっと考えていたのは、本当に母と離れるために、沖縄か北海道か外国へ行かないと駄目かと考えていたのです。（笑）

カ$_{26}$　矛盾に気づくような感覚というか、目がもてたらそこまで行かなくてよいかも。

ク$_{26}$　矛盾に気づかないのは氷山の一角でね、同じようなことが何個もあるだろうなって気になりますね。（そうでしょう）一つ一つチェックしていかないと駄目ですね。母親ノートのときには出てきていなかったし、問題は起こしていないのかもしれません。

カ$_{27}$　そうですね。日常会話レベルだから。

ク$_{27}$　そうですね。あれは何年か何十年に1回噴火するような話でしたから。（そうそう）最近は父親に対して親近感がもてるようになってきました。（笑）（うんうん）本当にうまく母親にやられてるなという気がしないでもないし。（うん）

カ$_{28}$　そうですね。夫婦の関係は五分五分だと思うけれど。

ク$_{28}$　一方的に今までみたいな思いはなくなりました。むしろ、僕が名字を変えた今の家の方の問題が出てきている。

カ$_{29}$　家族図、書けました？

ク$_{29}$　いや、書けませんでした。

カ$_{30}$　書けませんでしたか。

ク$_{30}$　位牌だけ見たのですが、あんまり覚えていないのです。書いておかねばと思いながら、かまけてしまいました。ケースの記録などを書いて。

カ$_{31}$　かまけた？　避けた？

ク$_{31}$　避けたという気はあんまりなかったのですが。結果的には避けたのかもしれません。結構長生きした人もいたし、早死にした人もいたし、というのだけが残っているのです。妹の位牌だけは覚えているのですが、後は確かめないと誰かわからないようなので、古いのが2つ知らなかった。本当の祖父にあたる人の位牌が出てきたんだと思います。

カ$_{32}$　確かめるためには、お祖母ちゃんかお母さんに聞かないとわからない。

ク$_{32}$　祖母には聞いてもよいかとは思うのです。自分のことを書けば小説になるだろうといつも祖母は言っています。

カ$_{33}$　おばあさんがそうおっしゃる？　聞かれたことあります？　小説になるというものの内容を。

ク$_{33}$　内容を聞いたことはないのです。そう言うだけなんです。聞くこともなしに今まできました。

カ$_{34}$　聞けない何かがあるのだね。おばあさん自身が小説になるぐらいだとおっしゃるのは、聞いてもいいっていうことかも。

ク$_{34}$　うーん。それぐらい波瀾万丈で面白いとは言うけれど、自分のことはしゃべらない人だと思うのです。古い話を聞いたのは祖母の兄のことです。自分の夫の話はあまりしたがりませんね。聞いたのは母親からです。

カ$_{35}$　お母さんから間接的に？

ク$_{35}$　間接的な情報だから、真実かどうかわかりませんけれど。弟と妹が腹違いであるというぐらいですね。祖母とは僕は小学生の頃よく話してましたが、最近は本当にしません。朝晩の挨拶ぐらいで。足が悪くなって寝ているので、聞いておかねばわからなくなります。祖父にも聞けなかったと思いますね。〈沈黙〉うちの家はオープンでない。僕にはここでしゃべっているようなオープンさはあるのですけれど。

カ$_{36}$　そうですか？

ク$_{36}$　そうですね。家では気をつかって、もっとしゃべりにくいかもしれません。

カ$_{37}$　まるで、腹違いのような雰囲気がある感じだね。

ク$_{37}$　そうですね。さっきの話なのですが、僕を女性の方の立場にさせて、そっちの側に追いやるのは母親の特徴だと思うのです。母親自身は女に生まれてきて損をしたというか、自分が女性でありながら、女性のことを軽蔑しているところがあります。自分を否定しているところがあって、その分僕に期待しているのもあります。混乱というか、僕を女性に見立てているのはどこからくるかというと。〈沈黙〉僕を借りて、僕をそういうふうに支配して、自分の思いを生きる感じがあるように思うのです。うまく言えませんけれど。〈沈黙〉

カ$_{38}$　大変怖い話になってきたですね。（笑）

ク$_{38}$　腹が立って。

カ$_{39}$　腹が立ってきたね。

ク$_{39}$　腹が立ったから、自由にしようと思ってね。ただ、ちょっと危なかったのは、その自由というところで、逆に先生が言われた母親の思うつぼにはまりつつあった。今日言わなければ、きっとそっちへはまっていたという思いがあります。もうちょっと、人生を楽しもうと、肩肘はらないで。

カ$_{40}$　今は眉間のしわがだいぶとれたね。

ク$_{40}$　そうですね。なぜでしょうね。

カ$_{41}$　それだけ、楽しくなってきたのだろうと思うね。

ク$_{41}$　うん、そうですね。〈沈黙〉もっとあると思うのです。攻撃性について今のもかなり大きいところだと思うのですが、それも一面で、まだまだあるように思うのです。多分、母親は考えてやってはいないと思うのです。

カ$_{42}$　そうですよ。

ク$_{42}$　だからよけいに巧みというか。

カ$_{43}$　今みたいに気づいているところの地雷は踏まないでおこうと思うが、それは見せかけかもわからない。それでこっち側へ行ったら、こっちに本物の地雷がある。

ク$_{43}$　うん。あー、鼻息が入った。

カ$_{44}$　えっ？

ク$_{44}$　鼻息が入りました。

カ$_{45}$　マニックディフェンス。それ。

ク$_{45}$　最近はマニックなときが多いですね。〈沈黙〉（溜息）何か家に帰りたくなくなりました。

カ$_{46}$　ああ、そうですか。自分の住所もできたし。

ク$_{46}$　こうなれば、言うことの矛盾に注意して聞いていけばいいのかと思うのですけれど。（そうです）だけど僕はずっとこういう感覚できているから、全然見えていないところがいっぱいあると思うのです。常識的な見方が欠けているから。（ええ）〈沈黙〉それは難しいことだと思うのです。その難しさが自分が生きていくだけだったらかまわないと思うのです。しかし、人の話を聞くときに、それがわからなくては壁になる。

カ$_{47}$　自分の母親のことが、いちばん見えにくいですけれどね。もちろん、自分の盲点にひっかかってくると見えなくなるけれど、他人のことでも。〈沈黙〉

ク$_{47}$　それから一つ、ずっと自分の中で疑問で、こうして欲しいと強く思うことは、母親が離婚してからまったく再婚を考えないことだったのです。それがこっちにしたら負担で。

カ$_{48}$　いつ頃から負担になりましたか？

ク$_{48}$　20歳すぎてからずっとじゃないかなと思います。自分の生活を母親はもっていない、もたないつもりでいるという感じがあって、自分が代わりに生かされているというか。

カ$_{49}$　あなたがね、代理的にね。

ク$_{49}$　再婚すればしたで。もちろん、母親をとられたような気持ちになると思うのですけれど。そんなこともあって、母親もそんなに年を取ったように見えないし。再婚の話もあったと思うのです。だから…。

カ$_{50}$　再婚話を全然聞いたことがない？

ク$_{50}$　うっすらあるような気もする。

カ$_{51}$　そうですか。うっすら？

ク$_{51}$　はっきりとはないですね。そうしてくれたら、どんなにこっちは楽かと。母親が、母親の生活、自分の生活をしてくれたら、どんなに楽かと。

カ$_{52}$　それはそうだね。

ク$_{52}$　そう思いました。

カ$_{53}$　そういう話もないし、男の影を見たこともない？

ク$_{53}$　そういうことはないのです。

カ$_{54}$　そういうことはない？

ク$_{54}$　いろいろ母親に好意をもってくれる人もいたと思うし、電話もかかってきているのですけれど。

カ$_{55}$　少しは？

ク$_{55}$　まあ。結婚するような相手ではないと思いますが。

カ$_{56}$　そうですか？

ク$_{56}$　そうですね。（マイクのスイッチをさわっている）

カ$_{57}$　マイクのスイッチを切ってしまいたいですか？（笑）今日は途中から…。

ク$_{57}$　いえいえ、遊んでしまうのです。

カ$_{58}$　（笑）何回か、スイッチに手がかかったですよ。

ク$_{58}$　切るというよりも、これをはずしたい思いがあるのです。

カ$_{59}$　そこをはずしたいね。

ク$_{59}$　いや、面白いかな。（笑）抵抗だ。

カ$_{60}$　（笑）そうそう、いつもはさわってはいないからね。

ク$_{60}$　そうですね。今日は特に、ここをさわりたくなって（そうそう）これで夏休みだし。

カ$_{61}$　そうね。次は10月の初めでしたですね？

ク$_{61}$　そうですね。

カ$_{62}$　日を申し上げてましたかね。

ク$_{62}$　いえ。

カ$_{63}$　４日。

ク$_{63}$　10月の４日ですか？

カ$_{64}$　金曜日、この時間。

ク$_{64}$　はい。

カ$_{65}$　それまではいいですね。

ク$_{65}$　アクティング・アウトとか、そんなことがあれば。

カ$_{66}$　あれば緊急でお会いしましょう。ちょっと休みが長いですが。

ク$_{66}$　はい。

カ$_{67}$　何かお話しされることが他にありますか。休みとかその他で。

ク$_{67}$　いいえ、別に。

カ$_{68}$　ないですか？

ク$_{68}$　日にちがだいぶありますね。

カ$_{69}$　家族図は夏休みの宿題みたいな感じでされますか。

ク$_{69}$　（笑）いや、わかりませんけど。（笑）ボチボチやる方がいいかなって思います。しかし、やりだしたらさっとしないと。お寺の人が若い人に代わられて、ちょっと無理かも。祖父が生きていたときに、ちょっと話したことがあるのです。だから、どこまで客観的なことが集まるかは？

カ$_{70}$　3代でいいのです。

ク$_{70}$　僕より前の代から3代ということですか？

カ$_{71}$　それでもよいし、あなたから3代でもいい。

ク$_{71}$　はい。

カ$_{72}$　だから、本当のおじいちゃんぐらいまででよい。

ク$_{72}$　そのへんだけでも、結構あると思います。

カ$_{73}$　それ以上古くても、あまり関係がないかもしれないし。オカルトの占いと違うし。

ク$_{73}$　ええ。

カ$_{74}$　15代前の水子供養というのと違うから。（笑）それじゃ、これぐらいにしておきましょうか。

ク$_{74}$　はい。ありがとうございました。

個人面接（10回目）を受けて

この感想は夏休みの終わりに書いている。この時点での心境とそれ以前とは大きく違っていて、休み中の不安はどうしようもない不安、寂しさをベースにしたものであって、ほとんど毎日大学に出てこないと耐えられなかった。図書室の閲覧室でその大半を過ごし、誰か研究室へ来たら話し込み、3時頃の暑いさなかにグランドを10周走った。走らないとたまらなかった。このような状況はほぼ10年ぶりで、これが個人面接をきっかけとしていることはほぼ間違いないと思われる。しかし現実作業は全然はかどっていない。過去帳もそのままだし、会いに行こうと思っていた親戚にも会えていないし、祖母や母にも話を聞いていない。いや、この時点まで聞く元気さえなかった。しかし、10月の個人面接の再開までになんとか体調を整えておこうと思う。自分が担当している面接を9月に再開して、やっとしっかりしていける感じをもてた。

夏休み中は本当に人と会うことが多かった。生まれて、35歳にして初めてのサイクリングにでかけ、毎日のようにお祝いや高校時代の先輩後輩、恩師らと会っていた。男ばかりで本来の課題は少しも解消できなかった。やっぱり男の世界でしか生きられないのか、不安をもちながら次回面接を待っている今日この頃です。

カウンセラーの印象とコメント

プレイセラピーの授業でしつこく攻撃的だった自己反省から、クライエントは母親に対する攻撃的な思いが吹き出してくる。これまで具体的に母親への否定的感情を述べるのを逡巡していたクライエントは、身体反応をカウンセラーに指摘されたのを契機にして、ガールフレンドをつくるじゃまを母親がいかにしてきたかを語る。特に25歳のときに付き合っていた女性との仲を、彼女を中傷する形で割かれた恨みが述べられる。母親はクライエントに幸せな結婚をして欲しい、父親のような女たらしにはならないで欲しいと願いながら、実は矛盾した行為によって、クライエントを逆に父親のような女たらしに仕立てていることをカウンセラーは気づかせる。

クライエントはカウンセラーの指摘にまったく気づかない。考えてもわからない。母親の見方に組み込まれており、広い視点から成り行きの全貌を展望することができていない。カウンセラーは一つ一つ根気よく、クライエントが男性であり、男性が母親によって、女たらしにさせられていく過程を歩むわけを説明する。初めはそれでもクライエントは母親の肩をもっている。息子を他の女性に奪われたくない、との母親の観点からしか見ていない。

カウンセラーは、両親が離婚にいたった過程に働くメカニズムと同様のものがクライエントにも影響していることに気づいていて、クライエントにもそこに目を向けて欲しい希望があった。カウンセラーは今までの状況を解釈することによって、このことをクライエントに話す。クライエントはついに自分と母親の関係に相当のものがあることに気づかされる。そして、今回のことは氷山の一角に過ぎず、自分の自立のためには母親離れの必要性をやや冗談ぽく認識する。

ここで具体的にクライエントが歩み出すためには、過去をクライエントの視点から整理する必要がある。カウンセラーは再び家族図を書いたかどうかを確かめ、それを促す。クライエントはそれを無意識的に避けている。祖母の人生は小説を書けるほどに波瀾に富んだものであり、その影響は父母の離婚や、現在のクライエントの人生に影を落としていることが予測されるからであろう。

面接の中頃から、母親への否定的思いが具体的に出てくる。母親はクライエントを女性的に扱い、しかも女性を軽蔑しているところがある。クライエントを通じて自分の人生を生きている。クライエントは次第に母親に腹を立てる。腹を立てることすら母親の思うつぼになる太母（グレートマザー）のもつしたたかさに気づき出す。ここへ来て、クライエントのもつ攻撃性の一因が明確になる。母親は自分の女性性を犠牲にして、クライエントにつくす形をとってクライエントを支配している構図が見えてくる。クライエントは無意識的抵抗として、録音のマイクを切りたい気持ちをもっている。

ここで時間が来て、ほぼ2カ月の夏休みが入る。家族図の宿題と不安になれば緊急に会うとのカウンセラーの保障で、この回は終わった。

第11セッション　「真夜中に過去帳を見ました」

【平成X年10月4日】

カ$_1$　どうですか。

ク$_1$　（間）何かあらたまると緊張します。（間）夏休みの宿題として、最後のカウンセリングのときに家族図をつくる話がありましたが、夏休み中はやろうと思いながらできずに、今朝の3時ぐらいになって初めて仏壇を開けたり閉めたりして（笑）位牌と過去帳をみて、家族に聞かないで自分だけで書いてみたのです。（鞄からメモを取り出す）やっぱり思っていた通り複雑で（間）まだあまり整理はできていないのですが、自分の記憶の間違いがあって。妹は僕の4歳のときに生まれて、生後28日で亡くなっていたのです。亡くなった記憶は鮮明なのです。

カ$_2$　鮮明ですか？

ク$_{2}$　初めの記憶では6歳くらいだと思っていたのですが。（間）祖母と祖母の弟がその代にはいたようです。おばあさんはタツという名前なんです。あとイワという名前が見当たりました。イワは石屋をしていたそうです。弟は25歳で亡くなっていました。

カ$_{3}$　おばあさんの弟さん？

ク$_{3}$　ええ、多分そうだと思います。25歳で亡くなっています。祖母は1901年生まれです。このままだと21世紀まで生きていると思います。先週、神戸に行ったときに叔母に会おうと思っていたのですけれど、そのまま家へ帰りました。前日に叔母から電話があって、講演会の後に食事をしないかと。あまり急だったので、返事をしなかったのです。叔母にも聞くと詳しくわかるのではと思うのですが。母と叔母とは父が違うのです。過去帳で二人わからない人が出てきたのです。それが多分祖母の連れあいで、昭和2年に亡くなっているのです。これが母親の実の父だとおそらく思うのです。後もう一人わからない人がいて、それが叔父と叔母の父親だと想像しています。（なるほど）3代前まではわかるのです。トラジロウとイネというのがありまして（笑）その代からはわかります。

カ$_{4}$　トラジロウとイネさんの娘さんが今のおばあちゃん。

ク$_{4}$　おそらく。トラジロウは1858年生まれ、ちょうど僕と100歳違います。これがおばあさんのお父さんということになると思います。1953年まで生きていました。僕が生まれる3年前まで生きていました。

カ$_{5}$　ひいばあちゃんね。

ク$_{5}$　ひいばあちゃんの写真はあるのです。それが84歳まで生きています。ひいばあさんが84歳で、祖母の兄が1983年に亡くなったのですが、それが85歳です。

カ$_{6}$　あなたがおじいちゃんと呼んでいた人。

ク$_{6}$　はい。おじいちゃんは85歳で長生きなんです。

カ$_{7}$　それは姓はA？

ク$_{7}$　Aです。祖母はA・タツです。うーん、ちょっとわからないですね。

カ$_{8}$　おばあちゃんがトラジロウさんとイネさんのお子さんだったら、タツさんはお嫁にいったのかなあ？　姓が変わっていないね。

ク$_{8}$　変わって、また戻したのかも。

カ$_{9}$　Bさんになって、またAに戻った？

ク$_{9}$　戻ったかもしれないですね。（なるほど）ヨノスケさんという人が、1月

8 日に亡くなったのはわかるけれど、年はわからない。だから、その人が養子に来たのかもしれません。

カ$_{10}$　なるほど（間）おばあちゃんやお母さんに聞くのは気がひけたのだね。

ク$_{10}$　ええ。聞くのだったら母親の方がよいと思います。洩らしたことがあるから。祖母はいちばんわかっていると思いますが、自分のことだから。ゆっくり二人きりになったときにでも聞こうかと思っているのです。大体のことは母親でわかると思います。ただ、叔父と叔母は、全然知らない可能性もあるのではと。

カ$_{11}$　何を。

ク$_{11}$　母とは父親が違うということです。

カ$_{12}$　なるほど。タツさんの配偶者はヨノスケさん。この方も A 姓だね。養子に来られたのかなあ？

ク$_{12}$　かもしれないと思って。それはわからないのです。

カ$_{13}$　それではお母さんのお父さんは誰？

ク$_{13}$　2 年に亡くなってる B 姓の人じゃないかと。

カ$_{14}$　キンゾウさん。

ク$_{14}$　はい。それでないと…。

カ$_{15}$　1927 年に亡くなって、お母さん 1927 年生まれ？（はい）生まれると同時ぐらいにお父さんが亡くなっている？

ク$_{15}$　そうですね。生まれる…何月になってますかね？

カ$_{16}$　書いてない。

ク$_{16}$　ちょっと見せてください。（メモを見る）2 月 14 日に亡くなっているので、死んでから生まれたのではないかなと思うんです。

カ$_{17}$　お父さんが亡くなってから生まれた。

ク$_{17}$　6 月 19 日、1927 年の。だから、叔父と叔母は全然知らない。

カ$_{18}$　そうですか。

ク$_{18}$　ということになるのです。推測ですが。

カ$_{19}$　お母さんにしたら、父親イメージが全然ない。次のお父さんに父親イメージがあるかもしれないが。男性イメージとか父親イメージが希薄かもね。形成自体が。

ク$_{19}$　おそらく、僕がおじいさんと言っている人に…。

カ$_{20}$　お母さんの叔父さんに。

ク$_{20}$　ええ。叔父に当たるのですが、父親代わりで学費のめんどうをみてもらったり、可愛がってもらったということです。恩を感じているようです。

カ$_{21}$　それだと父親イメージになっているかもしれないね。

ク$_{21}$　おそらく、そっちの方だったと思うのですね。

カ$_{22}$　男性イメージがだいぶ複雑だね。

ク$_{22}$　複雑ですね。この世界に入らなければ、多分こんなことを知らずに生きていけたと思います。（笑）叔父や叔母を見ていると、そのようなことを知らずに生きていけるような気がするのです。

カ$_{23}$　知らずにいるようなことがあるだろうか？

ク$_{23}$　…………。

カ$_{24}$　自分から言わないことがあっても。

ク$_{24}$　ええ。自分のことですから調べているとは思うし。叔母だけ別のところで育てられたということがあるのです。そのへんのことを叔母は言いたいことがあるみたいですね。僕に話があるというのは。

カ$_{25}$　だろうね。聞けるようになったら、一度じっくり話をしなければならないかもしれない。時間をとって。

ク$_{25}$　ええ。叔母は僕と顔が似ています。叔母はそれで親近感をもっているのかもしれないし。僕だったら言えるところもあるかもしれないです。（間）叔母とは話したいと思っているのです。チャンスがあれば。

カ$_{26}$　お父さんのことでも話したいことがあるのでは。客観的に見ていたことで。あなたが普通の年頃に結婚して、普通のサラリーマン生活を送っていたら、いまさらというのがあるかもしれないが、そうではないのでそのへんを話してあげたいという気持ちが起こっているのかも。叔母さんにしたら、なぜ結婚しないのかと思うでしょう？

ク$_{26}$　考えてみたら叔母がいちばんまともで、普通に物事が見られると思うのですけど。（なるほど）叔母は家から出ていたこともありますし。そのことについては、恨みのようなものがあるみたいですね。

カ$_{27}$　あるでしょうね。

ク$_{27}$　それで、その分客観的に見てもらえるかと。僕の立場を見てもらえるような気がするのです。（そうだね）〈沈黙〉3時頃一人で仏壇から位牌を出し、裏を見たりして、何か変な感じだったのですけれど。（笑）だんだん興奮してきて。（そうだろうね）やっぱり複雑だと。兄弟もそうだし、祖父母もそうだし。（間）

カ$_{28}$　自分のルーツというのは、不思議な因縁みたいなものがあるものね。

ク$_{28}$　ええ。〈沈黙30秒〉イネとかタツとかイワとかすごい名前ばっかり。（笑）〈沈黙２分〉

カ$_{29}$　お母さんは妹さんや弟さんのお父さんのことは知っているよね。（ええ）ほとんど話に出ない？

ク$_{29}$　全然出ないですね。一度聞いたのは僕が25歳くらいのときで。母親は再婚しなかったけれど、おばあさんは夫が死ぬとすぐまた次の旦那さんをもらって、ということを母親は言っていたのです。

カ$_{30}$　旦那さんをもらって、という形なのだね。今のあなたの言い方だったら。

ク$_{30}$　そんな感じです。言い方は違ったと思いますが。ニュアンスとしては…。

カ$_{31}$　また嫁にいって、というのではなくて？

ク$_{31}$　違いますね。そういうニュアンスだったと思います。興奮して言いましたね。

カ$_{32}$　興奮されていました？　自分の父親がどうして死んだのかという話も出ない？

ク$_{32}$　うん。聞いていません。〈沈黙30秒〉母の実の祖父や叔父と叔母の父親の話は全然聞いたことがないですね。（うーん）今、先生に言われるまで、全然意識もしませんでしたけれど。普通なら直系の祖父だから、もう少し聞かされていてもと思いますね。（そうだね）いくら早く死んだからといっても、なぜ死んだのかもわからないし。

カ$_{33}$　その時代だったら戦死もあるが？

ク$_{33}$　戦死じゃないです。

カ$_{34}$　それだったら、勲章とか写真とかがあるね。

ク$_{34}$　ありますよね。（間）家にある勲章は、おじいさんが飼っていた犬がもらったやつしかないと思います。（笑）昔、警察犬としてシェパードやドーベルマンを飼ってましたから。その関係で賞をもらったりして。

カ$_{35}$　なるほど。

ク$_{35}$　時代からしても戦死じゃないと思います。何か、ごちゃごちゃしているので、ひいおじいさんに会いたいなあと思いました。（笑）写真でもないかと。

カ$_{36}$　写真は全然ないのですか？

ク$_{36}$　あるかもしれませんが、わからないですね。ちょっと聞かないと。ひいおばあさんの写真はいっぱいあります。

カ$_{37}$　ひいおばあさんのがあって、ひいおじいさんのはないのかなあ？

ク$_{37}$　ないかもしれません。聞かないですね。ひいおばあさんは長生きして、旦那さんが亡くなってからも30年近くがんばって元気だったらしいです。そんな話はよく聞きました。

カ$_{38}$　なるほど。昔のことだから、女性の写真よりも男性の方が多いと思うが？

ク$_{38}$　おそらく。でも、これがトラジロウだという写真を見せられたことはないのです。彼がひいおじいさんではないのかもしれませんが。僕が勝手に…。（笑）

カ$_{39}$　（笑）そうか。まだわからないね。

ク$_{39}$　確認しないとわからないことがいっぱいあります。

カ$_{40}$　叔父さんかもしれないし、ひい叔父さんかもわからないし。

ク$_{40}$　そうかもしれません。秘密がいろいろあるような気がしますし。〈沈黙30秒〉早く死んだ人と長生きした人があって。そういう人が多いような気がします。子どもにも恵まれていないし。（間）やはり男が弱いですね。

カ$_{41}$　男が弱いね。

ク$_{41}$　ええ。男が…。僕は寿命が短いかもしれませんね。（笑）100歳ぐらいまで生きるかもしれません。わかりませんけれど。

カ$_{42}$　今、因縁切りをやっているから。

ク$_{42}$　はい。〈沈黙１分〉なんというか、家の中にユーモアがないという感じはわかるような気がします。

カ$_{43}$　秘密の部分が多いからね。（ええ）そういうことと自分の人生とか、今までの生き方とが関係しているみたいですか？

ク$_{43}$　関係していると思ったことは全然なかったですね、これまで。父親の生き方を見ていたら、話でしか知らないのですけれど、この母親だったら父がこうなってもしかたがないなと思いました。母親といっしょにいると、僕もそんな生き方をするような気がするのです。

カ$_{44}$　そんなっていうのは？

ク$_{44}$　女性問題が多いような。何か…。

カ$_{45}$　女性問題が多そうな人生？

ク$_{45}$　女性問題を多く起こしそうな。

カ$_{46}$　あなたからは今のところそのようなイメージはないけれど？　むしろ、堅い。

ク$_{46}$　堅いと思います。今は。だから、なんていうか…。

カ$_{47}$　起こしたら危ない？（笑）その枠がはずれたら。

ク$_{47}$　（笑）おそらく。めちゃくちゃになるのじゃないですか。（間）今言ったみたいな思いはあるのです。

カ$_{48}$　自分の中に。

ク$_{48}$　はい。母親のせいにしてしまうような感じがするのですけれど、父親にとって母親はうるさかったと思いますし。外に出たい気持ちがすごくよくわかるし。（笑）（なるほど）今、僕もあまり帰りたい感じがしないのです。うるさいのです。

カ$_{49}$　しかし、あなたは事務所があるのに、よく家へ帰っているのでは？

ク$_{49}$　帰っています。

カ$_{50}$　帰りたくないけれど、帰ってるわけ？

ク$_{50}$　帰りたくないですけど、帰ってますね。

カ$_{51}$　そうですか？　帰りたいから帰っているのじゃない。

ク$_{51}$　落ち着く面もありますけれど。

カ$_{52}$　家の方が。（ええ）それは、何なのだろう。

ク$_{52}$　（間）やはりある程度依存している部分、その方が楽な部分があるから帰っているのだと思いますが。

カ$_{53}$　そのへんはお父さんとは違うね。

ク$_{53}$　ええ。父の方が僕よりきちんとできていたと思います。自分で料理を作るし。母親よりうまいし。一人で生活するのに慣れていたのじゃないですか。（なるほど）（間）父親の方がよほど偉いな。（笑）いやになってきた。

カ$_{54}$　（笑）自立という面では。

ク$_{54}$　面接の前半で父のことをボーダーラインと言ってましたが、僕の方が。（笑）（そうだね）（笑）（間）オープンじゃない感じが僕の中にもあって、知らず知らずのうちに母親の雰囲気に染まっていると思うのです。

カ$_{55}$　お母さんの見方で物を見る傾向は確かにあるね。

ク$_{55}$　ええ。（間）それがもういやでいやでたまらないですね。この夏は特に。

カ$_{56}$　（笑）夏ぐらいからね。そういうのは一度気づきだしたらいろいろ気づくでしょ。あ、またかという感じで。

ク$_{56}$　〈沈黙１分30秒〉最近、思い出したのですが、母親の名前ですが、戸籍上はヨシコですけど、みてもらったらいい名前じゃないというので、祖母はキミコと呼んでいるのです。名前を二つも使っているのを、この頃ふと出てきたのですが、それも子どもの頃から不思議に思っていたと思うのです。（へー）（笑）親につけてもらった名前を拝み屋さんにみてもらって、悪いと変えることとか、二つの名前をもってるとかは、考えてみたら母親にはそういうところがあるのかなあと。本来の自分を、名前の呼び方で二つの呼び方をさせるとか。（ええ）なんといえばいいかなあ。僕だったら、英雄なら英雄そのままでありたいと思う。気に入らなくても。名前は一つでいいと思う。何か二面性のようなものが母親の性格にある。母親がそういうものをもってる…。

カ$_{57}$　お母さんは二面性をもっている？

ク$_{57}$　二面性というか、まずいところに蓋をしてしまうみたいなところがね。

カ$_{58}$　なるほど。まずいところに蓋をして生きる。

ク$_{58}$　そういうところを感じますね。今まではあまり思わなかったのですが。

カ$_{59}$　なるほど。ヨシコという名前だったら、親の思いとしては、子宝に恵まれますようにという、女の子だから、何かそんな感じがあるけどね。

ク$_{59}$　（間）それにしては前にお話ししたように、僕ができたときも妹を妊娠したときも…。

カ$_{60}$　いやだった。

ク$_{60}$　妹のときはもっとひどくて、顔を見てもかわいく思わなかった。その話を聞いたとき、それが本音というか、母の半面だと思う。子どもとしてはその話を聞いていい気がしない。（そうだね）（間）妹の話を聞いたときは、自分のことよりガタガタッときて、自分の中で母親イメージが崩れたみたいな感じがあった。（間）母にとっては正直な感情だったのだろうが。（なるほど）その時点でね。〈沈黙〉

カ$_{61}$　他にも二面性に気づくことがありますか？

ク$_{61}$　母親のですか？（ええ）（間）全部二面性という感じがします。〈沈黙40秒〉これまでずっと母親といっしょに住んで、やっていこうと思っていたのですが、今は距離を置いた方がよいという感じがちょっとしています。

カ$_{62}$　なるほど。

ク$_{62}$　このままでいくのでは、駄目だと思って。

カ$_{63}$　そうね。ある意味では、あなたが家をオープンにする人かもしれないね。

ク$_{63}$　他には誰もしないでしょう。年も年だし。（そうね）（笑）おそらく皆はいまさらと思うでしょうね。

カ$_{64}$　そうでしょう。

ク$_{64}$　うちの家は祖父もそうだけれど、関係を切ってやっている家だと思うのです。親戚付き合いもすべて。

カ$_{65}$　人間関係を切っていっている。

ク$_{65}$　人間関係を切って切って、今残ってるのは３軒だけなのです。

カ$_{66}$　付き合いがね。

ク$_{66}$　ええ。父方の方はむろんのこと、付き合いが少ないのです。それも、あっても年に１回、２回のものです。僕がやると少し変わってくるのではないかと。（そうね）（間）お墓のこともそうですが、家の者が行かなくても、いつも誰かが花を供えてくれているのです。

カ$_{67}$　そうですか。

ク$_{67}$　だから、オープンでないのはうちの方だと思うのです。本家とはいろんな問題はあったと思うのです。祖父の代で、ほとんど付き合いをしなくなったと言っていました。

カ$_{68}$　あなたが人間関係を結ぶ仕事を選んだのも、あながちそれと無関係じゃないのかもわからないね。３代に渡る相補性みたいなことで。

ク$_{68}$　まず、よそよりも自分の家をしなければ駄目だと。（笑）

カ$_{69}$　そうだね。（笑）今日はこのへんで。また来週お会いしましょう。

ク$_{69}$　ありがとうございました。

個人面接（11 回目）を受けて

今回の面接ではご先祖さんが登場したが、同じ家に生まれることの不思議さを感じた。近くて遠い関係、ひいおじいさんはどういう人だったのか、ひいばあさんは？　当たり前のことであるが、しゃべったことがないのにこの懐かしさは何なのか。名前だけで写真も見たことがないが、しかし今私がご先祖さんに会えば、「そうだろう、やっぱりな」と言ってくれるような気がする。母や祖母をとおしてだけではなく、ご先祖さんとつながることで、私は立体的になってきた気がする。今私がやらなければならないことは、事実を徹底的に洗うことである。そのためには客観的に見られる叔母や叔父にもう少し話を聞く必要を感じている。

これまで３代ぐらいさかのぼって考えようと思っていたが、思っていただけで、なんの行動も起こしていなかった。そう、どうしたらいいかを考えることもなかった。これは不思議だが、当然でもある。気がつくのと気がつかないとの差はある。そして気がついて行動するのと、行動しないのでも大きく違う。なぜか、その必要がなければしないからである。知らなくても生きていけることである。しかし、せっかくこの仕事に入ったのであるから、やるしかない。

なぜか不思議なのは、母もご先祖さんがどういう人であったのかという話こそあまりしないが、祖父の命日には花を持って墓参りにいく。神仏に手を合わせる母をよく見ていると、そういうところが強い。意識せずにそういう方向に向かっているのであろう。

この面接が終了するまでに、叔父や叔母に話を聞いておきたいと思う。何かここまで、こと家のこととなると一人で考えようとしていたように思う。母からのデータだけで考えていたのだと思う。今回の面接で、私の横にも後ろにも味方がいて、私の前を照らしてくれるという実感をもつことができたと思う。

カウンセラーの印象とコメント

2 カ月半にわたる夏休みの後、今回の面接が再開された。この間、クライエントは落ち着かない夏休みを過ごしたようである。家にも事務所にもいる気がせず、ほとんど毎日大学へ出てきていた。夏休みの大学は閑散とし、研究室を訪れる同僚も少なく、人恋しい毎日だった。図書館へ入りびたり、誰かが来ると話をした。午後の暑いさなかに、運動場を 10 周するのが日課だった。これは中学時代の野球クラブのときと似た行動であるようにカウンセラーには思われた。母親からの分離行動を家を空けることによって、母親を見捨てたことへの贖罪の意味で激しい運動を自分に課すことによって、クライエントはバランスをとるようである。母親から自立した自分の目で世界を見ること、過去のしがらみを整理するために家族図を作る夏休みの宿題が、クライエントにとってかなりの重荷であったようである。

面接の日の朝 3 時に、クライエントは仏壇を一人で開け、過去帳を取り出し、家族図を書き出す。過去の亡霊と再開するのにふさわしい時刻であり、一種荘厳な儀式の雰囲気がある。

妹の亡くなったときの自分の年齢の記憶違いが正される。祖母の代の婚姻関係は、以前祖母が自分の人生は小説になるぐらい波瀾万丈だと述べたように複雑である。クライエントは誰にも尋ねていないので、家族図は想像がかなり入っている。祖母と大叔父さんの関係がややこしい。クライエントが大叔父さんをずっとおじいさんと呼んでいたこと、誰が見ても二人が夫婦のように見えたことなど、心理的なインセストに近い関係がそこに存在する。男性が無視されているような、女系家族のようなものがクライエントの家に流れている。女性が家から離れられない雰囲気が、ここ 3 代にわたって存在する。叔母はクライエントに何かを語りたがっている。しかし、クライエントはどこかでその対決を避けている。叔母の秘密に関しても、一人よがりの解釈を施している。

男性性の弱さがかえって外に女性問題を起こさせる原因になっている。クライエントだけはその反動で生きているようなところがあるが、母親の膝元を離れると奔放になる危惧を抱いている。その危惧が、家に帰りたくないのに帰ってしまうクライエントの行動に現れている。家へ帰らなくなり身辺自立に関しては母親の上をゆく父親と、母親に依存しているクライエントとは、その点で違うようである。

母親の二面性が呼び名のことから語られる。まずいところは蓋をして避けて通ってきた母親とクローズドな家の雰囲気を、クライエントは変える決心ができてきた。少なくとも自分が変わることによって、穏やかな変化を家にもたらそうとしている。クライエントの母親イメージも変化してきた。自分の目で母親を見ることができるようになってきた。母親と距離をとることの必要性を実感しはじめた。

いよいよ過去の整理が大団円を迎えるときが近づいたようである。その後、クライエントが自分の行動を自分の責任でとれるようになり、クライエント自身の変化の過程にカウンセリングが入っていくであろう。そのときから、カウンセリングは真の本番を迎える。

第12セッション　「自分の視座ができました」

【平成X年10月11日】

カ$_1$　いかがですか？

ク$_1$　先週、家族図で3代まで下がったでしょう。それで、ひいおじいさんに会いたい、しゃべりたいと思いました。叔父と叔母がちょうどその時代に生きているでしょ。なぜかわかりませんが、それに守られて生きてるという感じが、おかしいけれどあるのです。

カ$_2$　守ってくれる人がいる。

ク$_2$　守ってくれる人がいるなって。自分が今まで平面的な感じで生きてきたのが、立体的な存在になったというか。頭では先祖をさかのぼっていけばっていうのはわかっていたのですが、実感として沸き上がり、すごく不思議な感じがして。同じ家に生まれてきたわけでしょう。時間的には全然会えないのだけれど、母が曾祖母を知っていることで、つながっている部分を実感しました。理屈じゃなしに。母親がこうなっているのはこうだからとわかってくれそうな気がします。母親と話せる気がします。〈沈黙11秒〉

カ$_3$　守られてることのが実感できたら心強いね。相当勇気をもってやれるね。

ク$_3$　ええ。一人で、今までやらねばと思っていた感じがするのです。しかし、具体的には行動に移せなかったのです。今やれることを言えば、叔父と叔母に話を聞けることだし。事実がどうだったかを確認する作業はできると。

カ$_4$　なるほど。つながりを実感できたら、ある意味で事実確認をしないですむかもしれないね。

ク$_4$　（うーん）

カ$_5$　そうでもない？

ク$_5$　というか、そうかもしれないのですが、気づくのと気づかないのとは違うと思います。今までは頭での気づきだけがあって、少しも行動していなかったのと違うかなあと。知ることに関して、行動するかしないかの境目が大きくあるのです。やっぱり自分の性格としては、とことんやらないと。

カ$_6$　今まではあなた一人が家の重みを背負っていたと言っていたが、重みがかかってると動けないね。〈沈黙22秒〉

ク$_6$　もっと客観的に見られる叔父とか叔母とかがおりながら、なぜそういう人に助けを求めなかったのかと思いますね。

カ$_7$　そうね。なぜだと思う？

ク$_7$　それは僕が母親を中心にして、母親の目を通してしか家族なり家なりを見てこなかったからだと思うのです。母親の言うことがただ一つの真実であるように、あるいはおかしいと思ってもそのまま見過ごしていました。母親には意識せずに、神仏に頼るとかがあって、大叔父さんの命日には必ず墓参りにもゆくのです。それは先祖に関わることだと思います。母の意識にあるのは、それは恩を受けたおじいさんのためだと思うのです。その態度が自分と先祖のつながりに影響を与えていると思うのです。

カ$_8$　どんなふうに？

ク$_8$　僕がこの道に入って、こういうことをやり出したこととも関係しているのではないかと思うのです。もしこういうことがなければ、家族図を書いたりすることはなかったのではないかと。

カ$_9$　もっと無意識的にもがいていたかもしれないね。

ク$_9$　そうですね。もし、子どもができなかったら、家の流れが僕の代で終わってしまうのです。結婚にずっと失敗してきている家ですしね。家族全員に学歴に対するコンプレックスがあるのです。僕はまあ大学を出ていますが、それまでは誰も大学を出ていないし。おじいさんは優秀な人で、学校の先生も上の学校に行かせてあげてくれって言ってくれたのですけれど、時代もあって、丁稚奉公に行って、自分で鉄工所を開いたのです。自分がこの家のコンプレックスを知らず知らずのうちに引きずってきたのです。僕にしても、最初は大学へ行ってなかったので、そういうコンプレックスがあったのです。僕が心理をやり出して、これは片づけなければいけない問題だということが意識化できてきたのです。今まではユーモアのない家というところにあまり気づかずに、父親の問題ばかりを考えてきたので、そこは全然見えていなかったと思うのです。家の問題が大きいことがだんだん面接で明らかになってきた、と思いました。

カ$_{10}$　そうね。今それを実感して気づいているのは、あなた一人だからね。まだおばあ様もお母様も気づいておられないからね。

ク$_{10}$　はい。

カ$_{11}$　そこをあまり早く気づかせるとやばいでしょう。

ク$_{11}$　母は何とかしないといけないかもしれませんが、祖母はもういいのではないかと思います。それはね、たとえば母親ノートを家でつけていても、祖母がまだ僕を子ども扱いするのです。35歳なのにいまだに“○○坊”って言うのです。(笑) それがいやなときもあるのですけど。

カ$_{12}$　前もそのことを言っていたね。

ク$_{12}$　そこはつらいこともあります。それでも祖母については、そんなところをどうこうするのじゃなくて、事実だけはやっぱり知りたいと思っています。祖母しか知らないこともあると思うので。

カ$_{13}$　なるほど、小説になるような人生だと自分でおっしゃっているし。

ク$_{13}$　はい。そこは聞きたいと思っています。でも、いっしょにいてもほとんどしゃべらないし、聞かなかったら僕が後悔すると思うのです。

カ$_{14}$　おばあさんはあなたが聞いたら話してくれるような方ですか？

ク$_{14}$　聞いたことがないのです。自然にそんな話をしだしたことは何回かあると思うのです。“イワさん”のことは話に出てくるのですが、僕の祖父の話は聞いたことがないのです。若いときに死んだとだけしか聞いていません。

カ$_{15}$　今までは聞こうと思わなかった？　聞けない雰囲気があったの？

ク$_{15}$　聞こうと思わなかったのです。どうずればいいかがわからなかったのです。

カ$_{16}$　あ、そうだね。わからないで聞こうとするのは危いものね。〈沈黙１分〉

ク$_{16}$　祖父がいたのが不思議な感覚で、今まで全然意識していなかった。そういう人が存在していたことが新鮮で。

カ$_{17}$　大叔父さんがおじいさんみたいだったからね。

ク$_{17}$　そうです。何の疑問もなく、今まで生きてきましたから。

カ$_{18}$　それでも感覚が違うでしょう。

ク$_{18}$　ええ。違いますね。

カ$_{19}$　ねえ。〈沈黙30秒〉鉄工所はどうなったのですか。

ク$_{19}$　共同経営の形にしていたのですが、その人が大叔父さんの死んだときに葬儀委員長をしてくれたのです。しかし、その人がうまく言いくるめて乗っ取ってしまったような感じなんです。

カ$_{20}$　大叔父さんの代は共同経営でやっておられたけれども。

ク$_{20}$　生きていたときはそうです。だから大叔父が生きているときは、かなりの額の収入があったのですが。

カ$_{21}$　今はほとんど関係がない。

ク$_{21}$　全然関係ないです。

カ$_{22}$　工業高校へ行ったのは、あなたにそこを継がせる意図があったのですか？

ク$_{22}$　いえ、それは全然ないです。自分は土木で、機械や電気じゃないのです。

カ$_{23}$　そうすると大叔父さんは先のことをあまり考えていなかったのかなあ。

ク$_{23}$　ええ、そのときそのときだけじゃないかと今は思いますね。〈沈黙１分〉もう一つ気になることは父親のことです。家族図を書いて思ったのは、父と母は 10 歳の年の差があったのです。父がどうしているのかの音信も今はありません。こっちも捜していないし。父親の話を家ですることはないのです。母親が不愉快になるだろうと思って。大叔父が死んだとわかれば帰ってくるのでは、と言っていた人があるのです。僕は帰ってこないと思っていますが。

カ$_{24}$　お父さんが帰ってくるような不安みたいものがあるのですか。

ク$_{24}$　母親にはあると思います。

カ$_{25}$　そうすると大叔父さんが、お父さんを追い出した感じだね。

ク$_{25}$　あると思います。母親は大叔父さんベッタリだったから。結婚に関して、大叔父さんは反対していたし、父親のことを怒っていたと思います。よく思っていなかったのは確かだと思います。それに関して父親が言ったひと言だけ覚えているのです。それはいろいろ言われるが、俺が家計を全部支えている、と言っていたのです。あまり弁解したり、文句を言う父ではなかったのですが。大叔父も文句は少なかった。どちらも僕にはひと言も文句を言わなかったですね。

カ$_{26}$　なるほど。ある意味では男らしいね。

ク$_{26}$　ええ。まあ明治の人間ですので。口数は少ないし。

カ$_{27}$　そのお父さんが家計をだしておられたときは、誰と誰がいたのですか？

ク$_{27}$　6人住んでいたのです。祖母、その兄（大叔父さん）、両親と叔父、それと僕の6人です。叔母は住んでなかったのです。そのときは嫁いでいたと思います。

カ$_{28}$　家計は人数が多いから、結構大変でしょうね。

ク$_{28}$　そのとき、父は外車に乗っていたのです。

カ$_{29}$　鉄工所はどうなっていたの？

ク$_{29}$　鉄工所はまだやっていたと思います。大叔父さんが働いているのを見た記憶はあるのです。

カ$_{30}$　そこからも収入があるね。

ク$_{30}$　ええ、あります。

カ$_{31}$　だけど、お父さんが全部の面倒をみておられた。

ク$_{31}$　はい。そのとき家は裕福だったと思います。叔父も働いていて。まだ結婚する前でしたから。3人が働いているから。

カ$_{32}$　それなのに家計はみんなお父さんがみていたのだね。

ク$_{32}$　はい。余裕があったのではないですか。〈沈黙20秒〉それにとんでもない金額のお金を大叔父さんから僕がもらったりしていました。（どういうこと？）その当時で30万円くらいですか。

カ$_{33}$　（軽く笑いながら）昭和何年頃？

ク$_{33}$　昭和30何年です。誕生日か何か忘れましたが、銀行口座をつくってくれて。

カ$_{34}$　何歳頃のこと？

ク$_{34}$　覚えていないです。小学校。電話を引くお金が、その頃十何万くらいかかったですね。そんなときです。僕の誕生日が1月2日ですので、お年玉をまとめてという感じで。

カ$_{35}$　昭和40年以前だね。

ク$_{35}$　まだですね。

カ$_{36}$　大学の授業料が年間9千円の時代だからね。

ク$_{36}$　それは洒落みたいなものだったのでしょう。どうせ子どもだからそんなに使わないし、面白がってやっていたんだと思います。

カ$_{37}$　あなたの家はそういうユーモアはあるのだね。

ク$_{37}$　そうですね。

カ$_{38}$　極端だねえ。

ク$_{38}$　極端ですね。それをまじめな顔でしていたから笑うのです。僕はそんなに嬉しくはないです。今その話をしていて思い出したのですが、そんな金銭感覚が家にあったように思います。

カ$_{39}$　授業料で換算したら 1000 万位ですよ。

ク$_{39}$　そんなになるのですか！

カ$_{40}$　今授業料が 40 万円ぐらいだから、そのとき 1 万くらいでしょ。40 万の 30 倍だから 1200 万。（笑）

ク$_{40}$　30 万円もなかったかなあ。

カ$_{41}$　いや、他の物価で換算したらね。電話代は今の方が安いから。

ク$_{41}$　30 万もなかったかなあ。何百万ってことは絶対なかったですが、何十万の単位でしたね。

カ$_{42}$　いずれにしても、子どものお年玉にしては法外だね。

ク$_{42}$　そうです。嬉しくも何ともなかったですね。

カ$_{43}$　それは大叔父さんがくれたのだね。

ク$_{43}$　はい。

カ$_{44}$　ということは、お父さんもいたのだから、二人の張り合いみたいな感じだね。お父さんにしたら、自分の妻の実家で、両親ならともかく叔父さんでしょう。みんなの面倒をみるのだったら、養子で入り込まれたのならともかく。配偶者の両親なら、事情によってはみるのも当然かもしれないけれど、働いている叔父さんもおじいさんもいるのに、家計全部をみるということは。

ク$_{44}$　おかしいですね。（でしょう？）ものすごくおかしいですね。

カ$_{45}$　もし、みてもらっていたのなら、せめて孫にでも見栄を張って。

ク$_{45}$　（つぶやくように）あったのかもしれませんね。

カ$_{46}$　今で言えば 100 万くらいのお年玉かな。

ク$_{46}$　そんな感じだったと思います。

カ$_{47}$　だから、男は男でいろいろな葛藤がうず巻いていたのかもわからんね。

ク$_{47}$　それには気づきませんでした。〈沈黙20秒〉考えれば考えるほど変な家ですね。ほんとに変ですね。今までそんなに変とは思いませんでした。

カ$_{48}$　家には相当の葛藤があったが、あなたはみんなの守りの中で、守りのシェルターの中にいたのかもしれないね。

ク$_{48}$　今もそうですけれど、叔父や叔母にも大事にされていますね。全員がそれぞれの葛藤をもっているのに、僕に対しては何もないのです。

カ$_{49}$　そうでしょうねえ。みんなにとってイノセントの宝みたいだね。純真無垢で、そこには触れてはいけないような。

ク$_{49}$　そんな感じだと思いました。子どもなので何もわからない分、誰もそこへ入ってこなかったのと違うかなって。

カ$_{50}$　それでも、両親の離婚とかおじいさんの死などは入ってきたと思う。入って来なかったのは、シェルターになっていたからだと違うのかなあ。

ク$_{50}$　そうですねえ。いろいろ疑問がわいてきます。祖母と大叔父がなぜいっしょに住んでいるのかとか。大叔父さんの方は配偶者がすぐにいなくなった。離婚したと思うのです。生き別れだと思うのです。

カ$_{51}$　普通は奥さんと別れたら、男は実家へ帰ってこずに独立しちゃうでしょう。女性だったら帰ることはあるが。それも妹のところに帰ってきているのだから。

ク$_{51}$　祖母と大叔父さんは、戦時中大叔父が兵舎に入ってるでしょう。その面会に祖母が行くのですが、みんなは恋人だと思っていたそうです。

カ$_{52}$　インセストを疑われるような恐れもあるね。呼び名からしたらそうだね。あなたがおじいちゃんとかおばあちゃんとか言っていたの？

ク$_{52}$　そうです。いっしょに住んでいたときもみんな夫婦だと思っていたし。まわりの人は。

カ$_{53}$　寝室は別？

ク$_{53}$　ええ。それはそうです。外の人はみんな本当の夫婦だと思っていたと思います。

カ$_{54}$　普通だったら、そう思われるだけでもいやでしょう。

ク$_{54}$　普通だったら気持ちが悪いです。僕だったら出ようと思います。

カ$_{55}$　特に男性は。1回家を出た人だから。

ク$_{55}$　きっと妹に頼らないといけないことがあったり、祖母は祖母で、いっしょにいてほしいみたいなところがあったのではと思います。どちらかと言うと、大叔父さんの方が問題ですね。自分から出ると今の僕なら思います。

カ$_{56}$　そうでしょ。あなただったらそうしますでしょう。

ク$_{56}$　変に思われるのはいやだから。

カ$_{57}$　ねえ。あなたなら、別れたら妹の家には帰らないでしょ。

ク$_{57}$　ええ、帰らないですね。

カ$_{58}$　もし妹の家が困窮していたとしても、あなたに働きがあれば、いくらか送ってあげるとか、そうしますでしょう。

ク$_{58}$　そのへんでちょっとつながるのは、大叔父は祖母と母親をすごく大事にしたのです。叔父と叔母は全然めんどうをみてもらっていない。叔父は中学出ただけだし。母親は学校も出してもらっています。僕から見たら不公平だし、同じところに住んでいることもあって、よけいにそう思うのですけれど。

カ$_{59}$　まあ娘みたいなのでしょうね。だから実際の関係はともかく、精神的な関係からいうとインセスト的だね。

ク$_{59}$　そうですねえ。全然気づきませんでしたねえ。

カ$_{60}$　だからそういうふうに考えると、大叔父さんとお父さんの仲が悪かったのもよくわかるね。取り合いだもの。誰の娘かっていうことになるね。

ク$_{60}$　（笑いながら）こんな話になるとは全然思いませんでした。

カ$_{61}$　だからお父さんも大叔父さんに対しては、エディプス的な見栄を張らないといけなかったのかもしれませんね。

ク$_{61}$　そう言われるとわかります。なぜ、僕は全然望んでいないのに、他の子どもよりいろいろな物を与えられたかがわかります。

カ$_{62}$　双方が張り合って、外車に乗るとか、みんなの面倒をみると言ったり、お前にめんどうなどみてもらわくてもいいと言ったり、孫に巨額のお金をやったり。

ク$_{62}$　僕には大叔父さんが高級グローブ買ってくれたりするのです。そしたら、僕は野球が下手なのにそんな良いもの持って、と冷やかされたりしていやだった。そんなことがよくありました。

カ$_{63}$　それはあなたのためではないね。

ク$_{63}$　ユニフォームもしかりで。

カ$_{64}$　お父さんと大叔父さんのエディプス葛藤の所産みたいだね。

ク$_{64}$　考えもしませんでしたが、確かにそうですね。

カ$_{65}$　だけど、あなたはそういう葛藤を生にぶつけられていないね。シェルターで保護されていたのは確かだね。保護されていなかったなら、むちゃくちゃにやられていたのと違うかなあ？　こういう形でなくて、正真正銘のクライエントとして私と会っていたかもしれないね。

ク$_{65}$　そうですね。〈沈黙45秒〉父親の話も聞かないと公平ではないですね。

カ$_{66}$　だから、おばあさんと大叔父さんにお母さんが取り込まれていたら、お父さんの女性関係が複雑になるよね。良い悪いは別にして。

ク$_{66}$　少し父親の気持ちがわかります。

カ$_{67}$　それからお母さんが性的なものに潔癖だというのも、お父さんのことでの反動が大きいと思うけれど。同時に家のインセスト的な雰囲気があると、性的な関係はないんだ！とか、潔癖だ！ということを強調しないとね。普通だと祖父とは呼ばせないよ。おじさんと呼びなさい、となるね。だから他人が見ると夫婦だと思える。もし、インセストがあったら泥沼になる。お母さんは耐えられなかったかもしれないね。〈沈黙１分55秒〉

ク$_{67}$　今さっき言ったのと違うレベルで、父親の気持ちがわかりました。父親はボーダーラインではないと確信しました。

カ$_{68}$　だからお母さんも巻き込まれざるをえなかったところがある。

ク$_{68}$　はい。もしそうでなかったら、ひょっとしてうまくいっていたかもしれません。離婚のとき、僕に意見を聞いてきたこともそうだと思うのです。まだやり直せる、やり直したい気持ちが残っていたのではないかと思います。〈沈黙55秒〉

カ$_{69}$　あなたはそういう意味では、〇〇家の当主の役割もあるし、イノセントの孫の役割もあるし、母の息子の役割もあるし、夫の代理もあるし、いっぱい役割をもたされてきた。これでは行動できないね。自分が行動したら、あちこちに作用するから。〈沈黙22秒〉それでも自分の人生のためには、できるところから行動しないと。どこからできるか、二人で考えましょう。今日はこのへんで。

ク$_{69}$　ありがとうございました。

個人面接（12回目）を受けて

今回の面接は本当にすごかった。後半は次から次へと洞察が入っていく。こんなに疑問が解けるとは、ここまでのまさに総決算という感じである。今後ちょっと休憩などということはしたくない。１秒とも無駄にしたくない、というのが本音である。なにしろ夏休みに走り回っていたように、思いきり走り続けたい。少しでも前に前に進みたい。もうとどまっていることはできないのであるから。

現実の世界では、どうしても論文を書き直すことができずに、ご迷惑をおかけしたということ。全体のエネルギーは落ちていたと思われるが、ここへきて開き直りつつある。もうケースをやってやってやりまくろうと思っている。意地になっているところもあるし、倒れるまで考えずにガンガンやりたい。リズムをつかむまでは少しかかるかもしれない。10年ぶりの変容のための大きなチャンスがきたと思う。

カウンセラーの印象とコメント

今回で最初の課題が終了した。それは母親や他の人の目ではなく、自分の目で物事を見ること、特に複雑な家族の歴史を、自分の目で客観的に見直す作業であった。過去帳を夜中に一人で調べる行動に着手できたときから、今回の面接は予想のつくものであった。

自分の人生で、家族の要因が影響するのは３代にわたると言われている。クライエントからすれば、３代前の祖母は、自ら自分の人生は小説になるぐらい波瀾に富んでいると言っている。今回は具体的な祖母の話はまだ闇の中ではあるが、それを聞かなくてもよいような展開になった。

クライエントは面接を、ご先祖さんの存在が実感として沸きあがってきたとの叙述から始めている。これはクライエントが家族のつながりの影響を今回の面接で明確にしたい覚悟と希望を示しているのである。次いで、自分が母の目を通してしか家族を見ていなかったこと、叔母や叔父に助けを求めなかったことが語られる。叔父や叔母にアプローチし、客観的なデータを得たい気持ちが沸き起こっている。

カウンセラーは家族のダイナミックスを明らかにするクライエントの準備性が、今や整ったことを知った。カウンセラーは具体的な生活の実態を明らかにしながら、矛盾点をクライエントに事実として示し、クライエントにそれを考えさせる手法をとる。

クライエントの父は婿養子でもないのに、配偶者の家族の家計の面倒を全部みている。母親の実家は裕福な大叔父（祖母の兄、クライエントは祖父と呼んでいた）に支えられているのにである。大叔父の結婚生活や実家とのつながりも不可思議で、祖母とは精神的にインセストを疑うような仲にある。大叔父は母親を娘のようにかわいがり、父とはエディプス的な関係にある。クライエントに対する破格のお年玉やおもちゃにそれが現れている。クライエントだけがイノセントである存在として、庇護のシェルターに保護されていた。みんなにかわいがられ、甘やかされ、おとなのドロドロした世界に目を向けないようにされていた。両親が離婚後もこの傾向は継続され、クライエントは母親の目を通してのみ現実の世界を見ていたようである。もし、クライエントが庇護されずに、これほどのおとなの世界の葛藤の渦に巻き込まれていたら、おそらく彼の精神的健康が今まで保たれなかったのではないかと想像される。人間の防衛機制はある意味ですばらしいと言えよう。

防衛機制がクライエントを守った一面は評価できたとしても、これからは今までのようには生きてはいけない。クライエントは35歳である。子どもの時代の保護は、子ども時代の衣服のように、クライエントの身体に合わなくなっている。今まででも、クライエントの中の攻撃性や弱者に対する思い入れの強さに、防衛機制を破る萌芽が現れていたが、それは防空壕の中で現実を知らされなかったクライエントのいら立ちであり、イノセントにしておかれた彼の自己への思いの投影のような気がしている。今回の面接が、クライエントの攻撃性から出発していることを読者は記憶されていると思うが、ここにカウンセリングの突破口や防衛の破綻がうかがえるのである。カウンセリングにおいて、初回面接のたいせつさがおわかりいただけたと思う。

クライエントは父親のみが変なのではなく、家族のダイナミックスの上でそうならざるをえなかったことを実感した。男子にとって、父親を境界例としか思えないことが、どれほど大変なことかを知っておられる方なら、今回でそれがなくなった意味の大きさがおわかりいただけると思う。

いよいよ来週からカウンセリングは第2段階に入る。第2段階は行動の段階であり、抵抗の段階である。クライエントは自分の視座に立って、自己の内的世界の再構築を求めて行動するときである。行動ができて初めて世界は変わる。行動はクライエントのみならず家族に影響を及ぼす。カウンセラーは全体に注意を払いながら、クライエントの抵抗をどのように排除していくかに配慮がいる。いよいよ正念場である。

第13セッション 「自分がよくわからなくなりました」

【平成X年10月18日】

カ$_1$　どうですか。

ク$_1$　今朝も1時間しか寝られなかったのです。昨夜は7時間ぐらい寝て、その前は3日間で5時間ぐらい。6日間で13時間ぐらいしか寝ていないのです。

カ$_{2}$　お昼寝もなしに？

ク$_{2}$　昼はうたた寝をしています。

カ$_{3}$　それはしていますか。興奮状態でまったく寝られないという感じではない？

ク$_{3}$　ないですね。ウツラウツラしたから横になったのですけど、全然寝られなくて。

カ$_{4}$　相当心が動いているのかな？

ク$_{4}$　うーん。昨日の寝られなかった原因は、クリニックで研究会があって、それから飲みに行って、そのときはウツラウツラしていたのですけれど。そのうちに知らないうちに寝たりしてました。かっこが悪かったのですけれど。(笑)

カ$_{5}$　寝ていることは寝ているのだね。

ク$_{5}$　どこかで寝ていると思います。〈沈黙20秒〉昨日は祖母の誕生日だったのです。90歳です。この頃、祖母にも母親にも全然Tパターンができていないと思うのです。何か母親が言いそうになったら、2階の自分の部屋に上がってしゃべらないのです。議論はしないと思いますが、うっとうしいので。今また、うっとうしくなってきましたので。

カ$_{6}$　どんなことを言いたくなるのですか。

ク$_{6}$　言いたくなるより言われるのがいやなんです。

カ$_{7}$　なるほど。お風呂に入れとか。

ク$_{7}$　そうです。母親ノート法を家でつける前の状態に近いと思うのです。言われることに腹が立ってくるし。

カ$_{8}$　親に言われるのがいやで2階へ上がるというのは、思春期のパターンだね。

ク$_{8}$　ええ、そうかもしれませんが、ノートを始めた頃の感じに似でいる思うのです。(間) 自分の中でおかしい気がするから、腹が立ってくるのかと思うのです。

カ$_{9}$　どなり返すには、こっちがちょっとおとなだし。

ク$_{9}$　どなり返す気にもならないし。一度「うん」とか、「そうやね」と言えていたことがあるから、それで腹を立てることはないのですが、気分が悪くなって。〈沈黙18秒〉今はちょっと放っておいてほしいのです。

カ$_{10}$　(間) 事務所へ逃げることを考えないのですか。

ク$_{10}$　そうですね。今日も行きたいのですが、ものが揃っていないので。

カ$_{11}$　自分で揃えていないのだね。

ク$_{11}$　自分では揃えてないのです。レポート書く道具は家に置いたままですし、机もないし。自分で揃えていないと思うのです。今は行った方がいいと思いますが…。

カ$_{12}$　親御さんにも安心できるような理由づけができるでしょう。事務所へ行くのは。子どもが遠くの大学に入って下宿するというようなもので。

ク$_{12}$　事務所に道具を置けばいいのですね。どこか…。

カ$_{13}$　お母さんやおばあさんが納得する理由はいろいろあるでしょう。あまり寂しがられたら帰ったらいいし。今、言いかけたことがあったでしょう。

ク$_{13}$　所見を書くとか、本がないとかがあって、事務所にいる時間は長くないし、そこで書けない感じもあるのです。いくらうるさく言われても、家の方が落ち着く部分が自分の中にあるのかもしれません。だから道具も置いていないのかと思います。

カ$_{14}$　今話している途中で、にやりとしたのはどうですか。

ク$_{14}$　うーん。やはり家にいたいのかと思いました。

カ$_{15}$　基本的に家からの離れがたさがあなたにある。

ク$_{15}$　はい。家の構造もあると思います。誰も入ってこないような自分の部屋になっていたら、いいのかもしれません。今の状態では、いつどんなときに母が上がってくるかわかりません。それだけでもうるさいのです。

カ$_{16}$　そういう構造にしたとしても、よけいにお母さんは入ってこられるのではないかなあ。いまさら変更したら。

ク$_{16}$　そうかもしれません。

カ$_{17}$　子供部屋の扉を閉めたら、親は開けたくなるものだから。

ク$_{17}$　（間）やっぱり、事務所がいいですね。

カ$_{18}$　理屈としてはね。理屈どおりに自分が行動しないときは、別の理屈が心の中にあるのと違うかなあ。あなたが家に居たいみたいな。

ク$_{18}$　家に居たいのですか？　楽だというのはありますが。しかし、それは3番目か4番目の理由みたいですね。（笑）

カ$_{19}$　でしょう？　話していて。（笑）

ク$_{19}$　楽なところのメリットは感じますが、他はあまり…。

カ$_{20}$　もしあなたが楽で、仕事ができたら、この夏休み中わざわざ大学へ来る必要はなかったものね。〈沈黙15秒〉

ク$_{20}$　家も事務所も楽ではないような気がします。事務所では一人になれますが。

カ21　一人になったら寂しすぎますか。

ク21　うーん。そうですねえ。〈沈黙16秒〉寂しいのかもしれません。あんなに言われても家にいるのは。（間）やはり、一人は寂しいのです。学校に来ていても、休み中は人気がないし。〈沈黙53秒〉親のようにべたべたしないで、適度に距離がもて、話せるような感じの人がほしいのかもしれません。（そうだね）〈沈黙２分53秒〉先週の面接の後で思ったのは、自分の中に欲深いところがあって、もっともっとやりたいところがあるのです。先週面接が終わって、焦りがあったのです。はっきりした部分があるのに、もっとやりたいって。

カ22　そうでしょう。（間）これまでは、過去から引きずってきたものを整理したという感じですものね。新たに整理した上に、何を植えるかが今からだもの。〈沈黙28秒〉あなたは寂しくなったときでも、子どものように守られている感じはあったと僕は思う。しかし、ある年齢から後は、保護されて寂しさを解消するのではなくて、独立した人格としての個人と個人の関係で、相手をつくっていかなくてはならなくなる。愛される喜びの時代から愛する喜びへの転換点ってあるでしょう。〈沈黙46秒〉この転換点を支えるものは、徹底的に一人になることができる感覚です。それができないと子どもから抜けられないね。〈沈黙３分30秒〉今、あなたの呼吸が早いね。

ク22　早いですか。（うん）〈沈黙30秒〉

カ23　じっくり呼吸できるようになれたらね。

ク23　落ち着きがないのですね。（間）どっしりとできない部分があるというか。〈沈黙15秒〉ケースのときもそれを感じます。〈沈黙22秒〉

カ24　孤独はいやだけど、独居を楽しめるようにならない。独居して、孤独にならず。〈沈黙３分15秒〉

ク24　話は全然変わってしまうかもしれませんが、一つ思っているのは、自分のコミュニケーションの下手さです。思っていることがうまく伝わらない感じというか。（間）客観的に見たら、自分はわかりにくい人間だろうと思うのです。5、6年前になりますか、先生から君は理解してもらうのがむずかしい人だと言われたことがあるのです。自分の中にその課題があると思いながら、ずっときていたのです。自分の性格特性は内向、感覚、感情だと思うのです。これでは伝わりにくいだろうと。自分がつかんでいる感じには、人にコミュニケートしにくい部分があるのではと…。それと思考機能が弱いと思うのです。自分の感じたことを論理的に述べるのが弱いし苦手だし。(間) わかったことが相手に伝わらないので、コミュニケーションに関して自信がなくなるのです。だから、自分の考えとか意見が言いにくいのです。自信がないから人に合わせてしまうところがあるように思います。

カ$_{25}$　不本意に？

ク$_{25}$　不本意にです。

カ$_{26}$　今、「わかってもらえないって」という言い方をしたでしょう？（はい）「僕はわかってもらいにくい人だ」といって何か感じません？

ク$_{26}$　受身的なところがあり、他人に依存してる部分が強いと思うのです。わかってもらえるための努力をしているかどうか、ということもあるし。

カ$_{27}$　自分は少しわかってもらうための努力をする必要はあるが、自信がなかったり、なかなか思ってることをうまく言えなかったり、と言われた。しかし、「わかる」とか「わかってもらう」とかというのはどういうことだと思う？〈沈黙２分〉

ク$_{27}$　よくわからないのですが、今思ったのはわかってもらえるように説明する。

カ$_{28}$　それはそうだと思うが。あなたは、僕はわかってもらいにくい、と言っている。役割りを逆転して言いましょう。「僕は、あなたにわかってもらいにくい。あなたにわかってほしい」というときの僕は、あなたをわかっているのだろうか？

ク$_{28}$　(間) それがわかっていないのですね。

カ$_{29}$　わかってくれ、わかってくれ、わかってくれ、というときの私は何でしょう？〈沈黙３分55秒〉

ク$_{29}$　わかってくれと自分で思っているときは、相手の話していることをちゃんと聞けていないときだと思います。そうなのに、自分の言っていることは正しいし、わかってもらいたいし、自分をよく思ってほしい気持ちがある。

カ$_{30}$　そうだと思うのですよ。

ク$_{30}$　でもまだ、わからないのです。

カ$_{31}$　お父さんが子どもをわかるのか、子どもがお父さんをわかるのか。〈沈黙30秒〉そこは年齢とともに変わると思いません？〈沈黙28秒〉

ク$_{31}$　どうしてその話が出たのか、今わかっていないのです。(そうだろうね)〈沈黙32秒〉

カ$_{32}$　あなたが、子どもとして親に関わるのか、おとなとして親に関わるのというのが今の問題でしょう。あなたの中心のテーマに結びついているように僕は感じてるから、今言っているのですが。〈沈黙20秒〉

ク$_{32}$　これがわかることをカウンセリングでしなければと思いました。〈沈黙15秒〉僕自身がわかってくれ、わかってくれ、としているのかなって？

カ$_{33}$　そこまではしてない感じ？

ク$_{33}$　いや、近いとは思います。

カ$_{34}$　わかるということね。〈沈黙45秒〉

ク$_{34}$　ここのところは、ずっと持ってきたと思います。

カ$_{35}$　事務所へ行けないのも落ち着けないのも、みんな関係してると思うよ。

ク$_{35}$　事務所にまでは今のところまだつながってないです。（笑）

カ$_{36}$　彼女が僕をわかってくれないと思ってる間は、対等の付き合いはできない。僕をわからない彼女をわかれば、付き合えるのだけれど。（間）課題にしておきましょ。今日は時間なので。

ク$_{36}$　ありがとうございました。

個人面接（13回目）を受けて

前回の面接がびしびしと洞察が入ったことを考えると、今回の面接においては、えっ、なぜそんな話が出てくるのですか、と思うことがいっぱいで、何のことかわからないことでいっぱいだった。

これまでの面接に対しては、あまりにも家族のことや先祖のことばかりしゃべっていて、自分のことはあまりしゃべっていないという思いが強かった。そこが自分では心配で、自分自身の防衛からしゃべられていないのでは、という不安があった。そして、今回の前半では、何か1回休んでいるのじゃないかという不安にかられていた。意識では進みたい、しかし進みたくないという思いもどこかにもっているから休んでしまったと思う。しかしそうではなく、基礎ができて上部構造に移ってきたなというのが、面接終了後の感想である。

前回の面接終了後、クリニックでケース研究会があった。そのケースの家族の問題点についてはすぐにわかった。もし、私が登校拒否のような主訴で問題を起こしていたとして、それを今の私が客観的に他人のケースとして見たならば、徹底的にその家族構成を考えるから、きっと祖母と大叔父さんの同居について大きな疑問をもつだろうと思う。その私に、このように自分を客観的に見られない盲点というものがある。だから面接においても、どこでどのような逆転移を起こしているかわからないとも思う。自分のことはわからないなというのを実感した面接であった。

カウンセラーの印象とコメント

今回の面接の特徴は沈黙の多いことと、簡単なことだが、自分に関係していることについてはわからなくなることである。エンカウンター・グループでよく起こることで、話している本人だけが気づかず、他のメンバーには自明のことがあり、そのときにメンバーがフラストレートし、イライラしたり、早く気づかせようと焦ったりする。これが当のメンバーを傷つけたり、よけいにわからなくさせたりする。カウンセラーは、人間は自分のことになると見えないものだと認識し、決して焦らないことである。

クライエントは前回に家族のダイナミックスがわかったので、今までどおりの自分ではいられなくなってきている。そのため不眠が続く。母親や祖母の過保護に対する反発が出てきている。一人になりたい、かまわないでほしいと言いながら、一人になれる場所をもっているにもかかわらず、そこへも落ち着いて行くことができない。シェルターの居心地のよさを放棄できず、おとなの目やおとなとして親に対処しなければならないのに、子どもの目、子どもの心、親に依存する態度が抜けきれない。カウンセラーが子どもからおとなになるときの物事に対処する心の構え方を、具体的な例を挙げながら話を進めても、クライエントは頭でわかるというわりにはわかっていない。矛盾点を突かれると、父と大叔父、祖母と大叔父のときにはすぐにその矛盾に気づいたのに、今回は自分がからんでいるので了解できないでいる。

カウンセラーはクライエントが変化するための方向性を示しては、待つ態度に出ている。もう数回このような面接がつづくことが予想される。人間は誰でもそう簡単には変われないものなのである。

第14セッション　「シャツ事件」

【平成X年10月25日】

カ$_1$　どうですか。

ク$_1$　先週のカウンセリングの後で、左の鼻がつまって。かぜぎみだったんです。ケース記録を書き始めたら、横にならないと書けないのです。そういう生活がつづいています。

カ$_{2}$　今週ね。

ク$_{2}$　よく寝ました。（そうですか）今日までは家へ帰って３時間ぐらい寝て、風呂に入って、起きて、また寝てと合計で６時間は寝たんです。〈沈黙32秒〉先週は上の構造物をつくるところへ入った、と自分も思ったんです。今日のカウンセリングも、そこへ入らないといけないのではないか、との思いがあります。だけど、それがどこであるのか、前のつづきもよくわからなくて、この時間は何が自分の中から出てくるのか、ちょっと心配なのです。

カ$_{3}$　心配ですか。

ク$_{3}$　ええ、少しですが。

カ$_{4}$　何が出てくるのかが心配になったのは、初めてではないですか？

ク$_{4}$　そうですね。〈沈黙22秒〉先週はわかっていないことが、何だかわからなくて。そのあいだの１週間、その後のスーパーヴィジョンでも、なんだかわからなくて。

カ$_{5}$　わかりましたか？

ク$_{5}$　朝のスーパーヴィジョンにもそういうことがありましたし、わかったのは頭でだけで、一部分だと思います。だから実感としてはまだわいてきていません。〈沈黙27秒〉先週考えてたことは、スーパーヴィジョンのときもそうですが、自分の弱さが出るといわれるところで、ドキッとするんです。本当に弱い部分が自分の中にあると思って、それをどうして強化しようかとこの１週間ずっと思ってきたのです。たとえば、僕はこういうところがあるなーと思うのは、嫌われることに対して恐れていると自分で思うのです。この２～３週間、ちょっとマニックになったときから変わってきたのです。昼御飯を食べているときもあまりしゃべれないのです。この２年半ぐらい、しゃべるのはしゃべってましたが、自由に言えていない感じがしていました。研究室でも他でも。そういうところが前から自分のなかにあったのではないかと思いました。

カ$_{6}$　最近わかってきたのですか？

ク$_{6}$　この２、３週間、自分の中で変わったのかもしれません。外に出ている部分はそれほど変わっていないのかもしれませんけれど。自分ではしゃべれなかったのです。

カ$_{7}$　それが少し自由にしゃべれるような感じがしてきたのですか？

ク$_{7}$　ええ。感じとして少しあるのです。〈沈黙16秒〉

カ$_{8}$　ちょっと強くなったのか、との思いもあるんですか？

ク$_{8}$　強くなった思いはあまり…。

カ$_{9}$　それはない。

ク$_{9}$　強さっていうことでは、ちょっと抽象的な話ですが、たとえば、10人メンバーがいて、5人を選ばなければならないとすると、僕は選ばれる方ではなく、はずされる方の気持ちになるのです。もっと極端な場合だと、8人選ばれて、2人しか落とされないようなときでも、その2人の方の気持ちになるのです。

カ$_{10}$　駄目な方の気持ちになってしまう。

ク$_{10}$　ええ、そっちが気になるのです。なぜかと思うのですが。たとえば、8人のなかにいつも選ばれる人だったら、おそらく何も考えないのではないかと。自分が選ばれるのが普通である感じでいけるところがあるのじゃないかと。僕は選ばれるのじゃなくて、忘れられたりする不安がいつも自分の中にあるのではと。それが自信のなさともつながっている。問題になるのは、選ばれる側にいるときではなくて、何か任されたときに、8人を自分が選ぶ立場になると、2人を切りにくくなると思うのです。

カ$_{11}$　自分がリーダーになったときに。

ク$_{11}$　はい。そのときに、しんどくなるのは自分の弱さだと思ったのです。いつも自分が少数派になるのでは、という不安をもってきたのだと思いました。

カ$_{12}$　自分が少数派の道を歩いてきたような感じですか？

ク$_{12}$　はい。その中で強がったり、がんばったりしていましたが。でも、自分は多数派に入りたかったが、逃げていたのかもしれないと。それが自我の強さとどう関係するのかはわからないのですが。割り切れなさが自分の今までの生き方や状況からきているのではと思いました。気に病んでもしかたがないことを気に病んでいるようなところがあるようにも思います。〈沈黙27秒〉小さいことを悩んでもしかたがないとの思いもあって、自分が歯がゆくて、自分に腹が立ってくることがあるのです。自我が弱いと思うところもありますし。

カ$_{13}$　なんだか理屈っぽいね。

ク$_{13}$　理屈っぽいですね。〈沈黙3分18秒〉具体的な話を思い出そうとしているのです。自我が弱いといわれたところの話を思い出そうとしているんです。一つ思い出したのは、クライエントから「先生のおかげです」と言われたときに、「いえいえ」というような返事をするときがあるでしょう。そんなことしか今は頭に浮かばないのです。

カ$_{14}$　関係念慮のようなものが起こるときはどうですか？

ク$_{14}$　関係念慮になるときですか？〈沈黙27秒〉一つはわかっているのです。もう一つ考えてやろうと思って。(笑)

カ$_{15}$　うん、わかってるのは。

ク$_{15}$　関係念慮が起こるのは、恋愛がらみのときです。そのときでもいろいろな形で出ると思うのですが。(間) 恋愛と言いましたけれど、具体的なことはあまりなかったのです。ただ自分がそんなふうに思ってたというか。

カ$_{16}$　自分で思っていただけですか。

ク$_{16}$　恋愛に関することがいちばん大きいと思っていたのですが。

カ$_{17}$　それはお母さんにじゃまをされる、という被害感みたいなのと違うのでは？

ク$_{17}$　ああ、そうかもしれません。

カ$_{18}$　日本人だったら「先生のおかげです」ぐらいは言うじゃないですか。自我の弱さの問題だと、関係念慮をいちばん先にあなたが問題にしてもいいと思っていた。

ク$_{18}$　あっそうですね。なぜ起こるのか。ああいう思いをなぜするのか。

カ$_{19}$　うん。そうそう。思い込みをなぜするのか？

ク$_{19}$　本人には全然わからないのですね。

カ$_{20}$　そりゃわからない。わかったら思い込みと違うから。

ク$_{20}$　ええ。ところがチェックすれば、自分の思い込みだったということがあるのです。

カ$_{21}$　それがよくあると言っていたね。

ク$_{21}$　はい、結構あります。小さいことも多いのですが。たとえば、コーヒー豆を買いに行ったとき、特価の日があると言われたと思ったのですが、その人は言った覚えが全然ないのです。

カ$_{22}$　それは単なる記憶違いとは違うのだね。

ク$_{22}$　違います。はっきりとその日がこうだ、と聞いたと思っているのです。完全に思い込んでいるのです。

カ$_{23}$　火曜日が特価日だと思って、実は水曜日だったというのが思い違いだからね。

ク$_{23}$　そうではないのです。その人はまったくそういうことを言っていないと言うし、その場にいた他の人もそれに関して記憶がないのです。(次にクライエントは関係念慮と思っていたが、実は思い違いの例を話す)〈沈黙31秒〉

カ$_{24}$　自分は関係念慮的で、鬱的で、分裂病的で、お父さんはボーダーライン的でというのは、そのように思い込みたいのかなあ。

ク$_{24}$　うーん。あるのかもしれません。あるような気がします。

カ$_{25}$　普通だと、それはいやなことだからね。他の人はあっても隠したいのに、あなたはそう思い込みたいのかな。そう思い込むことによって何が隠れるのかなあ？

ク$_{25}$　自分の意識でわかっている範囲では、そういうふうなものがあっても、普通に生きられてたらいちばんいいと思うのです。ふだんの自分は正常すぎて、そういう人のことがわかっていないのと違うかとの思いがあるのです。

カ$_{26}$　あまりにも健康すぎる人間が、カウンセラーになっているコンプレックスですか。そんなに正常なのですか？　健康ですか？　自分ではそう思うわけ？

ク$_{26}$　そう言われると、健康ではないのですけれど。

カ$_{27}$　いや。あなたがそのように思っているのかと。

ク$_{27}$　そういう思いはあると思います。

カ$_{28}$　すると、あなたには関係念慮があるというよりも、もっと健康なんだね。それに対するコンプレックスみたいなものが、こういう仕事をする上で駄目だという思いが、マゾ的に自分を駆り立てているような。そんな感じですか？

ク$_{28}$　意識ではそうです。

カ$_{29}$　意識では健康的なのだ。

ク$_{29}$　健康だと思うのですけれど。

カ$_{30}$　うーん。まともに健康だと思ったら駄目なの？

ク$_{30}$　その方がいいですね。何かわからなくなってますけれど。ひと言で言ったら、狂いのセンスがないと思うコンプレックスだと思うのです。自分が健康か、健康でないかは別として。

カ$_{31}$　自分は狂いのセンスを欲しているということ？

ク$_{31}$　うーん。何かちょっと違うような気もします。（笑）

カ$_{32}$　あまりピッタリきていないね。

ク$_{32}$　違いますね。今、ちょっとわかりました。先週とつながっているのです。他人をわかりたいのです。人がわからないからイライラしてくる。違うかなあ！

カ$_{33}$　まだピッタリきませんか。

ク$_{33}$　うーん。誰のことでもわかりたい。全能感をもっているように思うのです。

カ$_{34}$　全能感にあこがれるということですか

ク$_{34}$　でもないかなあ？

カ$_{35}$　また、理屈っぽくなってきたね。

ク$_{35}$　なりますね。なぜですかね。具体的な話を逃げてるような気がする。

カ$_{36}$　具体的な話を逃げてるような気がしますか？

ク$_{36}$　といっても何も出てこないし。何をしたいのか、何を言いたいのか。〈沈黙64秒〉自分でも何を言っているのかわからないのですよ。最初からずっと。（笑）

カ$_{37}$　おかしな感じでしょう。

ク$_{37}$　おかしな感じです。全然自分の言っている言葉がぴったりしないのです。なぜこんなふうになっているのかもわからないし。

カ$_{38}$　それは課題が与えられているからだろうね。

ク$_{38}$　課題ですか、新しい課題か何か。

カ$_{39}$　いや、前からの課題ですよ。課題が与えられたときにこうかなと思ったら違う、ああかなと思ったら違うときの感じと雰囲気が似てますでしょう。数学でも、何か問題が与えられて、あっちに補助線引いたり、こっちに補助線引いたり。そのときの感じと似てません？

ク$_{39}$　数学は苦手だったんです。

カ$_{40}$　また、ごまかした。

ク$_{40}$　本当に苦手なところに入っているのかもしれません。

カ$_{41}$　理屈を言った。（笑）

ク$_{41}$　〈沈黙57秒〉頭の中に何もないのです。

カ$_{42}$　うん。空白なんだね。

ク$_{42}$　何もないのです。なぜかな。

カ$_{43}$　空白に沈潜できますか？　空白だ、空白だと言うけれど、あなたは空白を見ていないね。今、空白を見れるかな、落ち着いて。

ク$_{43}$　頭の中に、イメージとして線だけがあるのです

カ$_{44}$　どういう線？

ク$_{44}$　こういう線です。（曲線を描く）

カ$_{45}$　二次曲線みたいなのが。

ク$_{45}$　それが金属か何かでできていて、鉄板じゃなくて、アルミニウムのこう

いうのが頭の中に今あるのです。

カ46　ガチッとかぶってる。

ク46　いいえ。何か頭の中に、何かそういうのがあるというイメージしかないのです。

カ47　ああ。浮かんでいるのね。鉄かぶとではなくて。

ク47　鉄かぶとじゃない。イメージだけです。脳の中にそういうのがあるというようなイメージです。

カ48　脳の中に、アルミ線。

ク48　膜が。

カ49　膜がね。相当な膜だね。脳の中にアルミ線のこんな膜がかぶっていたら。

ク49　ロックしているのですかね。

カ50　それはわからない。ロックしてるというとまた理屈になるでしょう。

ク50　そうですね。知的防衛だと思いながら言ってました。〈沈黙36秒〉今、感情的に出てきたのは、母親に対する腹立ちがこの頃家で多いということが。今朝も着るシャツがなかったのです。昔はこれを着なさいと言われていたシャツがあったのですが。

カ51　今朝はシャツが用意されていなかった。

ク51　用意されていないというより、なくなったんです。

カ52　なくなった？

ク52　いつもこれを着なさいとて言われていたシャツがあって。それを僕は嫌いだったのです。だけど、みんなクリーニングに出していて、何も着るものがなかったんです。襟は汚れているし。いつもは、これを着なさい、というのを出していたのに。今朝は、僕がシャツはないかな、と言うと、ないと言うのです。何か不思議な感じがして。それでメチャメチャ怒ったわけではないのですけれど、えらい勝手だと思って。ふだんは着なさいと言いながら、今朝はないのです。いつもこんなのがあればいい、と思うときにはいつもなくて。（あればいいときに）母親はいつもそういう感じかと思いました。この2、3日ですけれど。怒ったといっても、イライラして母親に当たることはないのですが。小さいことだけど、不思議だと思って探したのです。僕も探したし、母も探してくれたみたいですが、なかったのです。

カ53　いやなシャツがお母さんからも、あなたからも消えてしまって、これ幸い。すごいコンステレーションが働いてるとは思えなかった？

ク53　そう思えたら、きっとこの問題は乗り越えているのだろうと。

カ$_{54}$　そうだね。

ク$_{54}$　僕がそんなにいやだったシャツを、どうしてなくなったからといって、自分で探さないといけないのかに引っ掛かって。

カ$_{55}$　そうそう。どうしてだろう？

ク$_{55}$　やはりそこを乗り越えていないのですね。

カ$_{56}$　そうそう、そうだよ。

ク$_{56}$　着るシャツがなかったのですが、母親に言われたところを探すとあったので、それを今日はけっきょく着てきました。

カ$_{57}$　自分では探さなかった？

ク$_{57}$　ええ。何と駄目なやつだなあと。（二人、笑）

カ$_{58}$　どちらも変なのでしょうね。

ク$_{58}$　駄目なやつだと自分では思いました。

カ$_{59}$　うーん。どうしてそうなるのかなあ？

ク$_{59}$　やはり自分でやらないのです。ほんとに自分は子どもだなあと思うのですが。

カ$_{60}$　子どもだけなのかなあ？（クライエント含み笑い）

ク$_{60}$　〈沈黙21秒〉他にありますか、と先生に聞こうと思ったのが、自分でおかしかった。

カ$_{61}$　僕に問いたかったわけ？

ク$_{61}$　（笑）自分がカウンセラーとしての応答ばっかり出てくる。（笑）

カ$_{62}$　別に聞いてもらってもいいよ。

ク$_{62}$　聞いて、答えてもらっても駄目だ、とはわかっているから。（笑）だけど、カウンセリングを自分が受けているのに、そのような言葉が出てくるのが面白いと思っただけなのですけど。

カ$_{63}$　態度で、またどこかはぐらかしたね。

ク$_{63}$　逃げまくってますね。

カ$_{64}$　逃げまくってますね。

ク$_{64}$　なぜでしょう。

カ$_{65}$　なぜでしょうか？

ク$_{65}$　うーん。何か小さいことみたいだけれど、そうでもないみたいな気がしますし。

カ$_{66}$　そうだね。小さなことだったらこれほど逃げまくらなくてもいいものね。

ク$_{66}$　うーん。なぜこんなに逃げるのだろか？　いやなことなのでしょうね。

カ$_{67}$　そうでしょう。シャツを探すぐらいなら何でもないことだけれど。それをこれだけ考えるのだから。

ク$_{67}$　〈沈黙45秒〉先週もわかりませんでしたけど、今週も全然わかりません。〈沈黙15秒〉

カ$_{68}$　だんだん本物のクライエントを味わえると思いませんか？

ク$_{68}$　自分が何を言っているのかわからないのはつらいものですね。

カ$_{69}$　つらいでしょう。何かがあるのはわかるでしょう。どこかにあるのは。しかし、わからない。そこがつらいのです。

ク$_{69}$　〈沈黙63秒〉何かいろいろな悩みがあるのに、今は何もない感じなのです。

カ$_{70}$　完全に抑圧下におかれている。あるいは、もうそれらはみんななくなったわけ？　そうではないよね。なくなってはいないよね。

ク$_{70}$　しっかり、しまってあるのですね。（そうね）抽象的な話はわからないし。（笑）具体的なシャツの話もわからないし。（溜息）〈沈黙69秒〉

カ$_{71}$　（せき）

ク$_{71}$　（笑）先生が身体で。

カ$_{72}$　狐がついてきた、コンコン、コンコン。（せき）僕の喉にねばっこい痰がからんでいるね。

ク$_{72}$　しぶといですね。

カ$_{73}$　かぜだと思うけれど。（笑）

ク$_{73}$　鼻が通ってきました、先生、そっちへうつったかもしれません。

カ$_{74}$　鼻が通ってきた？　僕はつまってきた。（笑）

ク$_{74}$　楽になりました。

カ$_{75}$　今日はこのへんで。

個人面接（14回目）を受けて

今週もさっぱりわからないというのが正直な感想である。ただ、考えているよりも、母親の支配というものが巧妙で、私自身の見方というものをどれだけできないでいたか、を少しずつ実感してきている。今、ふと叔父夫婦が昔に言った言葉が頭に浮かぶ。それはものを捨てられずにいて、家の中がいらないもので狭く汚くなっている状態を見て、私に同情をこめて、もっときれいにしたいよね、と言っていたと思う。はっきり覚えていないが、そんな言葉が浮かぶ。この頃何か、この家を呪縛のように感じ始めている。まったく整理する能力に欠けていると思う。母はもちろん祖母もひどいものである。大叔父さんが亡くなった日、葬儀委員長をしてくれた人でもあるが、その人も家のなかの片づかなさに驚いていた。私は今も友人を自宅に呼べない。来てもらうとなると、前の日から大掃除である。だから、泊まってもらうことなど決してない。私の人生のなかで自宅に人が泊まったのは、たった１回きりで、しかも外国人で、私のゴスペル仲間の一人きりである。私は友だちにも泊まってもらいたいし、もっと家に遊びにきてもらいたかった。そんなこともすっかり意識から消えてしまっているのは怖い。

今回の面接は、自分で言っていて、こんなことをしたいのではない、と思いつつ、何も出てこなくて、ほんとうに頭の中が空っぽになってしまっていた。今、今回の面接を終えて、家や私の結婚について、どうしても考えなくてはいけない時点にさしかかっている。母はこのままの状態でもいいだろうが、私はこのままでは死んでも死ねない。なんとか私が、まともに感じられるところへもっていきたい。

最近この面接の効果として、ケースの家族関係を考えるとき、以前に比べて問題点や、変わったところによく気づくようになったと思う。ラッキー・ストライクを喫うのも無意識に選んだのだろうか。可能性はおおいにある。以前タバコを吸ったときもラークだった。どちらにしても、洋もくを選ぶということに意味がある。父がまだ輸入許可の下りていないタバコを吸っていて、警察に没収されたことを思い出した。

このまま父と同化していくのかなと思う。意識してやらないと危険であるが、この作業は必要であると思う。私もそういうタバコに手を出してはいけないのか。しかし、夢を見ない。夢にすがりたい思いもある。なんとか少しでもこの呪縛から開放されて、自分の人生を歩みたい。父親に同情を禁じえない。しかし私は父親ではない。

本当に今の自分がどうなっているのかがわからない。しかしもっともっと解体したうえで、自分の人生を組み立てていきたい気もする。もっと苦しんでもいい。自分のもっているケースに責任があるから、それがこなせる程度にもっと苦しみたいと思う。先生よろしくお願いします。

カウンセラーの印象とコメント

知的な洞察、母親や祖母のことに対する気づきは、ますますはっきりしてきた。自分の中に弱い部分があることに気づき、それを考えてきている。自分の思いを自由に話せなかったのが、マニックな経過を経て、少しだけ自由になってきている。自分がずっと少数派であったこと、小さなことを気に病む性格だったことが語られる。しかし、今回の面接を通して流れていたのは、クライエントの話し方の理屈っぽさである。知的な防衛が働いている。知的防衛によって、行動しなくてはならない部分を避けていることがうかがわれた。カウンセラーがそこを問題にすると沈黙が入る。

関係念慮が再び語られるが、明細化はなされない。クライエントは茶化したり駄洒落を言ったり、ロール・プレイのようにロールを逆転させようとしたりで、逃げまくり、避けまくっていた。それほど第2段階の課題に入るのが大変であることがわかる。

母親が勧めるシャツが気に入らないのに、シャツが用意されていないと母親に腹を立てている。その子どもっぽさをカウンセラーに指摘されても、わからない。まったく入らないのである。知的に子どもっぽいことがわかっているだけである。

クライエントは何だかわからない状況に置かれている。そして、それが自分の防衛であることには気づいている。カウンセラーは事実の確認や矛盾点を明確にしながら、この状況に付き合うことがたいせつである。じっくり付き合っていくと、クライエントにおのずと開かれていく道が、カウンセラーに見えてくるものである。

第15セッション　「叔母が語った真実」

【平成X年11月8日】

カ$_1$　どうですか。

ク$_1$　今週、叔母に会ったのです。今年の正月に会ったとき、叔母の方も話があるみたいなことを言っていたと思うので。（そうでしたね）元町でいっしょにご飯を食べたのです。切り出しは「お母さん最近どう？」というような話から始まったのです。叔母は僕のことをまだ○○坊って言うのですよ。それから、父親のことがまず聞きたかったので聞いてみましたが、知らなかったのです。

カ$_2$　どういうこと？　知らないというのは？

ク$_2$　叔母は別に住んでいたので、父親のことをそれほど知らなかったのです。いろいろ浮気はしていたらしいのですが、「あの母親だったらしかたがない」って。

カ$_{3}$　あの母親だったらしかたがない、という言い方をされた？

ク$_{3}$　しました。

カ$_{4}$　しかたがないところがお母さんにあるのだねえ。（間）やっぱりと思った？

ク$_{4}$　思いました。この面接の流れで、それはわかっていましたから。

カ$_{5}$　叔母さんは客観的に見ておられたのだね。

ク$_{5}$　なぜ客観的に見えたかというのが知りたくて、母親と、叔父・叔母は父親が違うということを知っているかどうかを確認しました。

カ$_{6}$　叔母さんは知っておられたでしょう。

ク$_{6}$　はい、知ってました。

カ$_{7}$　僕は知っておられると思う、と前に言っていたでしょう。

ク$_{7}$　そのときに先生が言われた通りだと思いました。

カ$_{8}$　なぜあなたは、叔母は知らないと断固主張したのかというところを考えないといけないと思うけれど。それは置いておいて。

ク$_{8}$　叔母に会う時点から知っていただろうと僕は思っていました。（そうですか）だから、叔母がちょっと洩らしたときに、そのことだと思ったから、知ってますと言ったら、叔母がその話をしだしました。

カ$_{9}$　それで？

ク$_{9}$　なぜ叔母が客観的に見られるかということなんです。母親の性格はわがままだと。同じ兄弟でも全然違う。経済観念も含めて。叔母は自分だけが別に引き取られて、姓も違っているのです。母親は大叔父さんの実の子どものように育てられたのです。叔父は男なので、家の名前を継ぐために引き取られたので、叔母だけが外に出されたのです。

カ$_{10}$　なるほど。叔母さんには恨みもあるね。

ク$_{10}$　はい。いつも叔母のことを冷たいというけれど、母親の性格はわがままで、自分の欲しかった赤い靴を叔母にはあげなかったりしたそうです。（なるほど）叔母が…。〈沈黙〉

カ$_{11}$　叔母さんの気持ちがとてもよくわかった。

ク$_{11}$　〈沈黙〉あっ、それで今思い出したのですが、大叔父さんと祖母の関係が仲良くなかったら、家の人間関係がもっといろいろ変わっていただろうと叔母は言ってました。思ってた通りというか。

カ$_{12}$　どんなふうに変わっていたと言っておられた？

ク$_{12}$　全体の話の中なのですが、父親があんなふうに浮気したのもしかたがない。どっちも悪いし、どちらにも原因があると言ってました。おじいさんのことはわかりませんでした。叔母の話の中にも出てこなかったのです。叔母の父親は、叔母が小学校３年のときに亡くなったそうです。

カ$_{13}$　病気で亡くなった？

ク$_{13}$　ええ、病気で亡くなったそうです。

カ$_{14}$　叔父さんと叔母さんのお父さんは病気で亡くなったが、あなたのおじいさんの方はわからないのだね。

ク$_{14}$　はい。そんな話はまったく家ではしません。僕が憤りをいちばん感じたのは、大叔父さんの嫁さんのことだったのです。祖母はその人の悪口を、派手な人だったとか、ご飯を立て膝ついて食べたとか、だらしなかったとか話していたのですが、叔母から聞くと、形は結婚だけれど、まるでお手伝いさんみたいに思っていたそうです。なぜその人を入れたのかというと、足が不自由な曾祖母のめんどうをみさせるためなのです。その人はめんどうみのよい人で、母に対しても叔母に対しても、きちんとやってくれたみたいなのです。

カ$_{15}$　叔父さん、叔母さん、お母さんにしたら、義理の叔母さんになるわけね。大叔父さんの配偶者だから。その人はちゃんとしてくれたと…。話がだいぶ違うね。

ク$_{15}$　大叔父さんの方は祖母と近くて、いっしょに住むのもおかしいと叔母とも話していたのです。それから父親が母親の家族と６人で住んでいたでしょう。大叔父さんや祖母と。それもおかしいって。僕もおかしいと思うから、二人で話してたら、意見が合うところがあり（間）不自然な感じがしました。いちばん引っ掛かったのは、なぜか知らないのですが大叔父の嫁さんだった。（間）

カ$_{16}$　離婚のいきさつは？

ク$_{16}$　大叔父さんとの離婚のいきさつは、母親が結婚するときに一方的にだったそうです。（間）

カ$_{17}$　気の毒だねえ。それで憤りを感じたんだね。（間）離婚の理由になっている「派手だ」とかは、あなたのお父さんの悪口と非常に共通点のあることに気がつきました？

ク$_{17}$　〈沈黙２分15秒〉叔母の話では母親の結婚式のときに（間）陰で見てたって…。

カ$_{18}$　かわいがった娘のようなところがあるのだね。大叔母さんにしたら。

ク$_{18}$　〈沈黙35秒〉叔母さんと真剣に話していたら隣にアベックがきて、すぐ出ていきましたね。

カ$_{19}$　時間が経つのを忘れたぐらいでしょう。

ク$_{19}$　２時間半ぐらいですか。たまに会って、しんどい話をして、叔母に悪いことをしているのかなあ、と途中で気がついて言ったら、いいよと言ってくれたけれど、叔母のぐあいが悪くならないかと思いました。いまだに赤い靴のことにしても、感情がそのままあるみたいで、昔のこととは思えませんでした。

カ$_{20}$　感情だけが生きている。あなたにしゃべられたら風化するかもしれないが、しゃべらずにもってると感情は風化しないからね。（間）おじいさんのいきさつは闇の中だね。知っているのはおばあさんだけだね。（おそらく）おばあさんは小説みたいな私の人生と言っておられたから。

ク$_{20}$　（間）それから、父親が６人で暮らすようになった背景は叔母も知っていました。母が結婚した新婚当初は別に住んでいたらしく、父は自分の叔母といっしょに住んでいて、そこへ母親が入った形になって。（間）

カ$_{21}$　あれ？　叔母さんなの？　前に愛人と言っていた人は。

ク$_{21}$　愛人かもしれないのです。叔母と言っていたそうですが。叔母はその家に１回行ったことがあるというのです。

カ$_{22}$　もし、愛人だったら叔母さんは普通は行かないね。わからないけれど。

ク$_{22}$　母を父に紹介した人がいたのです。紹介者もそれくらいはわかると思います。

カ$_{23}$　そうねえ。叔母さんだったら、年が違うし。

ク$_{23}$　まあ、よくわからないけれど、それから何かがあって、みんなで住むようになったのかもしれません。そんなところで住んでいたという父親もおかしいし。だからけんかしたりね、家にいる場がなかったのだろう、と叔母が言ってました。（間）僕が今、いちばん会いたい人は大叔父さんの嫁さんだった人です。もう亡くなっていると思いますが。

カ$_{24}$　そうね。大叔父さんの配偶者だったらね。

ク$_{24}$　父親に腹違いの子どもがいるかどうか、叔母にも聞かれたのですけれど、わからないと言いました。多分いるかもしれません。

カ$_{25}$　叔母さんもご存じなかった？

ク$_{25}$　叔母は父のことを知らないのです。いっしょに住んでいませんでしたから。

カ$_{26}$　そうだったね。誰からも情報が入らなかったのだね。叔母さんはお母さんやおばあさんとも話をしていないのだね。

ク$_{26}$　ひいばあさんは身勝手でわがままで、大叔父さんの嫁さんにも厳しかったらしいのです。

カ$_{27}$　なるほど。身勝手、わがままというのは、ひいばあさんもおばあさんもおかあさんも、みんなそうだというのが叔母さんの見方だね。

ク$_{27}$　ええ。叔母はそういう気持ちがよくわかるようです。母とも違う生き方をしてきましたので。

カ$_{28}$　なるほど。叔母さんはおいくつ？

ク$_{28}$　えっと…50中頃ですか。（間）叔父と叔母の顔は似ていて、母親は違うのです。つくづく顔を見て、叔父と叔母の鼻が似ていて、母とは性格も全然違って叔母の方は冷静でね。

カ$_{29}$　苦労しておられるのだろうね。

ク$_{29}$　叔母がいちばん苦労しているのではないですか。母は大事にされたかもしれないけれど、叔父は大事にされていない。同じ家に住んでいても。〈沈黙〉恨みつらみが残っているなあと思います。

カ$_{30}$　残っていますよ。自分の感情のもとを自分が納得しないかぎりはとれない。（間）

ク$_{30}$　叔母もいろいろ言ってました。赤い靴のこともありましたし。（間）

カ$_{31}$　赤い靴って象徴的だねえ。

ク$_{31}$　大叔父さんのはぶりがよかったから、すごいぜいたくをしていた。母は叔母がケチだというのです。叔母は皆がぜいたくに慣れきって、わがままばっかり言ってたと印象に残っているようです。今も昔と全然変わってない。経済的なことも、僕の結婚についても、どう考えているのか。自分が自立して、子どもに迷惑かけないようにするのが普通と違うかな、と叔母は思っているのです。

カ$_{32}$　おばあさんやお母さんが、あなたのためにももっとしっかりしてやらないと…という思いが、叔母さんにはあるのだね。

ク$_{32}$　叔父夫婦にも同じ思いがありますね。母親がわかっていない、と言っていました。

カ$_{33}$　（間）おばあさんにいろいろ聞いてみようと思う気持ちはありますか？

ク$_{33}$　ええ。いま。90歳に近い。

カ$_{34}$　頭はしっかりされています？

ク$_{34}$　ええ。全然ぼけてはいないです。（間）覚えているでしょうね。（間）しっかりしていますねえ。

カ$_{35}$　聞いたら急にぼけてしまうような心配がありますか？

ク$_{35}$　わかりません。たぶん自分からしたいような話ではないし。時々思い出したように、大叔父さんの嫁さんの話をポツリポツリとするぐらいで。（うーん）親戚の家に祖母と母たち兄弟３人が行ったときに、親戚の人が３人の顔を見て、２人と１人が違うって言ったんです。叔母は自分の父が母の父親と違うことを言ったらしいのです。そのときに祖母と母がすごく怒ったらしいのです。叔母は事実を言っただけで怒られたので憤慨したって、感情込めて言ってました。（間）ほんとうのことを言わせないのは、今も同じなんですよ。閉鎖的だと、そのとき叔母も僕も思いました。そのときうそをつくから、ずっとうそをつきとおさないといけないのです。叔母と意気投合して、そんな話ばかりを延々としました。（間）

カ$_{36}$　今度はあなたが、自分の自立と家をオープンにするために、何かをしなければならないね。

ク$_{36}$　〈沈黙〉叔母のところには女の子が二人いて、上は僕とおない年で結婚してます。いつも成績を比較されてたのです。下の子は 33 歳で、独身で、家にいるのです。僕はこれが仕事だから家のことを知らないといけないと思いますが、二人は知らない方がいいと思いました。知らなくても普通の家庭だから。叔母は苦労していますが。（はっはっはっ）

カ$_{37}$　33 歳で独身というのは、響いているかもしれない。女性だから。

ク$_{37}$　そうですねえ。気づかなかったなあ…また。〈沈黙〉気になるなあ。男の方がまだ気が楽かなあと思いながら…うちの母親は男のこともよく言いませんねえ。どうしてあんなに悪口が言えるのかなあ。

カ$_{38}$　お母さんが褒める人は少ないですね。

ク$_{38}$　めちゃめちゃ息子を褒めますが、それは恥ずかしいなと思っています。

カ$_{39}$　褒めるのは息子だけですか？

ク$_{39}$　息子と孫か。

カ$_{40}$　お嫁さんはけなされるねえ。

ク$_{40}$　絶対でしょう。

カ$_{41}$　おばあちゃんの世話をするために、お嫁さんを入れて…。

ク$_{41}$　とんでもない話ですね。

カ$_{42}$　下手をしたら、あなたの場合も同じ構図になる可能性があるね。

ク$_{42}$　僕が浮気してねえ。本当にそのパターンだと思ったのです。繰り返し繰り返し、うそばっかりついているから。（間）あんなにどうして他人の悪口が言えるのかと。僕のも悪口かなあ、客観的事実かなあと思いながら。

カ$_{43}$　客観的な事実と思うよ。7割ぐらいは。

ク$_{43}$　3割はやっぱり…。

カ$_{44}$　自分の思いが入っているから。

ク$_{44}$　叔母とか叔父の話を聞かないと、母親の話だけではわからなかったですね。

カ$_{45}$　叔父さんはみんなといっしょに住んでおられた期間があるから、別の観点をもっておられるかもしれないね。

ク$_{45}$　父親のことも知っているから。

カ$_{46}$　男同士だから観点が違うし。

ク$_{46}$　〈沈黙〉閉鎖的なことに関しては、大叔父さんの代からの問題があると思います。本家といろいろ問題があるのです。この前に言っていたように、お墓が大きくて、何基も建っていて、母親が毎月大叔父さんの命日に花を入れ替えようとするのですが、そのとき持って行った花じゃない新鮮な花になっているのです。（へえー）だから、遠い親戚か本家の人が、墓をみてくれているのです。親戚関係を大叔父さんの代で切ってしまっているから。向こうは先祖代々の墓だから、厚意で祭ってくれていると思うのです。考えてみれば、墓のこともおかしいし、わからない部分が多すぎます。

カ$_{47}$　ひいばあさんの時代からおかしくなっているのだね。どうも男の方が。ひいじいさんがわからないでしょう。おじいさんがわからないでしょう。お父さんもわからないね。

ク$_{47}$　（間）このままでは僕の子どもに説明できないでしょう。「父親は？」と言われたら。余裕があれば父親だけでも捜したいと思います。亡くなっているかもしれませんが。

カ$_{48}$　おばあさんがしっかりしているうちに、聞きたいことは聞きたいねえ。叔父さんにも機会があれば。叔父さんにはまだ話が聞けるねえ。

ク$_{48}$　はい。いっしょに住んでいたのも長いし。父親のことも、僕と父親の関係だから会って話したらいいと母親は言っていました。

カ$_{49}$　（間）ちょっと疲れたでしょう。

ク$_{49}$　なぜ大叔父さんの配偶者にいちばん感情が動いたのかなあ？

カ$_{50}$　大叔父さんの配偶者のイメージは、ある意味で岸壁の母とか、瞼の母の元型のようなところがあるね。娘の結婚式に、名乗れなくて窓の外から雨に打たれて見ているというふうに。日本の犠牲になる母の元型だよね。実際にみんなの世話して、母性的というとその方しかなかったのかもしれないし。

ク$_{50}$　母、祖母、ひいばあさんの流れとは対称的だから。

カ$_{51}$　彼女は女の系列からはねとばされたのだろうね。男たちは大叔母さんとお父さんが同じような非難を受けて、たとえば派手だとか言われて、その系統には入れなかったのだろうね。

ク$_{51}$　そうですね。〇〇家にユーモアがないと思うのはそうですが、僕はどちらかというと半分父親の血が混じっているところもあります。

カ$_{52}$　あなたのユーモアは、ずっこけの三枚目みたいな感じでしょう。やはりまじめタイプだもの。

ク$_{52}$　そうでないと生きていけなかったのかもしれませんね。これまでは。

カ$_{53}$　時間なので、今日はこのへんで終わりましょうか。

ク$_{53}$　ありがとうございました。

個人面接（15 回目）を受けて

今回の面接は 1 回休みという感じではあるが、ともかく現実に叔母と会ったことが大きく影響した。どうしてクライエントに対して、異常に思い入れが強くなったり、同じように分裂病のおばあさんが気になったり、ということが起こるのか。やはり私の家系に、誰か知恵遅れの人がいたようなことを聞いたことがあるような気がする。身近な母や祖母よりも、はるかに感情移入してしまうのはそのせいなのであろうか。

そのときの感情の爆発についてはすごいものがある。相手に対して感情をぶつけることは、ある意味で私の中にある支配性だと思う。怒るときはどんなときかを考えればすぐにわかる。対象はたいてい女の人か？　そしていつも冷静になると、怒るまでもないということに気がつく。後悔後悔。そして何か、純粋に腹が立つというよりも、ここでは怒らなければならないみたいな気になることがある。これはすぐに改めようと思う。私が勝ちたいから怒るということで、本当はこういうことに勝ち負けなどないのだ、ということである。こういう話は面接の最初にしていましたね。これからが楽しみである。

カウンセラーの印象とコメント

クライエントはカウンセラーからするとやっとの思いで叔母に会った。叔母との話は今までの面接で推測できていたことを確認するものであった。それでも事実の確認は感情を揺り動かすものであり、クライエントは生き生きと、カウンセラーに叔母との会合でわかったことを話している。クライエントは行動に移すのに慎重な人である。それは今までの家の歴史の重みなのか、彼自身の性格なのか、少しわかりにくいところがある。おそらく両者の重なりのなせることであろう。

家の歴史を支配したのは、ひいおばあさん、祖母、母の女性の系列であることがはっきりした。彼女らはひいおばあさんの時代から始まる心理的葛藤のために、どこか現実の感覚が薄く、わがままで、自己中心性をもっている。家から出なくて、家を外界から閉ざしておく閉鎖性をもっていた。だから、男たちは嫁をもらう形式をとりながらも、女系の家に入り婿と変わらない生活を送ることになる。大叔父も祖母（大叔父からすると妹）によって、家に取り込まれている。周囲からはインセストと間違われるような形ではあるが、本質は家に取り込まれたとみるのが本当ではないだろうか。大叔父の配偶者と叔母は、この女系の系列には属することができない性格をもっていた。父親は初めは取り込まれていたが、それではたまらない自分を感じて飛び出さざるを得なかったのであろう。叔父ももともとは姓を継ぐために家にいたのだが、やはり家から出ている。もし家に入ったならば、叔父か叔父の配偶者は、大叔父さんの配偶者と同じになるか、クライエントの父親のように家を出なければならない羽目になったであろう。興味深いことは、家から出ざるをえなかった人は現実感覚があるのに、祖母や母親からは「派手で、めちゃくちゃなところがある」と同じ非難を受けている。このカウンセラーの指摘がクライエントにもう一つピンとこなくて、入らない。それはクライエント自身、半分はまだ女系列（家）につかまえられているからであろう。そういえば、クライエントも現実感覚や金銭感覚が、どこかそれこそ現実離れしている。

13 回からの流れから見ると、今回は叔母と会うことでエネルギーが使われ、ひと休みのようである。それだけ 13 回目から始まった自分の関わる部分の変容がクライエントにとっていかに大変かがわかる。

第 16 セッション　「自分のことをするのはつらいです」

【平成 X 年 11 月 16 日】

カ$_1$　いかがですか。

ク$_1$　昨日ぐらいから気分がふっとよくなるときがあります。おかしいのですが、1969 年を思い出したのです。

カ$_2$　どういうこと？

ク$_2$　雰囲気なんです。

カ$_3$　1969 年といったら？

ク$_3$　中学 3 年の頃です。

カ$_4$　ビートルズの時代かな？

ク$_4$　もうちょっと後です。LZ ぐらいの時代です。気分はすごくよくなったのですが、叔母に会った影響で、いろいろ過去のことばかり前回はしゃべっていました。もう一つ、そのときに気づいていたことがあります。それは、自分の感情が爆発するときは、人を支配するために使ってるみたいなところがあるのかなと。（なるほど）それから、誰に対して怒っているかというと、相手が女性であることが多いのではないかと思いました。別に怒らなくてもよいのですが、自分の中に、ここで怒らなければ、との思いがあるようです。言わなくてもよいのに言ってしまうこともあると思いました。（なるほど）頭だけでわかったのかもしれませんが、感情をどういうふうに自分が使っているかがわかって、それから楽になりましたね。無理をして怒りを表現しなくてもよいと思ったのです。〈沈黙〉知恵遅れの人が家系の中にいるような気がしますが、なぜか母や祖母には聞いていませんし、昨日も話をしようと思ったのですが、できませんでした。

カ$_5$　どんなふうにブロッキングが起こりますか？　そんなとき。

ク$_5$　祖母や母にその話をすると、きっと長くなるだろうとか、急にその話に入ったら変に思うのではないかと。

カ$_6$　話が長くなると困る？

ク$_6$　長くなると僕が困ります。昨日だったら、この面接の感想文を書いていないし、夢の本も読んでいないので、それに時間をとられたらという思いがあったのです。

カ$_{7}$　一昨日だったら？

ク$_{7}$　一昨日は遅く帰ってきて。

カ$_{8}$　その前は？

ク$_{8}$　その前は、そう言われたら日曜日でもやれたわけです。（でしょう。笑）追い詰められなければできない自分があるなあ。過去帳を見たのも、夏休みが終わって面接が始まる前の日でした。（そうだね）やはり怖いところがあります。もし聞いたら、どうかなるのではと思って。

カ$_{9}$　誰が？

ク$_{9}$　祖母です。90 歳くらいだから。

カ$_{10}$　どうかなるようなことをおばあさんは言わないでしょう。

ク$_{10}$　かもしれませんね。

カ$_{11}$　言うかなあ。

ク$_{11}$　言わないですね。

カ$_{12}$　誰かがどうかなりそうなのかなあ？

ク$_{12}$　僕ですか。

カ$_{13}$　そう思います？

ク$_{13}$　あまりならないような気がします。

カ$_{14}$　今、腕組みを変えたことに気がつきました？（クライエントは腕組みというより自分を抱きしめるような格好をしている）

ク$_{14}$　はっきり気づいています。

カ$_{15}$　その腕組みのしかたは、普通の腕組みと違うでしょう。やってみてごらん。

ク$_{15}$　できない。あれ、こうですか？

カ$_{16}$　そう。それは腕組みと違うでしょう。

ク$_{16}$　うーん。

カ$_{17}$　もう一度やってみてごらん。

ク$_{17}$　こうですか？

カ$_{18}$　そう。それは自分を抱きしめているのと違う？　誰に抱きしめてもらってる？

ク$_{18}$　今ですか？〈沈黙〉誰も抱きしめてくれない。

カ$_{19}$　自分で自分を。

ク$_{19}$　はい。

カ$_{20}$　自分で自分を、なんだね。

ク$_{20}$　はい。

カ$_{21}$　行動を起こすと、自分で自分を抱きしめなければならないことが起こるかもしれない。それが怖い。恐がってるのはあなただね。

ク$_{21}$　そうです。向こうは何も知らないのですから。自分がかなわない。怖いのじゃないのですが、誰かに何かがあったら、自分がいやな思いをするのがいやなのでしょうね。その人がどうのこうのじゃなくて。

カ$_{22}$　そうね。テレビが落ちてきたこともあったから、何も起こらないとは僕も言えないけれど。あなたは最初はいろいろ起こってもたいしたことないですよ、と言っていたが、ここへきて私とあなたの気持ちが少し逆転したね。

ク$_{22}$　始まる前の意識と今ではだいぶ違うと思います。（そうね）夏休みのときは特に一つ、徹底的にやりたい意識がありました。現実は動けないものがあります。それをやるとまた過去語りみたいになるかなあ。それと関係している現在のことをやるのかな。よくわからないのです。（うーん）あと面接が５回ということも頭の中にありますし…。

カ$_{23}$　そこを聞いておかないと前へ進めないでしょう。たとえ過去語りになっても。それに今度は、過去語りになるかどうかわからない。（はい）あなたが過去語りをしようとしても、僕がそうさせないかもしれないし。なぜかというと、叔母さんとは今住んでいないから過去的になるけれど、お母さんやおばあさんとは今いっしょに住んでいるでしょう。現実の接点があるから。（そうですね）過去語りになるかもしれないが、行動しないのは誰のどのような気持ちなのでしょうね。

ク$_{23}$　僕の何かでしょう？

カ$_{24}$　影響が出るのは、あなたが行動を起こしてからですよ。

ク$_{24}$　聞いた後にですか。

カ$_{25}$　ええ。〈沈黙〉出るとしたら？

ク$_{25}$　別に出てもいいし。何を恐れていたのかな、と思いますけど。

カ$_{26}$　何を恐れているのだろうね。

ク$_{26}$　先週は帰ったときは、よし、聞こうと思ってましたが、なんとはなしに聞けませんでした。

カ$_{27}$　どうしてかなあ。どんな感じがあったのかな。聞いてはいけないと思うのは。

ク$_{27}$　〈沈黙〉すっきりしたい気持ちがあるのですけれど動けない。なぜかな。過去帳にのってた人ではっきりしない名前の人もいますし。今のままでは中途半端なので整理したい。

カ$_{28}$　そうでしょう。タイミングはあるが、聞くことはいくらでもできる。たとえば、あなたが「僕はこういう仕事をしてきて、子どもたちや親に会ってみて、自分の3代前からの家の歴史とか、自分の歴史が、今の症状に関わっていることがわかってきた。そのためには自分の歴史を整理しておかねばならない、という気がしてきた。考えてみると、自分のご先祖さんがあまりはっきりしないので聞きたくなった。お父さんもおじいさんも大叔父さんも、大叔父さんのお嫁さんのこともはっきりしないので、おばあさん話してくれませんか」と言えません？

ク$_{28}$　言えます。

カ$_{29}$　タイミングはつくろうと思ったらつくれるでしょう。何があなたを止めているのかなあ？　もちろん、止めているのに無理をしなくてもいいよ。

ク$_{29}$　今は祖母とまったく話をしていないのです。母親とはまだしゃべる時間も多いのですが。祖母は僕が帰った頃は寝ているし、挨拶ぐらいで、なるべくしゃべらないように僕がしているところがあるのと違うのかと思います。

カ$_{30}$　あなたの方がしゃべらないようにしてる？

ク$_{30}$　しゃべらないようにしてますね、僕の方が。

カ$_{31}$　じゃまくさい？　何か？

ク$_{31}$　何か知らないが、しゃべるのがじゃまくさい。

カ$_{32}$　あなたが避けているのね。

ク$_{32}$　そうかもしれません。祖母は僕がしゃべらなくても、いてくれたら安心だからということで、僕が家にいたら喜んでいるのです。（なるほど）やはり、うっとうしいのかな。

カ$_{33}$　うん、うっとうしいこともあるね。一般的には。しかし今は、聞ければうっとうしさが飛ぶことだから。〈沈黙〉もし、本当に聞く気があるのなら、だいぶ時間がかかる。なぜかというと、まず普通は自分に都合の悪いことはしゃべらないことになってるから。それに矛盾点をその場で突っ込んだらしゃべらなくなるから。ひと通り全部聞いて、3日ぐらいしてから、あそことあそこが少しわからないというように少し間をおいてあげないと。自分にとって都合の悪いところは、うまく飛ばしたりして語られない。全部聞き出そうと思ったらひと月くらいかかるよ。健康な人で。

ク$_{33}$　ひと月も。（ええ）やはり家にいるのがいやなんでしょうね。今ね。

カ$_{34}$　今、あまり家にいないのですか？

ク$_{34}$　できるかぎり、いないようにしている。

カ$_{35}$　うん、だんだんお父さんに近い行動になってきた。

ク$_{35}$　ええ。

カ$_{36}$　女性を除いて。

ク$_{36}$　そうです。〈沈黙〉似てますね。本当に父親に似てきました。

カ$_{37}$　それだったら、繰り返しになるね。

ク$_{37}$　繰り返しますね。〈沈黙〉めちゃくちゃ父に似てきたのと違うかなと、ふと思いましたが…。

カ$_{38}$　どういうところが？

ク$_{38}$　たばこを喫うようになったり。この面接が始まって、夏以降は母や祖母にすごく腹が立ってきて、家にいるのがいやになって。

カ$_{39}$　お母さんのいろいろな態度に対して？

ク$_{39}$　ええ。僕の思いというか感情が、父親のもっていたものと同じかもしれない。（なるほど）〈沈黙〉いやでいやで。

カ$_{40}$　どういういやさかな？

ク$_{40}$　まず、母のしゃべり方がしつっこいのです。祖母もそうなのです。祖母は同じことを繰り返すのじゃなくて、何と言ったらいいのですか。〈沈黙〉ずっと家にいてくれ、というのがいやですね。そういう意味のニュアンスで言われるとよけい出てゆきたくなるのです。

カ$_{41}$　おばあさんは家にいてくれ、とおっしゃるのだね。

ク$_{41}$　できるかぎり外へ出てますね。なんだかんだと理屈をつけて。〈沈黙〉

カ$_{42}$　今、何を自分に叱咤激励したいのですか？

ク$_{42}$　何かウロウロしてるなと思うのです。何か焦ってきたんです。焦ってきたのは、カウンセリングで何を言っていいかわからないからなんです。〈沈黙〉今思いついたまま言っていいですか。（もちろん）〈沈黙３分〉昨日見た夢を思い出したのです。何か、古い建物の廊下を東山先生が通られて、部屋へ入られるのですが、戸が開いているのです。見るとそこで東山先生が着替えられている夢を見たのです。旅館みたいなところかな。それとつづきなのですが、同じ建物で、そこの女将さんみたいな人にお金を払うのです。お釣りを１万円ぐらい多くもらうのです。

カ$_{43}$　お釣りが１万円ぐらい多いわけね。

ク$_{43}$　何かよくわからないのですが、まあいいか、と思って受け取るのです。それはNTTが経営している旅館なのです。その社員に僕がなっている感じで、だから安くしてもらったのかもわからないのですけれど。お釣りをたくさんもらうのですが、違うのに、まあいいかなあ、と思いながら受け取って、それから夜の街に出てゆきます。80歳か90歳ぐらいのおじいさんが自転車に乗って、元気に走っているのです。棒の立っているところを走ってくるのです。それに僕がついてゆく夢なのです。場所は以前住んでいた大阪の街です。

カ$_{44}$　あなたはたくさんお釣りもらったら、ポケットに入れる方ですか？

ク$_{44}$　いや、言う方です。

カ$_{45}$　うーん、そのときはどうしてもらってもいいという気がしたのだろう。

ク$_{45}$　いいかなって思いましたね。目覚めたとき、女将さんが知り合いではないかと、わかったような感じがあったのです。

カ$_{46}$　知り合いだったら、もらったのかなあ。

ク$_{46}$　今までだと釣りはきっちり返していたのに、もらえるものはもらえたなあと思えて、ある意味でゆったりしたところがあったのです。

カ$_{47}$　考えてみたら、何円札出したのだろうね。

ク$_{47}$　3万円ぐらい渡して、料金払って1万いくら返ってきた、そんな感じです。あ、おかしいですね、それ。ものすごくおかしいです。気がつかなかった。（笑）おかしい。夢だと思うがおかしいなあ。何千円か。それもおかしいな。普通の計算では。一つ思い出したのは、叔母にこの前会ったときに、いろんなものをもらったこと思い出したのです。〈沈黙〉ますますわからないようになってきました。〈沈黙〉おじいさんの夢もわからないのですが。久しぶりに見た夢ですけれど。

カ$_{48}$　夢で、ひと足先に本当のおじいさんに会ったみたいですか？

ク$_{48}$　あれ、そうなんですかね。ひょっとして。

カ$_{49}$　スキーの滑降か大回転を自転車でやっているようですけど。

ク$_{49}$　ええ。変なおじいさんでした。

カ$_{50}$　会ったこともないおじいさんでしょう。

ク$_{50}$　ええ。女将さんも、ひょっとして…そうですね。会いたいと思っていたから夢で会ったのですね。

カ$_{51}$　それはわからない。おじいさんは実はスキーの大回転の選手だったというのだったら、小説になるね。

ク$_{51}$　顔はわからないのですけれど、イメージはあるのです。

カ$_{52}$　夢では大阪の街が強調されているね。

ク$_{52}$　その女将さんは着物を着ていました。

カ$_{53}$　お釣り、と言って小遣いをくれた感じね。NTT未来・過去通信株式会社。

ク$_{53}$　面白いですね。そんなのが出てくるというのは。

カ$_{54}$　通信の会社だから。あなたとNTTと関係ないのでしょう。

ク$_{54}$　ないです。〈長い沈黙〉

カ$_{55}$　今ふうっと、遠くなりましたか？

ク$_{55}$　もう一度その夢を味わおうと思ったのです。顔は思い出せないのですが、女将さんの感じだけはしっかりあって。お金を渡されたからよく覚えているのです。おじいさんの方はよくわからないのですが。〈沈黙〉会えたことがうれしいのです。〈沈黙〉そう思うと、やはり祖母に聞きたくなってくる。〈沈黙〉

カ$_{56}$　もう一つは、僕が開けっ放しで着替えるような人間として、あなたの夢のなかへ登場しているね。オープンというか、不作法というか。（ええ）僕の着替えを見るとき、何か感じましたか。

ク$_{56}$　いいえ。先生は気づいていないなって。横顔でした。紺の背広で、わりとゆったりした服を着替えておられて。まだ脱いでいるときのようで。

カ$_{57}$　脱いでるときですか。

ク$_{57}$　だと思うのです。ステテコとかではないし、背広を脱いでいるところだったようです。〈沈黙〉せっかくだったので、もっと夢の中で話をしたらよかったって。

カ$_{58}$　どんな話をしたがったのですか。

ク$_{58}$　女将さんの方にちょっと話があったように思うので。祖父かもしれないそのおじいさんと何か話したかったと思うのです。何についてというのは別にないのですけれど。

カ$_{59}$　大阪の街のどこのあたりって言っていたかな？

ク$_{59}$　〇〇あたりだと思います。

カ$_{60}$　自分の昔の慣れたすみかが関係しているね。

ク$_{60}$　そうです。〈長い沈黙〉夢のなかで、おじいさんは80歳とか90歳のかっこうをしているのですが、実際はいくつで亡くなったのかはわからないのです。今、生きていたら100歳。

カ$_{61}$　今日は時間ですので、このへんにしておきましょう。

ク$_{61}$　ありがとうございました。

個人面接（16 回目）を受けて

今回正直言って、夢の中で先に祖父に会ったんですね、と言われたときにはびっくりした。そして、小遣いをくれた女性が、大叔父さんの嫁さんである感じが最も自分自身にぴったりくる。本人は全然わかりませんでしたが。ただ変わった夢を見たぐらいで、しかし、この夢の中に先生も出ておられるし、夜の街もどこか住み慣れた大阪の街なんだから、と考えていくと、この教育分析に関係した夢とみて間違いでない気がする。すると、この夢の最も変な部分、お釣りを多くもらうことは、今後の面接の過程に良い影響を与えていくかもしれない、あるいは本当の祖父を追いかける費用を与えられたのかもとも思う。さて、いよいよクライマックスに近づいて、ここにきて動けない。何をしてもいいのか。宿題も残ったままであるし、やらねばならないことが多すぎる。焦りを感じているだけで、日常生活の中に埋没してしまっている。逃げるのは大きらいだ。今週は動きます。

カウンセラーの印象とコメント

今回の面接は、冒頭で中学 3 年生頃の気分が出て、ふっと楽になるとクライエントが述べているところから始まる。これまでのカウンセリングの過程ですでに明らかなように、クライエントはまず家族のイメージや歴史、特に父親、祖父、祖母、大叔父、母親を自分の目で見ることが必要とされた。それまでクライエントは、母親と祖母の目で父親をはじめとしてすべての人や世界を見ていた。中学生時代の野球の猛練習や高校時代の音楽への耽溺は、クライエントにとっての母子分離の試みだった。しかし、自分の視座が確立されていないため、それは中途半端に終わっていた。今回の教育分析によって、12 回までに今までのことや家族を見る自分の視座が確立した。15 回目の面接での叔母との会見は、12 回までの自分の視座を確立するまでの事実を再確認するものであった。

クライエントは自分と母親・祖母の直接的関係を除いては、自分の視座でものが見られるようになってはいるが、自分と母親・祖母とが直接関係する部分は、まだまだ自分の視座が確立されていない。頭ではわかっているが、行動のレベルではほとんどできていない。これができたときに、クライエントは真の意味で母子分離ができるのである。彼は 35 歳である。これが 15 歳の思春期だったら、彼も母親もずいぶん楽であったと想像される。中学時代の雰囲気がふと彼にするときが、今あるのであろう。彼にとってはその時代が自分の歳と課題が一致するときだったのである。冒頭に述べられた、ふっと楽になるのはそのためである。

13回目以降、カウンセラーは、クライエントが獲得した自分の視座で自分の世界を見ることを主目的に、カウンセリングを進めている。あれだけ他の家族関係を明確に自分の目でとらえられているクライエントにしても、いざ自分と直接的に関わる部分に関しては、まったくと言っていいほど見えていない。14回目の「シャツ事件」はその象徴的できごとである。

今回もカウンセラーが家族と直接的に関わる部分に入ると、クライエントは理屈をつけて逃げ回っている。カウンセラーはそれができるような事実を示している。これは一見すると、カウンセラーがその部分をやらせようとしているように見えるかもしれないが、カウンセラーは自立のテーマを主目的に置いてはいるが、無理にやらせようとは思っていない。ただ、事実をクライエントに示すことをしているのである。同じように突っ込んでいるように見えても、カウンセラーがやらせようとするのと、事実を示してクライエントのあり方のそのままを示しておくのとでは、カウンセリングの過程を進める上で相当の違いが後になって生じる。前者がクライエントの直接的な抵抗を生じるのに対して、後者ではカウンセラーへの抵抗を生じさせない。それはカウンセラーが突っ込んでいるのではなくて、事実が抵抗を起こさせているだけで、クライエントが事実を見るか見たくないかの問題になり、クライエント自身のあり方にカウンセリングの焦点が当たるからである。

クライエントは自分と家族の直接的関わりを避けた後、夢に入る。この夢はまだ隠れている部分が多くあるので、それほど明確ではないが、クライエントの甘えとクライエントの直接的な家族との関わりを思わせるものである。それにしても、まだまだ母親や祖母が夢に登場していないのが気にはなるが、それは父親の態度をまねて、母親に直接的に抵抗している現実の今のクライエントの行動があるからであろう。

第17セッション	「母のことを客観的に見たことが今までありませんでした」

【平成X年11月22日】

カ1　どうですか。

ク1　今週、祖母や母と話をしました。だいぶ穴が埋まりました。祖母からまず聞いたのですけど、ひいじいさんはいい人だったって。（おばあさんのお父さんだね）それだけですよ。いい人っていうのは、と言おうと思ったのですが、ここは突っ込んだらいけないと思いました。曾祖母の時代から人付き合いが好きじゃなかったそうです。曾祖母は家に居て、外に出るのもいやな人だったらしいんです。曾祖父は家から出て、石屋さんをやっていたのですが、二度と家に戻らなかった。そういう人らしいです。

カ$_2$　そこから分家になったわけね。

ク$_2$　祖母なんですけど。祖父との話になると言いにくそうにして、言ってくれないんです。祖父は母親が生まれる前に死んでいるのです。祖父については母親も知らないのです。話もあんまり聞かないみたいです。

カ$_3$　内容は何もわかってないね。お祖母さんはそんなに言いにくそうだった？

ク$_3$　祖母はしゃべらなかったですね。キンゾウさんて誰って聞いても、話を他の方にもっていきましたね。母親には、僕には言うなって言ってたらしいのです。

カ$_4$　それで、自分はすっきりしたわけ？

ク$_4$　ええ。今まで隠れてた人がわかったので。

カ$_5$　なるほど、それはわかったね。

ク$_5$　それから、精神発達遅滞や精神分裂病の人はいないと言っていました。僕がふびんに思っていたのは、叔父の弟で、すぐ亡くなった人だと思います。キンゾウさんが夢の中に出てきた人かなって思いました。母親は写真だけ見せてもらったことがあると。実の父親のことなのですが。

カ$_6$　お母さんは事情を知っておられた？

ク$_6$　知らないと。

カ$_7$　知らない。

ク$_7$　聞いてみないとわかりませんけれど。覚えているのは、写真では男前の人だったと。それだけ言っただけです。話してくれたのは今朝だったのです。今朝、僕には初めてですけど、12時間くらい寝たのです。それで4時頃に起きて話をして。

カ$_8$　それでは1時間も話していないね。

ク$_8$　下に祖母がいるから、下ではしゃべれないのです。母親と2階で話したのです。母親が上で話そうと言ったのです。そのことを聞かれるのをいやがっているからです。祖母がいないときに聞いたら、祖母のだんなのことはとても言えませんでしたね。（なぜそういやがるのだろう、と母親にも聞けない？）今日は全然突っ込んでいないのです。ひと月くらいかかるだろうという話だったし。祖母は自分の人生は小説にでもなるっていうのだから、そっちから聞いたらいいかなって思ったのです。だから、内容は全然わからないで、いい人だったということだけだから。神戸で聞いてきた叔母の話を総合したら、今の母親の性格や祖母の性格とかは、叔母の言っている方が正しいのではないかと。おばあさんの話は中身がないが、叔母の話の方が真実味があるように思ったわけです。オープンじゃない家の体質は、僕を含めたら４代続くことになります。人と話をするのがいやで、顔を合わせるのがいやだと言っていましたから。（間）これで全員出揃ったなって思いますので、ホッとした部分があるのかもしれません。誰がどうかがわからなかったら、なんて言いますか、がっちりと生きれないというか、こそばゆい感じが残りますので。（それはそうね、気持ちが悪いね）しかしまだ祖父のこともわからないし、母親も大叔父さんの知り合いのところに行ったときに教えてもらったって言っていたのです。そのときに父親が違うということをね。

カ$_{9}$　お母さんもそういうことを聞かずに、生きてこられたのだろうか。

ク$_{9}$　そこまで気がつかなかったのでしょうね。聞かなかったのかもしれませんね。（聞けなかったのかな）聞けなかったのかもしれません。祖母の感じからして、今も何も言っていない感じがずーっとあったのでは。母親自身も聞けないような性格で、父のことは聞いたらいけないような感じできたのではないかと。そういう母親に育てられた僕も、祖父のことも気にならないで今まできた。もっと僕が聞いていたら違うと思いますし。母親が祖母に聞いていたらはっきりしていたと思う。母の代だったら３代くらいさかのぼれるけれど、今から４代目を聞こうと思ったら大変なことになる。家族の中に意識できない部分がたまってきているのだと思って。僕に今できることは、多くの範囲の人に聞いて、はっきりと自分がつかんでおけばいいことではないかと。（なるほど、そうだね）でないと、僕の子どもにも説明できないし。

カ$_{10}$　聞くのが夜中とか、朝とか、あわただしいときが多いね。

ク$_{10}$　ええ。いっしょにいないですね。ゆっくりと聞けたらいいのですが。なぜそうなったかというと、夜に聞き始めたのですよ。そのときは時間があったので。祖母とまず話をつけて。母親は風呂に入っていました。話が始まって、祖母はぼけてはいないのですけど、名前を忘れたな、という話が出てきて、それが大叔父さんの嫁さんです。この前、話に出てきたその人の名前を聞いたときに、わからないと言ったのです。それから、ヨノスケって誰かと聞いたときにも、わからないと言っていたと思います。その話から、僕がおばあさんの兄弟だろうと言ったのですけれど、わからないというときに母がきて、祖母がぼけたと思ったのです。そのときに僕の本当の祖父については、後で2階で話をしようと母が言ったのです。祖母が言ってくれないから。それで話が終わってしまって、僕も風呂に入って寝たのかな。けっきょくはそのままになってしまったのです。今朝、僕にはどうしても聞いておきたい思いがして、少し聞いたのです。今日でこの教育分析が17回目ですので、このへんのところを自分で整理したいと思いますので。

カ$_{11}$　うん。それで。

ク$_{11}$　一つ気づいたのは、大叔父さんと祖母はやはりおかしいなって。父親も出ていったし、僕の本当の祖父も、亡くなったからかもしれませんけれど出たし、祖父の後釜の人もみんな出ていったし。祖母は実家の姓に戻ってるし、母親を大叔父さんが養女にしたということなんですけどね。

カ$_{12}$　叔母さんや叔父さんの名字は。

ク$_{12}$　叔父は僕と同じです。叔母は自分の父親の方に引き取られていたから、その名字です。

カ$_{13}$　叔母さんのお父さんは病死だったのかな？

ク$_{13}$　わからないです。

カ$_{14}$　すると、祖母さんが実家に帰ってきたんだね。

ク$_{14}$　そうです。帰ってきたのかもしれません。叔母にはっきり聞いたらよかったのですが、僕の方で忘れてしまったようです。

カ$_{15}$　お祖母さんが離婚したのだったら、叔母さんはお父さん側に、叔父さんはお祖母さん側に、あるいは連れて帰ってきたとか、というのはよくあるパターンだね。

ク$_{15}$　離婚だったらそうですね。叔父の家にも叔父の弟の位牌があるのです。自分の家系には男が死んだり、離婚したりが多いなって思って。（多いね）母親は大叔父さんのことを恩に思っているのです。今まで僕もそうでした。ただ、祖母との関係を考えた場合は異常だなと、おかしいなという感じがして。

カ$_{16}$　そのへんはお母さんに聞いてみたら。大叔父さんとお祖母さんの関係を考えてみたら、おかしいと思わなかったかどうかを。

ク$_{16}$　聞いてないですね。おかしいけれど、それが自然で、僕も今まできてい

たわけです。母親に聞いてもピンとこないと思います。でも聞く価値はありますね。〈沈黙〉

カ$_{17}$　あなた、白髪が増えたね。

ク$_{17}$　このへんのところが真っ白になりました。（最近、急にですか？）いや、違います。だいぶ前から。（だいぶ前から）はい。（白くなってきたね）はい。

カ$_{18}$　この1年ぐらいでですか。

ク$_{18}$　違います。2年くらい前からかなあ。前は抜いていたんですが、もういいかって思って。横と上はもっと前からかもしれません。（カウンセリングで苦労したのかなっと思って）いいえ、違うと思います。（間）カウンセリングを受けなかったら、35歳になっても今のようなことを考えずに、そのまま流れていたのですよね。（間）もっと若いときに、疑問に思うことだというような気がするのですけれど。（間）

カ$_{19}$　それを自然に思わないような雰囲気があったのだね。

ク$_{19}$　そうですね。あっ、同じことだ思います。母親が大叔父さんをいい人だった、世話になったというのと、祖母が曾祖母さんや曾祖父さんをいい人だったといったのは同じような感覚だと思います。中身がなくて、自分の気持ちだけでいい人だった、と言っていたように思います。自分の主観だけで、外から見たらどういうふうに思われるとか、ではなくて。

カ$_{20}$　なるほど。そう思わざるをえなかったのかもね。それだったら、それが自然になってしまうね。

ク$_{20}$　その言い方を、今、僕が聞いたらおかしいなという感じがあるのです。叔母の見方が入って、客観的に見たらおかしいと。〈長い沈黙〉今、白髪のことを言われて、年をはっと思ったのです。〈長い沈黙〉今、浮かんだのは、実の祖父の話を母親と今日したときに、母親が祖母に昔聞いたことがあるのです。そのときに、祖母は大事な人だと言ったらしいのです。母親はそれだけを思い出したのです。祖父が亡くなったのが母親の生まれる前なのが、ちょっと救いかなって。

カ$_{21}$　救いっていうのは。

ク$_{21}$　祖父のことを祖母はそんなに言えないのかもしれないけれど、少しでも言ってくれている部分がある。しかし、再婚したことをどうしてそんなに隠さないといけないのか？（間）あっ、それからもう一つ気づいてて、今、忘れていたのですけれど、母親が再婚しなかった理由を考えていて、昔、母親が祖母とけんかしたときに、母親が「自分は再婚したくせに」と1回言ったのを覚えているのです。母親は再婚しなかったのですが、祖母に対して母親がすごく感情的になったときに、そういうことを言ったのだと思います。

カ$_{22}$　自分が再婚したくせにというときには、お母さんの方が再婚したくって、それをおばあさんに止められたときだね。

ク$_{22}$　そうですね。

カ$_{23}$　お母さんが再婚しなかったというより。

ク$_{23}$　そういうことがあったのかもしれないな。（間）あるいは、大叔父さんにめんどうを見てもらえるから別に再婚しなくてもよい、という頭が母の中にあったのかもしれないし。でも、そうは考えられないな。

カ$_{24}$　そこにくると、どうもあなたの思考もおかしくなるね。お母さんがそういうときには、自分が再婚したくせにとは言わないだろう。（言いませんね）

ク$_{24}$　自分に再婚したい人がいて、（そうそうそう、そうです、そうです）そうしたら、たとえば大叔父さんが反対することがあったのかもしれません。

カ$_{25}$　それだったら大叔父さんのところへ行くでしょう。

ク$_{25}$　なぜ祖母の方へ行くか？　祖母が反対したからか？（そうしか考えられないね）普通に考えればそうですね。

カ$_{26}$　なぜあなたも普通に考えられなかったのかな？

ク$_{26}$　母親の影響でしょう。きっと母親の思考パターンでしょう。

カ$_{27}$　今のはお母さんの思考パターンなのかな？

ク$_{27}$　しみついているのではと。（間）そうか。僕が。えっ。違うな。僕の思考パターンです。（そうですね）〈沈黙〉自分がわからなくなってきた。

カ$_{28}$　どうしてそのような思考パターンをあなたは取ったと思う？

ク$_{28}$　僕が、母親が再婚しない方がいいと思っていた、ということですかね。

カ$_{29}$　自然に考えたらね。

ク$_{29}$　意識では再婚して欲しいなって。その方が楽だなって。母親が離れてくれたらとの思いが強かったですから。

カ$_{30}$　それは何歳のときだった？　お母さんがお祖母さんとけんかしたのを見たときは。

ク$_{30}$　だいぶ年がいってましたよ。20歳をすぎていたと思います。〈沈黙〉すぎてました。（間）そのときは何も考えずにいたのですね。なんか変な感じだとは思ってたのですが、自分とは関係がなかったですね。

カ$_{31}$　意識では、お母さんが再婚した方が自由になれる、と思っていたのだけれど、今の発想法を見てみると、あなたがそれを嫌っていたのだね。自然に

考えると。(長い沈黙)

ク$_{31}$　今、小さい頃のことを連想したのですが、母親が他の男性としゃべったりするのがいやだったですね。小さいとき。それをボーッと思い出しましたね。

カ$_{32}$　小さいときからそうだったんだね。20 歳くらいにあなたが成長したときに、お母さんは再婚しようという意志があったみたいだね。おばあさんとけんかするぐらいだから。35 歳のあなたがそのときのことを思い出したとき、今のあなたがまだまだそれを取り違えているのだね。幼いときにお母さんが結婚してほしくないっていうのとは違うね。今のあなたもそうだね。今、取り違えているのだから。〈長い沈黙〉今の今まで、その感じがずっとあったのかな。〈沈黙〉(あったかもしれませんね) 頭では格好のいいこと言っていても。

ク$_{32}$　僕が格好のいいことを言ってますか？

カ$_{33}$　「僕も自由になれるから、母も好きな人と結婚したらいい」って格好いいじゃないですか。お母さんが他の男性と話をするのはいやだっていうのと比べてみたら。(間) 自分の顔の変化に気がつきましたか。

ク$_{33}$　ちょっと他にも気づきました。今、二つ気づいたんです。一つはね、母に好きな人がいたと思います。

カ$_{34}$　今、やっと気がついた。ひと言前には、母には結婚する意志はなかったと思います、って言ったけれど。今、気がついたのだね。

ク$_{34}$　はい。ただ好きな人がいた問題というのは、母が結婚してから。(間) あっ、結婚してからというよりは、僕が生まれてすぐくらいか、その前くらいだと思うのです。ものすごく古いことというか。ある意味でね。

カ$_{35}$　えっ。そんな古い時代にですか？

ク$_{35}$　父親がいやだ、いやだと母が思っていたときに、僕ができたという話がありますから。

カ$_{36}$　実を言えば、お父さんはいやだったけれど、他の人が好きだった。それなら、あまりお父さんだけを女たらしだとは言えないね。(はい、言えませんね) それで、どうしてそのような古い話を 20 歳までもってきたのだろうか。(いや、違うと思います) 違うね。

ク$_{36}$　その話を聞いたのは、25 歳くらいのときだったと思います。だから、自分の中でずっと、その小さいときの気持ちを持ち越していたということだと思います。母親が自分だけ再婚して、といった理由はそこにあるかもしれません。僕の問題としてはどうこうじゃなくって。〈長い沈黙〉取り違えていたのはわかるし。〈沈黙〉何かすっきりしませんね。

カ$_{37}$　もう一つの方の気づきは。

ク$_{37}$　もう一つの気づきは、僕に誰か好きな人がいたときに、その人が他の男の人としゃべっていたらいやだったと気づいたのです。〈沈黙〉まるで、母親に対してと同じような気持ちだと。

カ$_{38}$　あなたの好きな人が他の男性としゃべっていたら、いやな思いをしたと。それがお母さんへの思いといっしょだったと。

ク$_{38}$　その二つです。(間) それでも何か違います。その…。

カ$_{39}$　自分がまだ取り違えているのでは、との感じが残る？

ク$_{39}$　取り違えているのがまだはっきりわからないのです。

カ$_{40}$　取り違えていることはわかったね。

ク$_{40}$　普通に考えたらおかしいというは、わかったのですけれど。

カ$_{41}$　これは 13 回目から続いているテーマだよ。あなたがわからない、わからないと言っているやつだよ。(これがですか) うん。

ク$_{41}$　今のとこですか。

カ$_{42}$　今のところだよ。

ク$_{42}$　わからないですね。

カ$_{43}$　フフフ。やっぱりね。

ク$_{43}$　わからないです。〈長い沈黙〉はっきり整理できていないのですが、母親が父親と離婚したい、と言い続けて。20 歳前です。僕の 15、6 からそんな話がたぶんあったと思うのです。20 歳すぎて、協議離婚になったのです。そのとき、もういやだ、もういやだと母親は言いながら、僕にどう思うって言ったのです。そんなにいやだったら離婚してもいいのと違うかなって言ったのを覚えているのです。だけど母親は、まだ父親を思っていたみたいなところもどこかで感じていました。止めて欲しかったのじゃないかなって。

カ$_{44}$　20 歳というのは、お母さんがお祖母さんと再婚のことでけんかしたときだね。

ク$_{44}$　それくらいのときかもしれません。わからないですけれど。

カ$_{45}$　好きな人ができたから、きちっと離婚しないといけなくなったのと違うの。そのために、いやだいやだって、あなたにアピールしたのでは？〈沈黙〉

ク$_{45}$　それで、20 歳のときに協議離婚したのでしょうか。(わからない) 全然、僕が母親のことについては、わかっていないことがわかりましたけれど。

カ$_{46}$　自分の視点がはっきりしていないね。

ク$_{46}$　対象化して母親を見たことがないのですよ。

カ$_{47}$　対象として見たことがないのでしょう。どういう対象として見ていたのですか？

ク$_{47}$　自分か、母親かわからないですね。

カ$_{48}$　自分とお母さんかを分離せずにいた。

ク$_{48}$　わかりました。これまでのカウンセリングでもそう思ったのですけれどね。ケースで他の家のことを見ていると、おかしなところに気づきますね。パッと見て。自分のことをそういうふうに客観化して見たことがなかったのです。

カ$_{49}$　ケースのことは置いておいて。

ク$_{49}$　特に母親についてはそのような見方を僕がしていたってわかりませんでした。

カ$_{50}$　すぐ、よそのケースに話題がいくね。

ク$_{50}$　逃げてますね。

カ$_{51}$　あなたはお母さんと分離した見方をしていなかった。他のケースは関係ないよね。

ク$_{51}$　連想がそっちへ飛んでしまって。

カ$_{52}$　あなた自身が飛んでしまって。

ク$_{52}$　母がどう思っているかを考えたことはなかったのです。今まで。時々はあるかもしれませんけれど、ほとんどの場合そうでした。

カ$_{53}$　そうでしょう。そうでしょう。だから、お母さんの見方で見ていたとも言えるし、あなたの見方がお母さんを分離して見ていなかったのだともね。分離して見て行こうよ。ね。〈非常に長い沈黙〉

ク$_{53}$　そうですね。

カ$_{54}$　観念の上でも行動の上でも、分離できていなかったのは誰ですか。

ク$_{54}$　私です。

カ$_{55}$　そう思った。〈沈黙〉もちろん、そうさせないお母さんもあったし、そういう家でもあったのだけれど。だけど、今のところはあなただ。この件に関してできていないのはあなた。〈沈黙〉いやなシャツを着せられるのはいやだったのだけれど、シャツがなくなったときに、お母さんにシャツがなぜないのかと言った自分がわかった。

ク$_{55}$　はっきりわからないのです、ボーッとわかっているだけで。

カ$_{56}$　まだ、ボーッとだね、そうだろうね。観念の上でも行動の上でも、分離できていないのは自分だいうことははっきりわかった、ボーッとわかった。

ク$_{56}$　それははっきりわかりました。

カ$_{57}$　はっきりわかった。シャツの方ははっきりわからない。

ク$_{57}$　具体的な方はわからない。

カ$_{58}$　まだ、具体的な方はわかっていないのだね。それだと、具体的なものがわかる作業はこれから必要だね。今日はここまでにしておきましょう。

ク$_{58}$　ありがとうございました。

個人面接（17回目）を受けて

今回の面接で感じたいちばん大きいことは、逃げることの意味である。クライエントはただ問題に直面することを回避するために逃げるのではない。もっと積極的な意味がある。というのは、別の話をしだすと、今回は本人が気づいていても、そのことがしゃべりたいのである。自分で気づいたことをセラピストに聞いてもらいたいのである。クライエントなりの洞察を言いたいのである。もし、この面接が20回という限定がないのであれば、先生はその意味を感じて聞かれたことと思う。いつでも本筋に戻すことが簡単にできるからである。その意味で今回の面接の形態では、聞かれなくて当然と思っているし、その方がありがたい。

一応、今まで不明だった名前が確定して、これからやれるという実感がもてたから、いい顔ができたのだと思う。4代にわたっての疑問が解けたといえば、確かにオーバーだと言われるかもしれない。しかし、本人はすごく落ち着いたのである。あまりにも今まで知らずに平気でいられたものである。叔父に会うことと、祖母にもう一度聞くことは聞いてみたいと思う。ここで聞いておかないと後悔すると思うし、最後のチャンスをみすみす逃すことはないと思う。

母親のことを一人の私と別の人格としてちゃんと接していくことが、これからの課題である。しかし、今まで気づかずによくもここまできたなあ、とあきれる。少なくとも20歳のときに気づいていればと思う。自分のことを棚に上げて他人の面接をしている場合ではなかったのではないかと思った。でもまあいいか。この年になってからでないとできなかっただけだと考えれば、気も楽になる。まだいっぱい見えていないことがあると思うと恥ずかしいが、あと3回のうちにできるだけわかりたいものである。

カウンセラーの印象とコメント

クライエントは祖母と母に祖父や父親のことを聞く行動に出た。やっと自分と直接的に関係する人間関係に取り組もうとしたのである。カウンセラーはクライエントの過去の事実がどうあるかに重点をおいてはいない。クライエントが自分の視座で、自分と最も親しい人間関係を見てほしいのである。祖母は何も語らず、母親は周辺的なことを話すだけである。クライエントの取り組み方もわずかに1時間である。本格的に取り組むのに抵抗が見られる。何よりもクライエントはそれで満足し、この件を終わらせようとしている。

カウンセラーは本格的な取り組みは時間をかけてゆっくりすればよいと思っている。今回の20回の教育分析では、時間が足りないことを十分承知している。急ぐとクライエントの家に混乱をもたらすからである。しかし、直接的な関係のところにはかなりの抵抗があり、母―息子の未分離に心から気づくところぐらいまでのプロセスは進めておきたいと思っている。そこまでプロセスが進んでいると、クライエントは自我がしっかりしている健康な人なので、後は自分でやれるからである。カウンセリングは今回を含めてあと4回残されている。カウンセラーは残された回数で、行けるならばその点までカウンセリングのプロセスをもっていけるようにと今回は積極的であった。

クライエントが祖母と母親に話す態度や時間の事実を、クライエントに認識させようとする応答が入る。クライエントは言いわけが多い。話を横道にそらせようとする。カウンセラーは現実感覚でもって、普通の見方でクライエントの述べる事柄を見て、フィードバックしていく。クライエント（19）でしぶしぶ母親とさらに話し合う価値を認めて、沈黙に入る。カウンセラーは正面から入るよりも、クライエントの現実の年齢のもつ意味から母子分離の問題に取り組もうと思った。クライエントの問題は、思春期ならば普通の課題である。彼が35歳であることが問題なのであるから。カウンセラーはクライエントにめっきり白髪が増えたことをフィードバックする。このひと言で、クライエントは自分の本質の問題を直観的に理解する。クライエントは母親や祖母が、自分と同じような心理的環境にあったことに気づく。カウンセリングの雰囲気がカウンセラーのひと言で一変したのである。祖母とのけんかから、母親が再婚したいと思っていたときがあったことをクライエントは思い出す。そして、祖母ではなくて、クライエント自身が母親の再婚を心のどこかで願っていなかったことに気づきだす。母―息子固着の気づきにクライエントは向かい出した。クライエントはしばしば長い沈黙に入る。心の中にいろいろな感情がうず巻いており、その整理がつかないことが、カウンセラーには手に取るようにわかる。カウンセラーは待っている。クライエントが本筋を離れないように厳しく待っている。

母親に好きな人がいたと、時間を少しおいてクライエントはわかった。夫婦関係は五分五分の問題だとの理解が始まるが、まだすっきりしない。クライエントの中に母親の見方がしみ込んでいるからである。でも、自分の見方が始まっている。クライエント（48）以下の発言で、自分は母親を対象化して見たことがない、自分か母親かわからない、と母子未分離に気づき出す。それでもクライエントはすぐに横道へ入りたくなる。まだ本当にはわかっていない、わかりたくない思いがあるからである。

第18セッション　「小学生のときから女性と自然に話ができないのです」

【平成X年11月30日】

カ$_1$　いかがですか。（間）

ク$_1$　一つ、家の中で起こったことを言いますと、母親の指がはれて外科に行ってきました。使い痛みということですけれど、ポコッとはれてまして。昨日は大叔父さんの命日で、朝から産毛をそっていて口を切ったと騒いでました。傷はたいしたことがなかったのです。（間）先週は恥ずかしい感じが自分の中にありました。面接で初めて母子分離できていないところを実際に言われたことと、それからシャツのことはわかっていないのと違うかなと。今、自分でわかっていると思ったのは、自分がいやがってるシャツなのに、それをまた母親に探してもらっているのは、確かに自分と母親とが全然わかれていなくていやだった。いやだったら着なければいいし、自分で他のものを着ればいいことだし。（そうそう）それはわかるのですけれど、それだけかと考えたのです。そういうことを、あらゆる面でやっていると思うのです。たまたまシャツのことでしたが、そう感じたときに恥ずかしくなったのです。みんなにわかっていて、自分だけがわからないのが恥ずかしいなって思ったのです。今週は具体的なことを話したいようなことを、最後に言っていたと思いますが、なかなか自分では思い出せないのです。（間）先週の面接で、母親のことですけれど、母を一人の人間として見ていなかった、との思いがずっとこの1週間ありました。どうしてそんなふうに一人の女性として見られなかったのだろうかと。自分か母親かが全然わかっていない。具体的な話の内容は忘れましたが、ここをやらないと。〈長い沈黙〉全然前に進めないと思うのです。これだけ自分のことが…抜けていて、他人の話を聞いていて、恥ずかしいというのがありました。実際の行動で昨日思ったのは、母親にすまないなっていう気持ちが起こったのです。前回面接の後で、雨の中、大叔父さんの墓参りに行ってくれて。僕も朝は行きたいと思ったのです。しかし、行けなかった。母親に事務所から電話したときに、すまないなって言いたくなったのです。行ってくれてありがとうって言いたかったのです。それはあんまり伝わってなくて。病院に行ったかと心配して電話してきてくれたのかなって母親は思っていました。そこは抜け落ちていました。顔を切ったときも、母親は病院に行かなくてもいいかな、と僕に聞いたのですが、僕は眠たかったから大丈夫と違うのっと言って、起きてから心配になって。傷を見たらたいしたことはなくてよかったと思いましたが。本来、心配なんてするものかという気があって。親子だから当たり前なのですけれど、気の遣い方の種類が違うみたいな気がしました。母親と自分のことを区別して、とは思います。しかし、まだなんの解決にもなっていないと。まだ何も気づいていないのです。再婚の話も全然頭にありませんでしたし。自分中心で考えているなあと。そんなことをいっぱいしているかと思うと心配で。（間）祖母が今はほとんど寝ていますが、祖母には聞いておきたいと思いました。叔父にも確認しておきたいと。祖母の分については、聞かなかったら闇の中に含まれる部分が多くなるとの思いがありますし。

カ$_2$　そうね。お母さんの再婚についても、あなたがそれだけ思っているとわかった後も聞いていないし。

ク$_2$　ええ。今、言われるまで聞くことなど考えもしませんでした。

カ$_3$　ハッハッ。そうだね。

ク$_3$　その前は、大祖父にそんなことがあったのと違うかなって言おうと思っていたのです。今の時点では抜け落ちていました。済んだことかもしれないとか、あるいはそんなことはない、と昔に思い込んでいたからだと思います。（そうね）家ではしゃべっていないし、片づけていないなって思いますが、言うことが怖いとは思いません。言いだしにくいのはあるのかもしれません。（なるほど）何がそうさせてるのかを考えようと思ったのですけれど。

カ$_4$　それで、どうですか。

ク$_4$　そう言われると、わかりませんって答えるんじゃないかと。自分で。

カ$_{5}$　なんだかマッチポンプみたいだね。

ク$_{5}$　なぜですかね。それを聞くと都合が悪いことがある、と考えるのが普通だと思います。何から逃げているのかなあ？（間）うーん。（間）うーん。もし聞いて、それが再婚の件だったら、「おまえのために再婚しなかった」と言われるのがいやだということもあるけれど、まだぴったりしませんね。頭で思いついただけなんで。

カ$_{6}$　それだったら、おばあさんとけんかしなくてもいいね。

ク$_{6}$　ええ。なぜかな？　そんなに思いつめていたのに。あるいは僕は聞いていなかったのかな。それはないですね。妄想か？

カ$_{7}$　それはないでしょう。

ク$_{7}$　それはないでしょうね。自信がなくなってきました。確かに言ったと思いますし。祖母の反応も考えたら事実だと思います。しかし、なぜか自分ではわからないですね。（間）なぜかな。

カ$_{8}$　お母さんのものの見方であなたもものを見ていたということが、いちばん初めにわかった。前半のカウンセリングによって、あなたと密着していない人やものを、自分の目で見えるようになった。その次は自分の目でものを見られるようになったけれども、母子一体感は変わっていなかった。今それに気がついた。そこまで。

ク$_{8}$　はい。

カ$_{9}$　母子一体感、母子分離のない状態の方が気持ちがいいのでしょう。

ク$_{9}$　うーん。家にずっといることもそうだと思います。半面、外にもずっといたいという気持ちもありますけれど。

カ$_{10}$　そこまでは先週できたんですね。

ク$_{10}$　ええ。

カ$_{11}$　うん。そうすると、あと半分外へ出たい。

ク$_{11}$　あっ。全部、まだですね。〈沈黙〉

カ$_{12}$　お母さんに飲み込まれてる状態から脱出できる方法は二つある。一つは乱暴をはたらく。あなたはそういうことをしなかったみたいだね。自分を痛めつけることはしても。

ク$_{12}$　ないですね。

カ$_{13}$　どなったりもしないって言っていたね。

ク$_{13}$　ないですね。

カ$_{14}$　別にどなることを勧めたりしているのとは違うけれど。

ク$_{14}$　ものにあたるのと、声を出すにしてもどなるのじゃないです。

カ$_{15}$　もう一つはわかりますか？

ク$_{15}$　違うかもしれませんが、結婚ですか。

カ$_{16}$　結婚でなくてもいいけれど。異性との付き合いだね。異性との付き合いを少し話してくれてもいいかもしれない。

ク$_{16}$　そうですね。

カ$_{17}$　じゃまされたというのは聞いたけれど。性的関係をもった女性の話とか、そのときの感じとか。

ク$_{17}$　そうか。（間）そうか。（間）うーん。（間）確かに今さら、母親に暴力を振るうわけにはいきませんから。そこをやらないと駄目だと思って。（間）うーん。（間）正直に言うと本当にしゃべりにくいことなのです。どこまでしゃべれるかわかりませんけれど。いちばん最初の記憶は幼稚園の頃だと思うのです。いちばん最初に女性というか、それも話したこともない子なのです。外見が気に入っていたし、ほんとに好きだという感情が起こったのはその頃だったと思います。それはそれだけで終わって。小学校の低学年のときは意識しないで付き合いますね。グループで。成績の良かった女の子で、美人ではなかったけれど、その子を好きになって、一緒に遊んだし、仲も良かったので記憶に残っています。その子の家の前で、二人でしゃべっていて、そこへお母さんが帰ってこられて、挨拶したのを覚えています。その子もいい感情をもっていたし、僕もいい感情をもっていたと思います。母親同士も仲が良くて、いつも話していました。わりとはっきり覚えていますね。小学校の高学年になったときから苦労が始まったなと。

カ$_{18}$　思春期からだね。

ク$_{18}$　思いあたるのです。何か違うおかしな感じがあって、小学校3、4年の頃は。（間）あっ。記憶がおかしいです。

カ$_{19}$　どんなふうに。

ク$_{19}$　小学校低学年のとき、その女の子が転校したのです。あれ、どうしたのかな。途中で離れ離れになったような感じがします。どうしてかなあ。

カ$_{20}$　低学年のことね。

ク$_{20}$　どうしてかなあ。わからなくなりました。

カ$_{21}$　で、その先は？

ク$_{21}$　ちょっと待ってください、先生。

カ$_{22}$　うん。いいよ。

ク$_{22}$　あのね、ひと言だけ言っておこう。その頃学校を変わったのです。書道を習いに行っていたのです。（クライエントは記憶をたどっている）1、2年同級生だった子かな。（転校したのだね）そうなりますね。知らないうちにそれが消えて。その次は3、4年のときで、これはあまり問題ないのかな。

カ$_{23}$　問題になるかならないかを自分で判断せずに、とフロイトが言っておりますが。（間）汗が出てきた？

ク$_{23}$　いや、えらいことになった、と思っているだけです。

カ$_{24}$　汗が出てきたね。

ク$_{24}$　出てきてます？

カ$_{25}$　うん。時間はまだあるよ。〈沈黙〉

ク$_{25}$　今、頭に浮かんでいる絵というかイメージは、小学校の4年か5年くらいのときで、よその組の子だったのですが、同じ書道教室にその子も行っていたのです。その子の顔形が浮かんでいるのです。それがいちばん最初に強烈に振られた思い出だと思います。今でもその感情が残っているような気がします。

カ$_{26}$　うん。どういう感情が？

ク$_{26}$　腹が立ったというのもあるし。

カ$_{27}$　腹が立った。

ク$_{27}$　うん。

カ$_{28}$　僕の気持ちをわかってくれないっていうことですか。

ク$_{28}$　そうですと言った方がいいのかもしれませんが。

カ$_{29}$　ちょっと違う？（うーん）（間）小学校のことなのに、すごい抵抗が入っていると思いませんか？

ク$_{29}$　ええ。

カ$_{30}$　なぜ、抵抗が入るのだろうね。

ク$_{30}$　こんなことも言えない自分なのかと思います。

カ$_{31}$　言える言えないはともかく、抵抗が入ってるね。

ク$_{31}$　入ってます。今もっている感情なのでしょうね。

カ$_{32}$　その感情の一つは腹が立つこと。（間）このことはどこか相当こたえることなんだろうね。

ク$_{32}$　言い出したのですが、だんだん言えなくなってきたのです。

カ$_{33}$　というのは？

ク$_{33}$　ずしっと重くなってきて、今につながっている何かを感じるのです。状況や状態は違うのですが、ベースに自分の行動に共通するものがあって。それで重くなって。

カ$_{34}$　そうみたいだね。のども乾いてきましたか？

ク$_{34}$　こんなことが言えないだろうなってわかっていたり、気づいていたことがあるのに、オープンになれない自分を信じられなくて。今。

カ$_{35}$　内容的には別に言いにくいことではないでしょう。

ク$_{35}$　はい。

カ$_{36}$　レイプしたとか。

ク$_{36}$　いえいえ。そんなことじゃないのです。本当につまらないことなのです。どうしてこんなにつまらないことが言えないのかと。

カ$_{37}$　そうね。どうしてだろう。

ク$_{37}$　言うと恥ずかしいのは恥ずかしいのですけれど。（間）（クライエントの身体が不自然に動く）身体を動かしたら、何かと思われると思いながら、やっぱり身体が動いてしまう。

カ$_{38}$　動かしたら。止めなくてもいいですよ。（間）

ク$_{38}$　こんなところでつまっていたら、後のことは全然言えないと思います。

カ$_{39}$　4年生だしね。

ク$_{39}$　ええ。もう少しで核心の部分にいくかと思うとゾーッとします。自分でも女性のことは大きいことだと思っていましたが、そこまでつながるのは。どこかでつながっていないと思いたかった面があります。

カ$_{40}$　もう、思えなくなりましたでしょう。

ク$_{40}$　はい。言えるところまで、やれるとこまでしっかりやろうと思います。

カ$_{41}$　それはそうだね。

ク$_{41}$　女性のことで、言えることだけ言おうかなって今思って。

カ$_{42}$　うん。

ク$_{42}$　思ったのは、外見はすごくきれいのです。背も高くてスラッとしてたし。

カ$_{43}$　4年生だね。

ク$_{43}$　4年生。

カ$_{44}$　もう女性なのね。今、女の子って言わずに女性って言ったね。

ク$_{44}$　言いました。

カ$_{45}$　うん。

ク$_{45}$　あれ。

カ$_{46}$　うん。

ク$_{46}$　まあいいです。

カ$_{47}$　それで。

ク$_{47}$　特徴的だったのは、パーマをかけていたのです。小学校では駄目なので、きっと天然パーマだったのでしょう。でも、かけていたかもしれません。

カ$_{48}$　はー。

ク$_{48}$　ひょっとしたら。

カ$_{49}$　ふーん。

ク$_{49}$　駄目だなあ。それがすごい特徴でした。〈長い沈黙〉全然核心のことを言っていないですね。(笑)

カ$_{50}$　あと３分です。

ク$_{50}$　(笑) 今思っているのは、苦しい１週間になるなって。(笑)(間) 正直言うと、こういうようになるとは思っていなくて、楽だなって言おうと思ってたんです。(間) 本当に。(間)

カ$_{51}$　うん。今回はカウント９でゴングですね。セコンドに帰ってゆっくり１週間休憩してください。来週お会いいたしましょう。どうも。

ク$_{51}$　ありがとうございました。

個人面接（18回目）を受けて

今回はただ絶句、こんな展開になるとは思っておらず、まいったわけである。普通に考えて、固着した母子を分離するには、暴力か異性の侵入である。結婚と言ってしまったのは、その思いがあったからであろう。結婚したいという思いは強くなった。思いだけでは、いかんともしがたい。

ここまで家族の話ばっかりで、楽であったことは確かである。さて、今回はゴングに救われたのだが、来週は覚悟している。このままでは私がクライエントに立候補したかいがない。最初に言っていた通りに、しゃべれるところまでいく。

しかし、小学生時代の片思いが言えない自分が情けない。はっきり彼女（あえて彼女と言います）を思い出した。本当におとなびた子であった。はっきり思い出すのは、この女性から私の片思いの歴史が始まる。考えてみれば、全然もてなかったのかというとそんなこともなく、何人か私に興味をもってくれた。しかし、私に興味をもってくれる人に対して、私は興味をもてなかった。そして、私のことなどなんとも思っていない人を追いかけていたのが事実である。

理屈は簡単で、自分が好きで、相手も自分のことが好きで、初めて恋愛関係が成立するのにとわかっている。わかっちゃいるけれど、止められない。やはりカウンセリングが必要だったのだと思う。私もあえて主訴を決めるなら、結婚できないか、女性とうまく人間関係がもてないということである。もてないという言葉は、ここからきているということが初めてわかった。しかし、えらいことになりました。

カウンセラーの印象とコメント

母子分離の話の影響が出たのか、母親に外科的な症状がでる。カウンセラーはメスを入れすぎたのかとも思うが、症状が軽いのでこの路線を続けようと改めて感じた。クライエントはシャツの事件の意味がわかったようである。母子一体の見方に気づいてきた。カウンセリングは週１回だが、その間の時間がクライエントに反復の機会を与えていることがわかる。しかし、クライエントは行動に移せる部分がまだまだわずかである。カウンセラーはその点を再度問題にする。前回のコメントでも述べたが、クライエントに行動をすぐさま起こさせようとするのではなく、真の洞察のレベルまでカウンセリングのプロセスを進めたいのである。カウンセラーは今までのカウンセリングのプロセスを要約する。それによってクライエントは、自分の行動がまだ全然できていないことに気づく。ここで沈黙が入る。

カウンセラーはプロセスを進めるために、母子分離のために子どもがとる典型的な行動、暴力と異性関係を情報として流し、クライエントの異性関係を話すように促す。カウンセラーはクライエントの秘密をここで聞こうという気持ちはまったくない。異性関係にまつわるクライエントの感情を聞き、そこから母子分離を考えるきっかけにしたいと思うからである。

ここでクライエントは思いがけない反応を示す。小学校時代の女の子の話ができない。女の子と言わずに、女性と言ったりしている。汗が出てきたり、落ち着かない。そして、そこに残っている感情は、自分が理解されないという腹立ちの感情である。小学校の中学年の女の子との関係に驚くほどの抵抗がある。のども乾いてくる。身体が小刻みに揺れる。そして、この抵抗がクライエントの核心につながっていることをクライエントはどこかで直観している。時間に救われるが、クライエントは重い宿題を１週間の間もらったことになる。後の感想でクライエントは、女性とうまく人間関係がもてないのが自分の問題であることを明確にした。

第19セッション　「お母さんが大・大・大好きです」

【平成X年12月7日】

カ$_1$　どうですか。

ク$_1$　えーと。（間）先週はああいう形で詰まったのですが、いろいろ考えるところがありました。初体験のことやその相手のこと、それに性に関する経験とか。それから女性との接し方で、自分で気づいたことがいろいろありました。一つは（間）25歳のときが初体験で、性的な発達は早かったと思うのです。体験は遅くて25くらいで。考えてみれば、普通に付き合って、友人から恋人、それから（間）というような関係でのセックスはないのです。25か28のときだったと思いますが、前も1回お話したと思うのですが、おそらくセックスまでいったのじゃないかって思う人がいました。もう1回会ったら、たぶんそこへいったと思うのです。そこで一つ思い当たったのが、昨日の晩に気がついたのです、母子分離のことだったら、その女性との関係を、何もない時点から母親に自分からしゃべっていたのです。以前は母親にじゃまされたと言ってましたが。しかし、自分がしゃべったこと自体の記憶はないのです。

カ$_2$　なるほど。自分からお母さんに言っているのだね。

ク$_2$　ええ。全然記憶になくて、ただじゃまされたみたいな感じのところだけがあったのです。付き合い出すきっかけのことも言っているし、2回目に会ったときに家に連れてきているのです。それも忘れてましたけれど。（なるほど）初めから、隠すなり自分でやるなりしたらいいのに。どうしても母親に言ってしまっていた自分に全然気づかなかったのです。シャツのことで、それに気づかされたと思うのです。母が知っている人間だったから、けっきょくのところ、自分で言って自分で駄目にしているというとおかしいけれど。そういう意味では、母親と自分の区別なんてなかったのではないかと。

カ$_3$　なるほど。だから、いちいちお母さんに報告していたのだね。

ク$_3$　ええ、それも知らないうちに。

カ$_4$　意識しないで。

ク$_4$　それで、うまくいかないとか、じゃまされてるとか言ってたが、全部自分がやっていたのではないかと。

カ$_{5}$　ねえ。

ク$_{5}$　うーん。

カ$_{6}$　つらいとこへきましたね。

ク$_{6}$　（間）自分の未熟さというのですか。中学から高校への進学のときも、自分の意志というより半分は母親の考えでした。母親が男女交際を嫌っていたので、男子校へ行ったので、自分の意見じゃなかったけれど従ってしまいました。それに。〈沈黙〉

カ$_{7}$　知らず知らずにね。

ク$_{7}$　意識では普通科に行きたい思いが強かったし。自分のイメージでは、中学から普通科高校へ行く方が自分にとってぴったりきていたのです。そこで、全然違う道へ入ったっていう思いが自分の中にあって。考えてみれば、中学のときもそうですし、小学校のときもそうなんです。女性に対する対応のしかたの下手さがずっとあって。小学校のときも、中学校のときもそうなのです。全然もてなくて、誰にも相手にされていなかったというのとは違って、向こうから言われた人を少しも好きになれなかったのです。今も変わっていないと思います。自分の思いで、自分の好きな人に一方的にいって、それも慣れていないので、だいたい２回か３回会うと、それから先は続かないのが多いのです。ちょっとでも親しみができたら、すぐガーッといってしまうのです。ふだん出せない分だけ自分の感情がウワーッと出てしまって、見えなくなってしまうのです。好きになるとその人のことしか考えられなくなって、相手のことなんかおかまいなしになるのです。

カ$_{8}$　なるほど。とりこになってしまうわけだね。

ク$_{8}$　その失敗をずっとしているのじゃないかなって。

カ$_{9}$　相手のことがおかまいなしになるのか。

ク$_{9}$　はい。そうなっていると思います。相手の意志じゃなくて、自分がしてほしいことを期待してるし、そうならなかったらイライラする。相手の思いが自分の思いとは全然レベルが違うのに、僕がこれだけ思っているのだから相手も思っていてほしいとか。それでなかったら、全然自分は駄目というか。〈沈黙〉

カ$_{10}$　まるで、お母さんを求めているような感じだね。

ク$_{10}$　そのことに気づいたのです。それは頭の中には確かにあったのです。こっちが悪くても母親だったら受け入れてくれるし、そんな楽な状態を異性に求めていたのです。母親的な関わりのできる人を理想みたいに思って。現実はめったに会いませんね。

カ$_{11}$　そりゃ、会わないね。

ク$_{11}$　だから、同じことの繰り返しばっかりしている。

カ$_{12}$　なるほど。(間) そりゃそうなるね。

ク$_{12}$　やはり居心地がよかったのだと思います。いまだに家にいるのは。

カ$_{13}$　家から出ないのはね。

ク$_{13}$　異性を求めるのですが、失敗するというか、相手の気持ちを思いやることがないのです。

カ$_{14}$　なるほど、うん。

ク$_{14}$　(間) だから、女性と深い関係がもてない。

カ$_{15}$　うん。

ク$_{15}$　洒落で前回の感想に書いたのですが、もてないという言葉は深い関係がもてない、というそんな感じがあるような気がして。辞書で引けば「もてはやされない」とかそういうことだと思いますけど。女性と深い関係がもてないことだと思いますね。

カ$_{16}$　なるほど。母子関係がじゃまして。

ク$_{16}$　はい。それも母のせいにしてる気がありました。意識して中学校のときも高校のときも、誰かを紹介してくれと言ったことはあります。

カ$_{17}$　友だちに。

ク$_{17}$　はい。友だちに言って、話は何べんもあったけれど、その度ごとにかぜをひいたりしてね。

カ$_{18}$　へえー。

ク$_{18}$　その日に休んだり。

カ$_{19}$　身体の方が拒否していたんだね。

ク$_{19}$　ええ。今思えば、そういうことが多かったですね。そのときの自分の感じは、鼻をたらしたり熱を出した状態で女の人に会いたくない、との意識があったのです。

カ$_{20}$　なるほど。鼻をたらして女性に会ったら、まるで坊やだものね。

ク$_{20}$　ええ。

カ$_{21}$　(間) 短期間で性的な関係までいった女性はどんな人だったのですか。

ク$_{21}$　素人ではない人です。

カ$_{22}$　それはそうだね。

ク$_{22}$　〈沈黙〉自分では気づきませんでしたが、このように見てみたら、結婚ということからは遠いですね。自分には結婚したい思いもあまりなかったと思う。性に対する欲求は今も強いし、あるのですけど。その処理のしかたが何かばかげていると思います。そういうところへいったり、自分で処理したりで。性欲は強いのに、結婚には結びついていかない行動しかしていない。

カ$_{23}$　なるほど。そこは精神的な関係が入るからね。（間）

ク$_{23}$　わからないのは母親も息子がこの年まで独身でいても、一度も見合いの話をしたことがないのです。

カ$_{24}$　親からも。

ク$_{24}$　親からはないのです。

カ$_{25}$　近所の人がもってきてくれることもない。

ク$_{25}$　ええ、ないです。近所の付き合いもないし。それに自分から見合いをしたいということもないのですね。恋愛はしたいといつも思ってるし。（間）こちらの思いがあって、向こうにも思いがあって、というような恋愛関係は一つもなかったのではないかと思います。いつも片思いであって。

カ$_{26}$　片思いはある意味で、愛してほしいという思いだね。愛される喜びを求める。

ク$_{26}$　はい。だから、わかってほしいみたいな言葉が出るのだと思います。

カ$_{27}$　うん。そうだね。

ク$_{27}$　それではうまくいくわけがないことはよくわかったのですけれど。

カ$_{28}$　まあ、そうだけれど。〈沈黙30秒〉そこまでわかってどうですか？

ク$_{28}$　いかんともしがたいのですが、きちんとやろうと思いますね。これからは。

カ$_{29}$　何を。

ク$_{29}$　女性関係だけじゃなしに、多分日常の人間関係とも関係があると思うのです。自分の我の部分というか、その弱さの部分をやろうと。

カ$_{30}$　それは何の我なんですか？

ク$_{30}$　（間）わかってほしいとか、愛されたいとかっていうことだと思うのですけれど。

カ$_{31}$　それはね。

ク$_{31}$　はい。

カ$_{32}$　そいつを。

ク$_{32}$　人の気持ちなどと言うとたいそうなことかもしれないけれど、自分と他人の区別をはっきりつけていけば、よい人間関係がもてるのじゃないかなと思います。

カ$_{33}$　日常生活で、たえず意識しながらトレーニングする。

ク$_{33}$　はい。

カ$_{34}$　うん、なるほど。（間）じゃ、母子関係の方はどうなります。

ク$_{34}$　きっちり別れると思います。自他の区別がついて、母親の思いと自分の思いをわけて、自分の思いも通せると思います。

カ$_{35}$　なるほどね。お母さんにどんなことを言いたいですか。

ク$_{35}$　昔のことを聞きたいですね。そのときどういう気持ちだったか。28のときに問題が起こったときのこととか、正式に協議離婚しようと思ったときの気持ちとか、もし聞けるのだったらゆっくりでいいですから聞きたいです。父親はどうしているかと。まだ全然はっきりしていないのですが、僕は別れて住むのがいいなあと。

カ$_{36}$　なるほど。最終的に言いたいことはそこになるのだね。私はあなたに「言いたいことは？」と聞いたら、あなたは聞きたいことを答えられたから。言いたいことはそこだね。全部聞いた後で。

ク$_{36}$　（間）今の感じでは、具体的に別居するようなことになれば、母親は捨てられた感じをもっと思うのです。今の状態だったら、僕に不都合があるし、つらく思うのじゃないかなと。そこはやっぱり自分の弱さだと思いますし。

カ$_{37}$　そうでしょうね。

ク$_{37}$　母親が捨てるつもりかと言われたときに、自分の中にわき起こってきた感情は…。（間）母親がいなかったら生きていけないみたいな弱さというか依存というか（間）あるように思うのです。もし母親が死んだりしたら、生きていけないような思いが。（間）

カ$_{38}$　あるわけだね。

ク$_{38}$　小さいときからありました。今もこんな感じだったら、あるのではないかと。大叔父さんが死んだときに、自分の身体の半分がなくなったみたいな感じがしたのです。あと半分は母親かもしれないという感じです。だから自分がほんとうにどこにあるのか。〈沈黙〉ほんとうに母親と一体だったかもしれません。

カ$_{39}$　大叔父さんが亡くなられたときに半分切られたのは、お母さんだったのかもしれないね。お母さんに自分の半分を切られた思いがあって、あなたが母子一体だったからそれを感じたと。

ク$_{39}$　そうかもしれません。

カ$_{40}$　ね。

ク$_{40}$　今も分離できてないっていうのが…。〈沈黙〉わかりました。今言われたことで、今も母親と分離できてないですね。

カ$_{41}$　なかなかですね。

ク$_{41}$　僕自身はそんなに大叔父さんと直接的な関係はないのです。確かに親しくしてましたが。母親がいちばん強いのですよ、考えてみれば。

カ$_{42}$　そうでしょう。

ク$_{42}$　はい。（間）簡単な問題でないことがわかりました。一面わかったとしても、底のところでつながっていたら、うーん。〈長い沈黙〉（今まで曇っていたのに、太陽がまともにクライエントの顔に当たり出す）

カ$_{43}$　太陽が顔に当たってきましたね。

ク$_{43}$　ええ。

カ$_{44}$　ね。（間）影のままではおいておけないね。これだけ太陽が当たると。

ク$_{44}$　〈沈黙3分40秒〉事務所で一人でおれないこととか…。いちばん自分にとってありがたい形というのは、自分が家の中にいて、母親と祖母がいることがわかっていて、自分の部屋に入ってこないことなんです。自分の部屋にドアがあって、ノックしてから入ってもらえるような感じ。今の家具とか、それぞれの持ち物が乱雑に置かれているような状態じゃなくて。自分のものは自分のものできっちり片づけて、そういう部屋に自分がいて、その外に母なり祖母なりがいてくれたらいちばんいいというのが、今の僕の正直な感じだと思うのです。

カ$_{45}$　（間）そこへは女性は入れないね。

ク$_{45}$　そうですね。考えてみたら無理ですね。その状況では。だから今こういう状態なのですかね。

カ$_{46}$　今のは思春期の感覚だね。思春期はかまわれるのはいやだが、離れたら寂しい。

ク$_{46}$　そうですね。（間）情けない気がします。今の歳で。

カ$_{47}$　（笑）

ク$_{47}$　〈沈黙40秒〉それでもやれるところからしかできないですし。

カ$_{48}$　うーん。それはそうだ。だけど、それでいいの。

ク$_{48}$　いいえ。（溜息）全然よくないですね。〈沈黙1分〉ドラゴンファイトって言われたときに何もわからなかったのです。どういうことかが。自分としては、今までの家族の歴史を言うのは楽だった。そこに問題があると思っていたし、直接の、自分の問題とつながっていたことは、何とはなしに結びついただけで、本当の意味でどうしていいかはわかってないのかなって。ドラゴンファイトの一つは、女性の獲得だと思うのですけれど。（間）

カ$_{49}$　この頃、心の中で闘っていることはないですか。

ク$_{49}$　〈沈黙30秒〉ありますね。

カ$_{50}$　それは。

ク$_{50}$　〈沈黙２分30秒〉それはこうです、と言えませんけれど、ずっと闘ってきたと思います。

カ$_{51}$　何と。

ク$_{51}$　自分とです。

カ$_{52}$　自分のどんな部分と。

ク$_{52}$　〈沈黙３分〉言葉をいろいろ探していたのですけれど。自分の嫉妬心だと思います。

カ$_{53}$　何に対する。

ク$_{53}$　〈沈黙３分30秒〉自分の好きな人に対する。（間）その人が他の男の人に対する関心とか、好意をもったときに対する嫉妬心だと思います。

カ$_{54}$　なるほど。お母さんが大・大・大・大好きなんだね。

ク$_{54}$　えっ。

カ$_{55}$　そうすると、あなたは、お母さんが大・大・大・大・大好き、なんだね。

ク$_{55}$　〈沈黙30秒〉同じことになりますね。

カ$_{56}$　うん。

ク$_{56}$　（間）今、変な感じであることは気がつきましたけど。

カ$_{57}$　うん。

ク$_{57}$　母親に対しても、他の男の人に気持ちがあった部分を自分は認められないから、20歳のときも気がつかなかった。

カ$_{58}$　そう。理屈じゃなしに。

ク$_{58}$　（笑）理屈じゃなしに、と言われたらわからないのです。〈沈黙20秒〉

カ$_{59}$　あなたの部屋にはまだ女性の入る余地がないから。女性じゃなくて、お母さんが大・大・大・大・大好きなんだね。

ク$_{59}$　そう言われると嫌いです。嫌いな面がいっぱいあります。いやですよ。

カ$_{60}$　そうだね。しかし、さっきからあなたが言ってることは、嫌いだとは私にはとれないよ。嫌いだというのは干渉するとか、そういう行為でしょう。

ク$_{60}$　はい。

カ$_{61}$　行為を問題にしていない。あなたの気持ち。
ク$_{61}$　うーん。
カ$_{62}$　お母さんがあなたに「私を捨てるのか」と言われたときにあなたどう言う。
ク$_{62}$　（間）今だったら、捨てませんと言うかな。（間）おかしいなあ。（笑）
カ$_{63}$　捨てないと言うのですか。「捨てるのじゃないの！」と言われたら。
ク$_{63}$　そうかもしれないなあって。
カ$_{64}$　はあ。そうかもしれないと言いますか？
ク$_{64}$　なんかぴったりきませんね。
カ$_{65}$　ぴったりこないでしょ。
ク$_{65}$　そうじゃない、って言うのかなあ。
カ$_{66}$　そうじゃない、って言いますか？
ク$_{66}$　それもぴったりきませんね。
カ$_{67}$　うん。そういうところに今あなたはいるのでしょう。
ク$_{67}$　えっ。
カ$_{68}$　そういうところに、あなたがいるのでしょう。捨てる…それじゃあ、私を捨てるのと言ったら、そうじゃないとも、そうだというのもぴったりこない。そんな心の状態に今あなたがいるのでしょう。
ク$_{68}$　うん…そうですね。
カ$_{69}$　すると、ぴったりすることを言わないといけないね。
ク$_{69}$　う…ん。
カ$_{70}$　今日は時間になったね。
ク$_{70}$　ありがとうございました。
カ$_{71}$　どういたしまして。

個人面接（19 回目）を受けて

今回の面接について、別に何も言うことはない。何回も沈黙が入ったが、今回も決して、プライベートなところへカウンセラーは入ってこられなくて、私の中核的問題のために聞かれているという安心感があった。そのため、面接後は非常にすっきりした。考えてみれば、ふだんからカウンセラーに見られているということを忘れてしまっていた。なんという不覚。

ところで、まだ母子分離の問題は意識ではわかっているが、異なった状況で、異なった人間関係の中での対応についてはわかっていない。もちろん 35 年間考えずにきたのだから、しかたがないといえばしかたがないのではあるが。いかんともしがたいとは思えなくなって、何が何でもやってやろうと。

「母親のことが、大・大・大好きなんだね」と言われても、わかっていません。こちらのことを好きとも思っていない人にアプローチすることが、けっきょく一人でいることにつながり、それが今の状況につながっているということであるのか。

私は異性を求めてきたが、意識で求め、無意識では拒否していたのかもしれない。もったいないことをしてきたなと思う。

わがままは我が母（ママ）につながるのかもしれない。

カウンセラーの印象とコメント

冒頭から異性の話が始まる。1週間の時間がクライエントの覚悟を促した。母親にじゃまをされたと思っていた女性との関係は、クライエントから母親にすべてを話しており、母親がじゃまをするのではなく、自分で駄目にしていることにクライエントは気づく。無意識的に母親の路線に乗り、異性を求めるクライエントの態度は、母を求めるようなものであった。これでは異性との関係がうまくいくはずがなく、同じ失敗を繰り返すことに気づく。思春期に異性を求めて、いざ具体的な行動をしょうというときになると、身体に症状が出て駄目になっていたことを思い出す。

母親の方も息子の結婚にまるで興味や関心を示していない。これは叔母さんの観察とも一致している。親子で完結した関係になっていたのである。クライエントはこのことにはまだ気づいていない。カウンセラーが「母親に言いたいこと」といったときも「聞きたいこと」と間違って受け取っている。父親代わりの大叔父さんが亡くなったときに、自分の半分が死んだように感じたクライエントは、母親との分離にはもう半分の死を体験しなければならない。あとの半分が死んだときに、クライエントは再生できるとの思いがカウンセラーにしている。

クライエントの母子関係での心情が、思春期のそれであることがハッキリしてくる。母親がひっついてくると疎ましいが、離れると寂しい。他の人に母親の気持ちがいくと嫉妬するのである。カウンセラーはそれを「お母さんが大・大・大・大好きなのだね」とやや皮肉をこめてフィードバックしている。クライエントはこれで、自分が母親と今は離れられないことを実感したようである。

カウンセラーはクライエントのコメントにもあるように、クライエントのプライベートなことの「内容」には入ろうとは思っていない。これは公開の教育分析であることとも関係しているが、もっと根本的なカウンセラーの態度である。カウンセラーは内容についてはある意味でどうでもよいと思っている。カウンセラーがクライエントの理解に必要な事実は、クライエントの方から自然に話してくれるからである。内容よりも、それにまつわる感情を正確にクライエントが表現できるようにすることがたいせつだと感じている。今回のカウンセラーの応答をお読みになると、ロジャースが内容よりも感情が大切であるといったことがよくおわかりだと思う。

第20セッション（最終回）　「男になります」

【平成X年12月13日】

カ$_1$　今日で一応、お約束の回数になりましたね。

ク$_1$　はい、よろしくお願いします。

カ$_2$　こちらこそ。〈沈黙3分〉

ク$_2$　今回で終わりだと思いますとホッとした反面、残念だという気持ちもあります。最初は1回終わった時点で、もう一度振り返ってみてみたい気持ちが強かったのですが。〈沈黙2分〉（せき、失礼）〈沈黙1分〉

カ$_3$　せきが止まらなくなってきた。私は何をせき込んでいるんでしょうね。（せき）

ク$_3$　先生がどうしても言いたいことがあるのか、と思いましたけど。（笑）

カ$_4$　いや、ない。（笑）そうかな、あるかな。〈沈黙〉今、あなたの方に余裕が出てきたでしょう。

ク$_4$　自分にですか？（ええ）〈沈黙2分〉自分の目で自分を見ていくときにこういうふうに落ち込むのは、今までそういう目で見られていなかったのに急に現実として、自分の年齢が35歳で、客観的に母親とも話していくと、冷静に見た場合に、これまでそういう目で見てこなかった段差を見るようになると思うのです。

カ$_5$　そうでしょうね。

ク$_5$　13回目の混乱もそのへんのところなのかなって。今までの見方できていて、パッと変わったから何もわからなくなった。今は一つ一つ見ていかないとわからない。先週の面接でも、言われたことをわかってなかったと思うのです。〈沈黙〉直視できないところというか、見るとつらいところがあるのだろうなって。今はこのように思っているのです。それが何かをおいおい見なければと思いますが、今はまだわからないという感じなのです。〈沈黙〉

カ$_{6}$　本当にわかってくれば、少しずつ行動に出てくると思うよ。（ええ）自分の部屋を自分の部屋のものとして片づけるとか。（ええ）事務所に荷物を入れるとか、学校で一人でいても落ちつけるとか。

ク$_{6}$　これまではできなかったのですが、この冬休みに家にある本をすべて事務所に移そうかなって思っているのです。今の自分の部屋を自分のものだけにするのは、今はできないと思います。あまりにも入り込みすぎていて。

カ$_{7}$　お互いに入れ込んでいて。

ク$_{7}$　そうです。まず本から整理して、その空いた部分にレコードを持ってくる。

カ$_{8}$　よその部屋を侵略している自分のものをまず自分の部屋に入れ込む。

ク$_{8}$　ええ、まずそれからかなって。

カ$_{9}$　あなたが置いていたところが空くね。

ク$_{9}$　そこへ母親のものを持って帰ってもらう。そこは少しずつ。

カ$_{10}$　シャツがなくなっても怒らないとか。

ク$_{10}$　シャツは自分で買いにいきましょうと。それからパンツも。

カ$_{11}$　あなたのお客さんが来てもらえるような家にする。

ク$_{11}$　そうですね。

カ$_{12}$　課題はいろいろあるね。

ク$_{12}$　ありますね。

カ$_{13}$　よく考えたら、今までそこはまったくの手つかずでしょう。

ク$_{13}$　えへっ、そうです。行動の面ではまだまだかなと思いますけれど。

カ$_{14}$　一挙にしなくてもいいのだけれど、今までは動きだすこともなかったでしょ。

ク$_{14}$　ええ、いやだと言いながらそのままで。わかっているのですけど、動けない。

カ$_{15}$　そこはかなりのギャップだね。（ええ）クライエントが「わかっているのですけれど、できない」って言ったときどう感じますか？　あなたがカウンセラーのとき。

ク$_{15}$　そうだなって。だけど、やってほしいなあと思います。いつかは。

カ$_{16}$　いやいや。本当の意味でクライエントはわかってないということと違うかな。

ク$_{16}$　そうしないとおられない気持がわかったら、そういうふうに思いませんね。

カ$_{17}$　だから僕は「それをしてほしい」という気持ちはそんなにないのです。

ク$_{17}$　ないと思います。

カ$_{18}$　「できないのだな」って思っているだけでね。口では「わかってますけど」と言いながらと、頭でそういうふうに思っているだけでね。（笑）

ク$_{18}$　わかっていないのです。その人が。（笑）

カ$_{19}$　そうそう、わかっていないのです。

ク$_{19}$　あとは決心だけですかね。

カ$_{20}$　「決心」だけですか？

ク$_{20}$　いや、動きます。

カ$_{21}$　本当に「決心」がついてる？

ク$_{21}$　はい。

カ$_{22}$　あー、ついてるのですね。

ク$_{22}$　「決心」はついてますよ。（間）今までの生活を思い出しています。現実のことができないというところがありますね。

カ$_{23}$　手続きとか。

ク$_{23}$　はい。手続きとか、紀要が書けないとか。本当にやれてないところの根はつながっていると思います。

カ$_{24}$　何かに甘えているのだろうね。（間）ケースをわからない人に対する怒りは減りましたか？

ク$_{24}$　あっ、最近はそんなことを全然考えていませんでしたね。

カ$_{25}$　そういうところはきちっとわかったのでしょう。辛抱しなくても、怒りを出さないでいられるでしょう。（はい）そこは行動できているでしょう。（笑）

ク$_{25}$　うーん。そうですね。（間）まじめに学会で聞いていないのかな。（笑）

カ$_{26}$　クリニックもあるし。

ク$_{26}$　そうですね。うーん。

カ$_{27}$　アグレッションを抑えているのじゃないでしょう。

ク$_{27}$　ええ。抑えていないですね。

カ$_{28}$　抑えていないでしょう。

ク$_{28}$　はい。

カ$_{29}$　言わなくてもいいし、出さなくてもよくなったでしょう。

ク$_{29}$　そう言われたら、考えたことないですね。その人に会っても考えたことがないですね。

カ$_{30}$　だから、考えずにできるということが「わかった」ということだね。

ク$_{30}$　うーん。

カ$_{31}$　それに引き換え…。

ク$_{31}$　部屋の整理は、ワハハ、駄目ですわ、ワハハ、やりましょう。うーん、そうですね。悩まないと動けないところがありますね。（間）あっ、そうか。心を入れ換えたつもりだったのですが。うーん、行動ですね。行動を見ればどれぐらい進んでいるのか、やれているのかがわかりますね。（間）学会の正会員の申し込みも言い出してから何週間も経っていますね。

カ$_{32}$　なかなか気持ちが正会員になれていないのだろうね。

ク$_{32}$　なれてないのですね。

カ$_{33}$　まだ、ジュニアーなのかなあ。

ク$_{33}$　うーん。初めに言われたその補欠の何番というかもしれませんね。自分の気持ちと行動を考えてみれば、どれだけやれているかがわかるような気がしますね。ちょっと、なんか。（うん）視点を上にもってというのが神田橋先生の面接のコツにありますね。視点を上にもっていくというのが、ああいう感じなのかもしれないと思います。そういう視点が自分を見る上で必要だったのかと。面接場面じゃなくって現実の生活の中で、ものすごく欠けていました。

カ$_{34}$　そうだね。自分のことに関してはね。

ク$_{34}$　はい。

カ$_{35}$　叔母さんの恨みとか、お父さんの残念さとか、大叔父さんの配偶者の気持ちとか、近所のお婆さんの怒りとかをあなたは出せたし、わかられたから、あなた自身の何かわけのわからない攻撃性の3分の2くらいは知らない間に消えたよね。お母さんやおばあさんの目で見ていた他人の方は、自分の目で見られるようなったね。自分のところだけ、自分と母親の直接的なところだけは、シャツの事件が象徴しているけれども、見えてないね。それは知識でわかっただけだね。

ク$_{35}$　ええ。

カ$_{36}$　あなたが69年代がホッとするというのは、69年代というのは中学3年生ぐらいでしょう。あの頃に今の気持ちがあれば、ホッとするだろうね。今は 35 歳だから、冒頭に言ったけれど、現実にはそのギャップがあって。このギャップはまだ残されてるね。（溜息）〈沈黙〉20 回で配偶者を獲得できる準備性までいこう思ったけど、それは 1 年ではちょっと無理だと思っていたが、やはりちょっと無理だったかなという気がしたけれど。（クライエイトはいぶかしげな表情をしている）あなたはそう思ってないようね。

ク$_{36}$　ええ。思ってはいないのです。すごく短期間だったのですが、この一週間でも僕の中ではものすごく変化があったのです。

カ$_{37}$　そうですか。今のが僕の思いだったわけ。今日、あなたに会うまでのね。1 週間の変化はどんなふうなのですか？

ク$_{37}$　女性と楽に話せるようになったのです。

カ$_{38}$　そうですか。（間）嬉しいことだから、もう少し話してくれる。

ク$_{38}$　（笑）うーん、それがこの 1 週間、自分がよいなあと思える女の人と普通にしゃべれたということがあります。（間）まだまだと思いますが、そのへんが動いたのです。1 週間の間に。とても考えられない。

カ$_{39}$　僕もとても考えられなかった、今まで。

ク$_{39}$　偶然が何回も重なっているのです。意識的なところもありますけど。（笑）

カ$_{40}$　どういうこと？

ク$_{40}$　あっ。まずいことを。うーん。自分から話しかけてるところもありますね。機会があれば、自分から積極的に話しかけています。

カ$_{41}$　行動してるね。

ク$_{41}$　ええ、しています。しかしまあ、父親のパターンのような気もするのですが。

カ$_{42}$　うーん。それだとアクティング・アウトになるね。

ク$_{42}$　ええ。でも、アクティング・アウトもよいって神田橋先生の本に書いてあったし。

カ$_{43}$　自分を変えるためにはね。

ク$_{43}$　ええ。試しというか。

カ$_{44}$　神田橋先生というすごい味方をつけたね。

ク$_{44}$　はい。すごく今、気に入ってます。なんとかやれそうな感じをつかんだのです。まだまだつかめていないところもありますが、何かができたような気がするんです。

カ$_{45}$　なるほど。何かをね。出発点というか足がかりというか、何かをつかめた。

ク$_{45}$　そんな気がします。

カ$_{46}$　それは嬉しいな。〈沈黙〉

ク$_{46}$　父親の失敗を見ているので、たぶん同じことはしないと思います。僕なりのやり方でやれると思います。（間）きっと部屋のこととか関係すると思います。事務所に本を持っていきたくなった気持ちとつながっているような気がします。事務所の近くの銭湯を探しました。今までじゃまくさかったから家で入ろうと思っていましたが。あそこにこもろうと思って。（間）少なくとも、自分のものが母親の部屋に侵入しないようにしようかなって。

カ$_{47}$　なるほど、そうだね。

ク$_{47}$　そこからですね。

カ$_{48}$　お母さんのものを放り出すより、自分のものを持ち込む方がいいね。人のものを放り出すと、放り出された方はいやに思うが、自分のものを持ち込んだって当たり前のことだから。

ク$_{48}$　はい。いらないものを捨てなければとつくづく思います。けれど、自分の中に捨てられない部分があるから片づかないのです。母親のそれは批判しますが。

カ$_{49}$　それもお母さんからもらっているねえ。

ク$_{49}$　あっ。良いことももらっているのか。

カ$_{50}$　良いこともね。

ク$_{50}$　何ももらわないよりはいいかと思って。

カ$_{51}$　それはそうだね。

ク$_{51}$　捨てることはできるし。

カ$_{52}$　もらわなかったら捨てもできない。

ク$_{52}$　そういう意味での恨みは、頭の中だけかもしれないですが、落ち着いたのかなと思います。またシャツのようなことが出てきたら、そのときに考えたらいいと。

カ$_{53}$　自分がそれに気がついたらね。

ク$_{53}$　気がつかなかったら、そのまままた流れていくでしょうけど。〈沈黙2分〉なかなかやれないことはやれませんね。この面接の中でも家族のことを調べるのが、なかなかできなかったのを思い出します。頭で思っているのと実際の行動は本当に違うなあって。こんなに簡単なことでも動けないんだなって。

カ$_{54}$　本当にね。きちっと腑に落ちてわかったことは、頭の中から消えている。行動でできるようになっているから。

ク$_{54}$　まだまだですね。（笑）そう思いますわ。

カ$_{55}$　（間）まだまだかもしれないし、早いかもしれないね。それも自分の行動を見ていたらわかります。〈沈黙〉

ク$_{55}$　この１週間ですごく変わったという思いがどこかにあります。ふっと階段を登っているときとかに思ったりするんです。ひょっとしたらそうかもしれませんし、そう思いたいのかもしれません。それを差し引いてもやはり違うなあって思って。

カ$_{56}$　なるほど。（間）自分の力が確信できますか？

ク$_{56}$　はい。

カ$_{57}$　うん。〈沈黙〉

ク$_{57}$　具体的な話ではスーパーヴィジョンをしていただいていて、自分が良いと思っていたところと先生が褒めてくださった部分がピッタリ一致したのです。ここでやれるという感じをもちました。

カ$_{58}$　なるほど。それは本物だものね。

ク$_{58}$　それからもう一つは、今まで２年半ここへ来させてもらって、その中で面接に関して、これをやりたい、これを先生から学びたいというのがはっきりしました。

カ$_{59}$　大いに学んでください。

ク$_{59}$　はい。〈沈黙〉

カ$_{60}$　終了にあたって、何かおっしゃりたいことがありますか。

ク$_{60}$　もし、このカウンセリングをやってもらわなかったらどうだっただろうと、逆にそれを思います。

カ$_{61}$　どんなふうに？

ク$_{61}$　たぶん何も気づかずにいってしまう。気づいたとしても、少しずつということになると思うのです。

カ$_{62}$　そうでしょうね。

ク$_{62}$　それだと自分の年がありますから、できるだけ早くという焦りもあるのです。だから、短期間で進めていただけたとの感じがありますね。このようなオープンの形でなかったら、もっと休んでやっただろうなって思いますね。（笑）途中の部分では休んでいるところもありましたから。

カ$_{63}$　時間が決められずに、オープンでなかったらそうなっているね。お互いに観客を意識したかな。

ク$_{63}$　そういう面で意識したかもしれませんね。

カ$_{64}$　内容じゃなくってね。「これこそ教育分析だ」と。(笑)

ク$_{64}$　あまりそういうのはなかったかもしれませんけれど、見られてることで休めないなっていうのは感じましたね。その他のところでは自然にというのか、何もわからずにきた部分もあって、よかったなと思うのですけど。

カ$_{65}$　そうだね。応援団があるのに、見逃しの三振ばっかりしてられないものね。緩慢なプレイもね。だからハッスルプレイしなければとね、お互い。(笑)

ク$_{65}$　はい。ファールフライを1回でもさぼって取りにいかなかったら帰ってこられませんし。

カ$_{66}$　観客からブーサインが出るしね。

ク$_{66}$　それはちょっとありましたね。〈沈黙〉(クライエントが時計を見る)

カ$_{67}$　だいたい、これでよいですか。

ク$_{67}$　はい。

カ$_{68}$　あなたが時計見ることは少ないものね。どうも1年間ご苦労さまでした。

ク$_{68}$　こちらこそ。20回にわたりまして長い間ありがとうございました。

カ$_{69}$　それじゃあ、これで終わります。

個人面接（最終回）を受けて

今回の面接においては、前半特に何を言ったらいいのか考えてしまって、時間の経つのがもったいなく感じた。最後を意識して、あれも言いたい、これも言いたいで、最終的には自分でやってゆかなくてはいけないことについて先生にお聞きしておきたかった。欲張りなもので、隣の土地のこともちょっと先に知っておきたいし、一人でやっていく不安も高いが、何よりも自分の可能性を大きく広げておきたいということである。

さて、20回の面接を終えて、正直ホッとしている。どんなことがあっても、面接を休んだり、遅刻したくなかったので、後半からはほとんど徹夜に近い状態で面接に臨んだ。眠られない状態のときもあったのであるが、意識的に面接の前々日に徹夜をして、前日によく眠り、コンディションを調節したこともあったが、それは時間の都合でなかなかうまくいかなかった。そういう意味では、クライエントであるという甘えが少しあったと思う。もし、カウンセラーであれば、じっくり睡眠をとって絶好調という状態にいつももっていったと思う。

今後とも女性には悩まされ続けることと思われる。そんなに簡単に変われるものでもないが、それが楽しみになれば救いである。面接以前には考えられなかった変化が面接中にもあった。考えてみれば、面接前に先生に注意されていた通りになったことも多々あり、見立ての正しさと読みの深さを感じた。その点も安心感をもって、この面接を受けられた原因である。

こういう形で面接を受けることは、私の人生において二度とないと思われる。こういう機会を与えていただいた先生と参加されたみなさんに深く感謝いたします。

カウンセラーの印象とコメント

最終回であるとの場面構成から面接が始まった。クライエントは自分の混乱が今までの母親を通して見た視座と自分のそれの落差からきていること、まだまだ見るのがつらい領域があること、行動を事務所の整理から始めようと思うことなどをまとめながら話し出した。カウンセラーもまとめの話を始める。ケースをわからないセラピストへの怒りが自然に減っていることから、本当にわかるということは自然に行動ができていることだとカウンセラーは言う。クライエントはわかった部分とわかっていない部分の区別ができる。

カウンセラーはカウンセリングのプロセスのまとめとして、12回目と同じように解釈的に説明する。そして、配偶者を獲得する準備性まではいけなかった、とカウンセラーが言ったときクライエントはそうではなく次のプロセスが始まっていることを現実の行動で示す。それは女性と話しやすくなったことである。カウンセラーはクライエントの動きに驚きと喜びを感じる。クライエントと今回のカウンセリングに限界をつけた自分を恥じた。研究室の女性たちがクライエントの家に電話をかけやすくなった、と言っていたのをカウンセラーは思い出す。以前はクライエントの母親が出ると気まずい感じになっていた。カウンセラーは自分の直観を信じることはたいせつだが、それらがたえず予断と偏見に変わることを知っていなければならない。

終わりの儀式として、クライエントとカウンセラーはお互いの感想と観察者がいることの意味を話して、この教育分析は終結した。

第 3 章

教育分析の展開と考察

1　カウンセラーからの検討

教育分析は治療的カウンセリングと比べて、クライエントがいわゆるクライエントではない。クライエントは自分がカウンセラーとなったときのためにクライエントを体験するのである。その目的の一つは、クライエントがカウンセリングにおいてどのような気持ちに実際になるのかを体験することである。もう一つは、自分の中にある感情に気づき、自分の感情とクライエントのそれを区別できるようにするためである。自分の感情とクライエントのそれとの区別ができていないと、クライエントの感情を明瞭に把握できないことの他に逆転移が起こる。自分のコンプレックスが昇華されていないと、クライエントの見方が偏り、自分のコンプレックスでクライエントを支配したり、クライエントの変容の妨害をしたりすることが起こるのである。

今回の教育分析は限定的に公開したものであり、1年間にわたるとはいえ、回数が20回に制限されている。クライエントとカウンセラーは日常の生活場面を共にする機会も多い。観察者とクライエントも日常場面でたえず接している。それゆえ従来のカウンセリングの常識とは異なるものであることは確かであった。しかし、第1章でも述べたように、全体がエンカウンター・グループの雰囲気をもっており、取り立ててそのことが妨害の要因にはならず、むしろカウンセリング・プロセスを促進する役割さえもっていたような気がしている。この点についてはこの章の後節で、参加者の生の報告で検証したいと思っている。

教育分析のクライエントはいわゆる普通のクライエントと異なり、主訴がない。正確に言えば、主訴に相当するカウンセリングの目的は、実際のカウンセリングの中から生まれてくる。初回、クライエントは自分の攻撃性と自分のケースのクライエント、特に分裂病圏のクライエントに対する激しい思い入れを問題にした。そしてこのような強い思い入れがどこから来るのか、それをコントロールするには何をわかればよいのかがカウンセリングの目的になった。

攻撃性を問題にしていくと、家族の複雑な歴史が背景となっていることがわかってきた。クライエントのもつ背景から、母親や祖母の目を通して、別れた父親や家族を見ていたことが問題になってきた。自分の視座で物事を見ることや母親からの自立の問題へとカウンセリングの目的が焦点化され、発展した。

カウンセリング初期には、自分の父親を境界例だとクライエントは考えていたが、実はそうではなく、長い家族のしがらみの中でそのようにしか行動しえなかった父親を最終的には理解した。クライエントと父親の和解が成立し、クライエントはそれを機会に、男の子が父親を取り入れるように、昔父親が吸っていた洋モクを吸うようになった。母親や祖母の干渉に静かな反抗を示し、彼は中学生の雰囲気に安らぎを覚えたりするようになった。

自分と母親の直接的関係以外は、自分の視座で客観的に見られるようになったクライエントではあるが、直接的な関係を変化させることになると無意識的な抵抗が強まった。関与観察者やカウンセラーには明らかな事柄がわからず、クライエントは頭を抱えて「わからない」を連発する。最後の局面に入るに従って、クライエントは自分の抵抗からそれを見ないようにしているとの洞察が得られるようになった。カウンセラーは母親にのみ込まれているクライエントを開放する者としての異性の侵入に話を進めたが、クライエントは小学校時代の初恋の段階で急に頭を抱え込む。それは不思議なとまどいであった。なぜなら、小学生時代の女の友人関係のあり方が、現在の女性との関係のもち方と底でつながっていたからである。つまり母親との分離が思春期段階で止まっていたのだ。知的な洞察では相当のことがわかりながら、母親や祖母との直接的な関係の改善となると一歩も進めなくなっていた。カウンセラーは少なくとも母子未分離を明確に洞察するところまで、今回の教育分析のプロセスを進めておこうと考え、それが20回限定の教育分析でできるカウンセリングの最終目的だと判断した。この点を具体的にはっきりさせておけば、精神的に健康で自我が強いクライエントはこの後、自分でゆっくりと自然な形で母子分離できるからである。

しかし、最終回で示されたように、クライエントはカウンセラーの予測より一歩進んでいた。クライエントの女性に対する態度に柔軟性が見られ、女性の同級生や友人に対する母親の態度が柔らかくなった。母子分離が現実的に一歩、歩みを進めたのである。

教育分析の効果としては、彼は沈黙が怖くなくなった。カウンセラーの態度をクライエント側から見たときに、カウンセラーが落ち着いて沈黙するクライエントを見ていると、クライエントは自分のことを考えることができる。こうしてカウンセラーが沈黙するクライエントを見守ることがクライエントの内省を促すことを、彼は身を以て体験した。また、クライエントに対する極度の思い入れが自分を理解してほしいという己の感情の逆転移だとわかり、OBや指導者に対する攻撃性が自然に消滅していった。感情を理解できないクライエントや分裂病のおばあさん、知恵遅れの子どもたちへのクライエントの思い入れの感情の源泉がこれにより解明された。

クライエントは大叔父さんの死で、自分の半分の死を体験した。大叔父さんは彼にとって実質的な父親であった。父親との和解は彼の半身の再生を意味する。今回のカウンセリングでは母殺し（完全な母子分離）まではいかなかったが、それができたときに思春期心性の彼が死に、35歳の成熟したおとなに再生することが予測される。

2　クライエントからの検討——教育分析を受けて

今回の教育分析を受けていちばん感じるのは、現実のたいせつさである。カウンセリングやサイコセラピーというと、すぐ無意識内容の意識化とか、洞察、自己実現などということが問題にされるが、実は現実認識がいちばん大事であり、そのことをカウンセリングの中で何回も何回も意識させられた。教育分析であれ、治療のための面接であれ、クライエントが生きているのはこの現実世界である。さまざまな療法があり、さまざまな治療技術が存在しても、結局のところそれは変わらない。私は私のカウンセリングを、クライエントをポジティヴに受け止めて、そしてその現実に直面させるものにしたいと思う。そのことを目的にしたい。これが、私が今回の教育分析で気づいた最大の成果である。

さて、今回の教育分析の中で自分の家族歴を振り返ったことで、他人の家族の変わった点について敏感になったと思う。なかなか自分の家族が普通でないということは意識されにくい。というのは、生まれたときからそれが普通であると思って、その中で育ってきていたのだから。私であれば、大叔父さんと祖母が同じ家に同居している不自然さをまったく意識していなかった。しかし、自分の担当しているクライエントの家族構成で、兄弟3人のうちで1人だけ結婚していて、残りが50歳近くになっているのに両親と同居している、などと聞くと匂ってくるのである。私が普通にしゃべったこともあって、その不自然さをカウンセラーに指摘されるまでは気がつく人は少なかったと思う。しかし、ここでもどういう感じが普通の感覚かがわかっていれば、奇怪さに気がつくはずである。ごく普通の現実感覚というのがどういうものであるかを知っていることが非常にたいせつである。そのことを今回の教育分析でハッキリ教えられたと思う。しかも、このような家族のもっている傾向というのは、代々子孫に伝えられていくのである。どういう形で出るか、たとえば離婚ということであれば、1代目が離婚すると2代目は離婚してはならないとがんばる。それを見ていた3代目はそれに反発してまた離婚してしまう、というように、次の世代に直接出なかったとしても離婚というものに強く動かされている家族が存在する。もっともすべてのケースについて、家族歴や生育歴が問題にされるものでもないかもしれないが、明らかにソンディが言うような家族的無意識というのを考えることも必要である。

　個人の生育歴を語っていた際、七五三などの行事はよいチェック・ポイントとなる。本人の家族関係がよく出てくるし、最初の記憶として私は思い出しやすかったし、当時の写真が残っていることも多く、「見取り図法」のように使えるかもしれない。そして、クライエントがカウンセラーに写真を見せたくなる心境がよくわかった。それが陽性転移を表すものであり、過去のクライエントを写真の中から見つけさせようとすることで、クライエントがカウンセラーを知らず知らず試していることもわかった。それに対して、カウンセラーはどういう真剣な態度で接していかないといけないかということも身を以て体験した。過去の写真をカウンセラーに見せることの意義について、クライエントに過去の受け入れがなされたとみられること、そのベースが固まったとみることができることなども一つの目安である。

　教育分析を受けた結果、私自身の一つの男性モデルが私の中に定着した。これは同性のクライエントとの面接において、非常に有効なものとなるだろう。またそれは、現実場面での友人関係においても役に立っている。たとえば、私と同じように独身でいる友人に対する理解である。確かに同じところもあるし、違ったところもある。これまで近い関係にあったよく似た人は、かえって見られていなかったと思う。自他の区別が明確になったと言えるかもしれない。このことは同性のクライエントに対して、逆転移が少なくなる結果を生んだ。これも面接後に気がつくようになってきている。

　具体的な面接技術や心構えの変化について、今回の教育分析の途中から、自分のやっているカウンセリングにおいてクライエントの沈黙が気にならなくなった。それまではクライエントが沈黙すると、ずっと沈黙が続くのではないか、こちらから何か聞いていかねばならないのだろうか、何と聞いていけばいいのだろうか、と常に考えていた。しかし、ラポールのついているクライエントに対してはそんなことを考えないし、そのような恐怖を意識することもない。今回の教育分析において、カウンセラーが安定していれば、クライエントは自分の世界でじっくり考えられるということが体験できた。この体験は自分が面接をする上で大きかった。ただ、すべての沈黙に意味があるとは思わない。自分がやっている面接において、意味のある沈黙とそうでない沈黙の区別がハッキリわかるまでにはいっていないが、なにしろ沈黙を恐れなくなった。

教育分析によって、自分のもっていないテクニックをカウンセラーが使う体験を自分が受け身的ながらすることができる。そうすると、カウンセラーの応答が知らず知らずのうちに自分の身についてきたように思う。しかし、それは今までの自分のカウンセリングの枠組みの中にはなかったものなので、新鮮ではあるが馴染みは薄い異物である。それでも、教育分析の後で、無意識的にそのテクニックを使っているのに気づく。かなり追い込まれたときに、急にそれがひらめくのである。自分ではそのような応答がなぜ出てきたのかはよくわからないが、その応答をした後、クライエントは自分によい印象をもっているのである。私は面接の判断基準を、私がそれによい感じをもっているかどうか、面接がクライエントに役に立っているかどうかに置いている。その意味で教育分析は、私のカウンセリングの枠組みを広げただけでなく、確実にクライエントの役に立つ面接をする手助けになっている。意識的に使えない、いちばんよい状況で使えていないなどの課題は多いが、それはこれからできる。具体的には、教育分析でのカウンセラーの応答を徹底的に見ていけばよいのである。使いこなすには、まず意識的に使えるようになって、もう一度意識しないで自然に出てくる過程を経ていくと思う。今、私が気づいている応答は「いま・ここ」の感覚である。面接場面でのカウンセラーとクライエントが「いま・ここ」に存在しているということ、このことを使わない手はないということだ。しかしなかなか現実は、クライエントの過去語りにふんふんと言っているだけであることが多い。「いま・ここ」の応答は、その場のクライエントの感情に気づいてもらう、あるいはそれを呼び起こすような応答である。まさしくクライエントの照合枠にのっとって気づいてもらうのである。先生の応答というのは、たとえば看護婦さんがクライエントであれば、その職場でこういうときどうしますか、というふうに相手の職業や地位や生活レベルに応じて応答している。そのことはわかっているつもりでも、なかなかできないことである。ついその場その場での細かい応答に苦心するあまり、そういう視座がなくなってしまう。相手中心というのは本当に難しい。

今回の教育分析において、特に特徴的なことというと20回という限定回数があること、公開であるということである。そのため、無駄な時間が少なかった。何回かの面接で休憩をとりたかったが、クライエントが逃げているときでも本当はクライエントなりの洞察を報告していることがある。現実のカウンセリングの過程においては、時々そういう意味で休憩のセッションがあって、面接が進んでいくのだろうと思う。それについては、今回ちょっと凝縮されたという感じをもっている。クライエントが逃げたい気持ちもわかるし、それでもその中にはクライエントなりの洞察が含まれていること、そしてそのことをカウンセラーに聞いてもらいたいとの思いがある。カタルシス効果も大きいし、休憩しているように見えるセッションも、ポジティヴに考えられるようになった。しかし、これはクライエントが自分は逃げたとわかっているか、どこかで気づいている場合である。

体験的に感じたことであるが、カタルシスによって内的に変化しようとするとき、外的な変化を伴うことが多い。今回はそれほど大きな事故や災難といったものが起こらなかったが、それでもテレビが落ちてきたなど、象徴的なことがいろいろあったように思う。変化とそれに対する抵抗というか、そのへんの覚悟が大事であると痛感している。私がカウンセラーになるのでなかったら、こういうような体験をしなくてよいのだが、とつくづく思った。そこは私の健康的な部分かもしれない。変わらない、気づかないから生きていけることがわかったような気がする。逆に言えば、症状という思いがけないものが起きた人にカウンセリングが必要であるということかもしれない。このように考えると、主訴もないのにただカウンセリングを受けたい、夢分析をしたいと思う人は、自分から災難や事故を求めている人であると言えないだろうか。ふと、自分の教育分析体験からそのように思った。

さて、最後にこの面接における全体の見通しについてだが、本当に最初にカウンセラーに言われた通りになってしまった。この見通しがカウンセラーにあるかないかが、クライエントの安定につながるのであろう。これは経験と直観によるものであろうか。個々の応答についてはハッキリ覚えていないが、アクティング・アウトしそうなときには、それを防止するようなカウンセラーからの応答がきっちり入れられていたと思う。今思えば、教育分析といえども少しは危険な状況があったのは事実である。

3　観察者からの検討

今回の試みは冒頭で述べたように、ロジャースの言うラーニング・グループで行われた教育分析である。観察者はいわゆる観察者というより、エンカウンター・グループのメンバーのような性質をもっている。ある意味で観察者もクライエントと同じく、教育分析を間接的に受けているところがある。観察者は全員カウンセリングを学んでいる大学院の学生・研究生であり、彼らは自分のカウンセリングの実力に応じて、クライエントとカウンセラーを分析・検討している。そして、観察者には参加の条件として、毎回参加者体験をレポートにして、次の回に提出することが義務づけられている。自分の参加者体験をレポートすることにより、メンバーはより主体的な参加をするように自然になったようである。

参加者のレポートによって、今回の試みが検討された。大部分の観察者は、(1) クライエントの成長・変化、カウンセリング過程の分析、(2) 観察者自身の自己分析、(3) カウンセリング技術の検討とその学習、の観点からレポートしている。

カウンセリングを学ぶ過程にある観察者が上級のカウンセラーのカウンセリングに接すると、カウンセラーの態度を学び、クライエントの成長が促されることを自分の視点によって自然に分析していることがわかる。

『自分自身の性格特性を知り、それがクライエントとの関係に与える影響を客観的に認識できるようになることが教育分析と考えていたが、実際のものはそんな単純なものではなかった。自分の過去との決別と再出発。その過程における無念さ、悔しさ、悲しさ、怒り、迷い、怨念、すべてのものが出つくしたところにようやく安心立命の境地を感じ、再出発に取り組めるようになるらしい。(研究生 M.K.のレポートより)』

『面接全体の流れの中で、最も意義深くかつ節目となったセッションをあえてしぼれば、7回、12回、13回ということになるだろう。7回にいたって「父親＝ボーダーライン」というクライエントの妄信が完全に覆され、父親イメージが回復されたと同時に、少なくとも観念的なレベルにおいて母親の対象化がなされ、母親からの分離・自立が緊急の課題であることが自覚された。要するに、この回において父—母—本人の関係の偏向が大幅に修正され、クライエントの自己認識が相当確実なものとなったのである。その結果は、次の8回においてアルバム提示という象徴的な行為となって結実した。

以後、クライエント本人の問題へと分析は進んでいったのだが、母親の呪圏から脱出して真の自立を果たすためには、どうしても避けて通れない問題として、不可解な家族図の解明という課題がだんだんと浮上してきた。

12回に至って、大叔父と祖母のインセスト的な関係が意識化されるに及んで、大叔父—祖母—父—母—本人という家族の関係全体が一つのダイナミズムの流れの中に正確に位置づけられて把握されたのである。この回をもってクライエントの家族関係の問題はほぼ完全に整理され、以後、本当の意味での教育分析の段階に突入できるようになったのである。

13回において、カウンセラーはクライエントの求めに応じる形で「愛される喜びから愛する喜びへの転換」というきわめて現実的でかつ根源的な課題を提出することによって、以後の教育分析の枠組みと方向性を決定づけたのである。

それからの各セッションは、15回の休憩を唯一の例外として、提出された課題に向かってセラピストとクライエントの息詰まる攻防の連続であり、心理療法の神髄を、見る者みんなの脳裏に刻印せずにはおかない一瞬一瞬だった。

しかし、20回でカウンセラーが総括したように、課題の達成は完全になされるにはいたらなかった。クライエントに限らず、日本人男性の一般として、母子分離と真の自立を成し遂げることが、いかに困難な作業であるかを改めて思い知らされる結果であった。それでも、当初の攻撃性は確実に消退したのであり、クライエントの自己確信は大いに増進し、また固着した母子関係に深々とくさびが打ち込まれたのである。クライエントが今後自らの努力で自己変革を遂げうるための布石は十分に打たれたという手応えが感じられる終結であった。（修士2回生T.I.のレポートより）』

圧倒的に多いのは、クライエントを見ている間に自分が見えたことである。これがラーニング・グループの第一の特徴である。

『個人カウンセリングを文字通り一部始終見てしまうというのは、もちろん初体験である。いったいどういう“目”で見ればよいのか見当もつかなかった。

今思うと、ただ見ていればいい、その場に“ギャラリー”として臨席していればいい、ぐらいの意識しかもてなかったのだろう。ところが実際参加してみて、これはそんな高みの見物でいられるような代物でないことがわかった。大学院に進学して、早いものでもう１年が経とうとしている。さまざまなことがあったが、この個人面接の授業はもっともインパクトの強いものの一つである。自分が足を踏み入れようとしている世界の深さと怖さと面白さを同時に体験した。この１年で、自分の中の何かが死んだような気がしている。それが何なのか、今は言葉にできないが、その死はさみしさとつらい感じを呼び起こさせる。どこか自分はそれを死なせたくなかったとも思っている。だから、それは成仏できていないかもしれないが、確かに死んでしまったのだという感触は自分の中にある。その一方で、何かが確実に育っているはずだ。その何かが明らかになるとき、“自立”という課題に行動で答えが出せるようになるのだろうか。そのとき、死んでしまったものの成仏もきっと可能になるのだろう。（修士１回生 S.S.のレポートより）』

『最後の面接が終わったとき、涙が止まりませんでした。あのときの気持ちを忘れずに、逃げずに生きていきたいと思います。この場所にいた中で私に起こったことは、私の人生の中である一つの転機となったといえることだと思います。このことは、これから先もっと強く実感していけると思います。私は本当にまだまだです。情けないくらいです。でも、ごまかさずに、甘えずに、がんばります。（修士１回生 M.K.のレポートより）』

『今回のテーマであった自立というか、他者の目で世界を見ず自分の目で見る、のテーマは私の堅さとどこか通じるところがあります。私は私であって、他の誰でもないのだから、自分自身の意見があって当然。そして、それは自分の意見であるのだから、誰の理由でもないのです。この面接を見たり聞かせたりしてもらいながら、自分も成長できたと思います。教えていただいたことのなかでも、自分に合わないものは身にならないし、時間をかけなければならないものもあるし、自分と常に向き合っていかなければなあ、と思います。私の場合は、相手が何を求めているかということから考えているわけですから、まず私ありきではなくて、相手ありきでした。私にはあまりはっきりとは反抗期がなかったといわれています。いわゆる従順で良い子の多くは、自分のない子なのでしょう。自分をもってコントロールしながら、良い子を演じるのはたいへんですから。ずっと昔、小学校くらいに、自分を忘れてきたのじゃないかなという感じが最近します。私はいったい何をしていたの？　私はどこ？　そんなイメージです。ここ、2、3日前からやっと本が開けられるようになって、文字が頭に入ってくるようになりました。自分をこれから生きよう、大事にしようと思いはじめました。自分自身の今までを否定してしまうのは少しかわいそうですし。こんな私でもいいんじゃない、わたしのことを認めてくれる人がいるじゃない、って思ってみたり。やっぱり大きかったのは、少々はめをはずしても、まわりの人がやさしかったこと。自分なりに初めて、今回少し生きられたように思います。（修士1回生N.I.のレポートより）』

『“子どもから大人へ”の問題に取り組まれた今回の面接は、私自身にとっての課題でもあり、大きく役立った。今回の教育分析において私が強く感じたのは、オープンにすることがいかにたいへんなことであるかということであった。オープンにするということは他人に対してオープンになるという感じが強くあるが、何よりも自分が他の誰よりも自分自身にオープンになることであるように思われる。自分が自分を知ることは一見容易そうであるが、実は想像以上につらい作業であることが痛切に感じられた。私自身、成熟した依存のしかたができ、女性であることで“身売り”をすることのないように、“自分”をしっかりともって、一歩一歩うつろでない、生きた着実な歩みができるように努めていきたい。（修士1回生K.M.のレポートより）』

『最後の面接の後、感想を言いながら、なぜか知らないけれど涙が出てきてしまって、あれからずっとあの涙は何だったのだろうかを考えています。このことに関連して、この冬休みの3週間ほど、家にこもってずっと考えておりました。両親、特に父親とのことを考えていました。母親との問題もあるのでしょうが、とりあえず顕在化していないのでそのまま置いておこうと思っていますが。とにかくずっと、ずっと、何日も考えて、考えても考えても途中で思考が止まってしまうような感じで、口をきく気にもなりませんでした。その後、少しずつ開けてきて、自分なりにわかってきた部分が出てきました。（修士1回生Y. M.のレポートより）』

上級のカウンセラーのカウンセリングを観察すると、その時点での自分に必要なカウンセリングの技術を直接的に学ぶ。

『今回の一連の面接を通じて、私は“待つ”ことを学んだ気がする。クライエントを追い立てないで、じっくり待つことによって、クライエントが完全燃焼できるように援助すべきである。

面接全体を通じてわかったことは、カウンセラーはクライエントの人格を基本的に尊重し、その人格や生き方そのものを批判的に扱わないことである。しかも、それは決して“おためごかし”のやさしさではなく、クライエントの内面をすべてオープンにしたうえで、何が出てきても応援しますよ、という姿勢が貫かれたやさしさといえるようなものである。だからこそ、クライエントの信頼が得られ、カウンセラーが多少きつい言い方をしても傷つかずについてゆける。（修士１回生 T.Y.のレポートより）』

『20 回分の感想文を読み返してみて思ったことは、回を追うごとにカウンセラーに対する私の視点が変化していることである。最終的には部分的ではあるが、カウンセラーのカウンセリングと自分のカウンセリングの特徴とを比較している。これまでは比較など思いもしなかった。ただ学ぶだけであった。

私は意識してこの面接をカウンセラー側から見てみようと決めた。私がカウンセラーになったつもりで、というようには思わなかったけど、カウンセラー側に立ってみると、徐々にではあるがカウンセラーになっていった。第３回目からはカウンセラー側に立ってクライエントの話を聞いている。それは英会話の LL レッスンに似ていて、自分の応答と同時に正しい答えが出てくる。間違いがいやでも明確化する。だから結果としてではあるけれども、“My feeling”はカウンセラーに対するものであるとともに、私のカウンセリングに対するものとなった。はじめは自分の間違いが明確になってもショックを受けなかった。自分の未熟さを知らされることはつらいけれど、知っていく楽しみの方が大きかった。それに過去にスーパーヴィジョンで指摘されていたことが多かったことや、私の実際のカウンセリングで、部分的にではあるけれども、できていたことがショックを受けなかった要因であるように思う。全体としては自分のカウンセリングの実体がより具体的になっていったと言えると思う。やっと一軍入りした選手が一軍のベンチで、スーパースターの絶妙なプレーを見ることによって、数々の自分の未熟なプレーを理解していくのに似ている。ところが私は調子にのってしまった。自我肥大して、自分にも先生のようにできるかもしれない、と思ってしまったのである。時悪くして、ある意味では良かったのだけど、今やっているカウンセリングが非常に難しい局面に入っていた。私は先生の応答の出所がまったくわからない。カウンセリングはみごとに局面を打開していく。それが1回や2回ではない。それが回を重ね、第19回にして自我肥大にとどめを刺されることになったのである。このセッションが終わってから徐々に効いてきた。帰って感想文を書いているときがきわみであった。涙が止まらなかった。悔しかった。これも自我肥大であるけれども。自分の未熟さを思い知らされた。一軍の洗礼を受けたのである。しかし、私は良かったと思っている。“My feeling”を育てていく過程で、必然的に生じるものと思っているからである。私には友人であり、カウンセリングのライバルが二人いる。彼らの私に対する評価は私の指標である。最近、彼らは異口同音に私のことを変わったと言ってくれた。その内容は、他者に通じる言葉でしゃべりだした、ということであった。これは的確な評価である。自分のこれまでを知ってつらかった。私はいい友をもっている。（修士1回生K.S.のレポートより）』

『カウンセラーの態度について目が開かれる。（Ⅰ）何が語られても動じない。（Ⅱ）響くけれども揺れていない。（Ⅲ）きびしくても支えよ。（Ⅳ）逃げる人は逃がせ。聞いてほしい人は逃げるそぶりをしても、こっちを見ている。（Ⅴ）過去に原因があるが、感情を処理しないと過去を直せない。（研究生M.K.のレポートより）』

『もし私が将来セラピストとしてやっていくとすれば、クライエント中心療法一本槍でいこうという決心が、この20回のセッションを通じて次第に固まっていくのをはっきり自覚できた。正直に言えば、この面接がスタートした時点では、まだいわゆる「クライエント中心療法は軽症者向き」という概念が私の頭のどこかに残っており、「おそらくそれほど劇的なことは起こらないだろう」とたかをくくっていた。しかし、その予想は初回から覆され、回を追うごとにクライエント中心療法のすごさが実感されてきた。特に13回以降では、ただ対話するだけでクライエントの人格の根本的変容を生じさせうることを目のあたりにして、一つの奇跡に接する思いだった。

私自身がこれまでにユング派夢分析治療とフロイト派自由連想治療を受けてきているので、技法上の比較をしながら面接の全過程に接してきた。その結果得た結論が、先に述べた「クライエント中心療法一本で行こう」というものだった。夢分析は実人生との関連性があいまいで治療者の恣意に走る危険性があまりにも大きすぎる。自由連想法はクライエントの心の動きにリアルタイムで応じられず、無駄が多すぎる。一人の人格としてクライエントに直面し、あくまでもクライエントの心の動きに沿いながら、変幻自在に応じていけるクライエント中心技法こそ、最も自然で最も有効な技法だと確信することができた。

ただし、すべてはセラピスト次第であることも忘れてはならない。特にクライエント中心療法は、セラピストの人間性と技術にかかっていることであり、セラピストによって、奇跡を起こす可能性もあれば、凡庸などうどうめぐりの単なる時間つぶしに堕す危険性もあるのだろう。そういう意味で、クライエント中心技法の難しさ、恐ろしさも同時に自覚させられた今回の経験だった。(修士２回生 T.I.のレポートより)』

『面接を通して心に残った言葉が３つあります。それは、(1) 時熟ということ、(2) 本当にわかるというのは行動が変わることであること、(3) 生きられていない感情は、思いが生きられたときに風化する、です。時熟に関しては、私は何か葛藤が起きても、いつかそのときがくれば答えがわかる、無理に割りきろうとしても駄目だと思ってきました。私の心が答えを出すのを待っていたように思います。残りの二つにしても、私自身がそれを実感として味わえたために残っているのです。残ったままの感情を生き直させてもらう機会が私にはあって、その後、こだわっていたことが何でもないようになりました。真の理解は行動の変化を伴うということは、しばしば頭でっかちになって、考えばかりが先行してしまいがちな私の大きなチェック・ポイントになっています。これからは、機会あるごとに、一つ一つかみしめていけたらいいなあと思っています。(修士１回生 Y.M.のレポートより)』

ロジャースは、人は自分に役に立つことしか学ばない趣旨のことを述べている。ラーニング・グループの雰囲気で行われた今回の試みは、この目的を果たせたように思う。(この章を書くに当たってレポートの引用を許可してくれた院生・研究生にお礼を申し上げる。)

参考文献

河合隼雄『ユング心理学入門』培風館、1967.

河合隼雄『心理療法論考』新曜社、1986.

河合隼雄監修『臨床心理学第３巻　心理療法』創元社、1992.

神田橋條治『発想の航跡』岩崎学術出版社、1989.

岸田秀『ものぐさ精神分析』青土社、1977.

畠瀬稔『エンカウンター・グループと心理的成長』創元社、1990.

F.S. パールズ『ゲシュタルト療法』倉戸ヨシヤ監訳、ナカニシヤ出版、1990.

東山紘久『母親と教師がなおす登校拒否――母親ノート法のすすめ』創元社、1984.

東山紘久『カウンセラーへの道』創元社、1986.

東山紘久『愛・孤独・出会い――エンカウンター・グループと集団技法』福村出版、1992.

S. フロイド『フロイド選集第 15 巻　精神分析療法』小此木啓吾訳、日本教文社、1974.

R.D. レイン『わが半生』中村保男訳、岩波書店、1990.

C.R. ロージァズ『ロージァズ全集第９巻　カウンセリングの技術』友田不二男編、児玉享子訳、岩崎学術出版、1967.

氏原寛・東山紘久『カウンセリング初歩』ミネルヴァ書房、1992.

あとがき

今回、まえがきで述べたように『教育カウンセリングの実際』を『教育分析の実際』と改題し、初版刊行後、実に15年経って再版することになった。当時35歳だったクライエントは50歳になり、セラピストであった筆者の当時の年齢と同じになった。クライエントは今では熟練した臨床心理士として開業し、後輩の指導に当たっている。その間、御祖母はお亡くなりになったが、お母様は健在である。そして、余裕をもって自分の人生を生きている。

再版に当たってもう一度詳しく全編を読み返してみた。私の心理療法家としての転機は三つある。一つ目は、1973年ロジャース先生のところへ留学した後で、このときの体験から自分の心理療法を行うようになったときである。二つ目は、人格の未熟さを糾弾され、多くの人々の援助によって立ち直り、人間の優しさとは何かを身をもって体験したときである。三つ目は、はからずも管理職を仰せつかり、人に任せることと自分の責任の取り方を実践するようになったときである。

この教育分析は、人生の転機が三段階目に入るか入らないかのときに行ったものである。今の自分から見ると少し入れ込み過ぎている感じがするが、基本的には現在とあまり変わっていない。現在のほうがもう少し時の流れに自然に身を任せている感じはするが。

45歳からの20年間は、どういう人生のめぐり合わせか、管理職を拝命することが多かった。それもだんだん責任の重い任務についている。この間も、心理療法だけはどれだけ多忙になっても実践している。この稿を書いている最中に、学問の師、人生の師である河合隼雄先生がお亡くなりになった。河合先生はどんなに多忙であっても、心理療法にだけは時間を割いておられた。「心理療法家は心理療法をしなくなれば成長が止まる」というのは、先生の教えである。

この本が心理療法を学んでいる人々のお役に立てば、著者として望外の喜びである。筆者の師であるロジャース先生、河合隼雄先生、吉本伊信先生はみんな鬼籍に入られた。三人の師の教えを伝えていくのが、少しおこがましいが私の使命であるように感じている。同時に私も命尽きるまで一人の人間として、心理療法家として生きたいと願っている。

本の再版にあたり多くの方々のお世話になった。ここに感謝します。

平成19年　夏

東山紘久

著者略歴……

東山紘久（ひがしやま　ひろひさ）

1942年　大阪市に生まれる
1965年　京都大学教育学部卒
現　在　京都大学副学長・理事、京都大学名誉教授、教育学博士、臨床心理士
専　攻　臨床心理学
著　書　『カウンセラーへの道』『心理療法と臨床心理行為』『プロカウンセラーの聞く技術』『プロカウンセラーの夢分析』『夢分析の世界』（いずれも創元社）など多数

教育分析《きょういくぶんせき》の実際《じっさい》
家族関係《かぞくかんけい》を問《と》い直《なお》す男性《だんせい》の事例《じれい》

2007年９月20日　第１版第１刷　発行

著　者……東山紘久
発行者……矢部敬一
発行所……株式会社 創元社
http://www.sogensha.co.jp/
本社　〒541-0047　大阪市中央区淡路町4-3-6
Tel.06-6231-9010　Fax.06-6233-3111
東京支店　〒162-0825 東京都新宿区神楽坂4-3 煉瓦塔ビル
Tel.03-3269-1051
印刷所……株式会社 太洋社

©2007, Hirohisa Higashiyama　Printed in Japan
ISBN978-4-422-11399-9　C3011

〈検印廃止〉

本書の全部または一部を無断で複写・複製することを禁じます。
落丁・乱丁のときはお取り替えいたします。

［好評関連書］

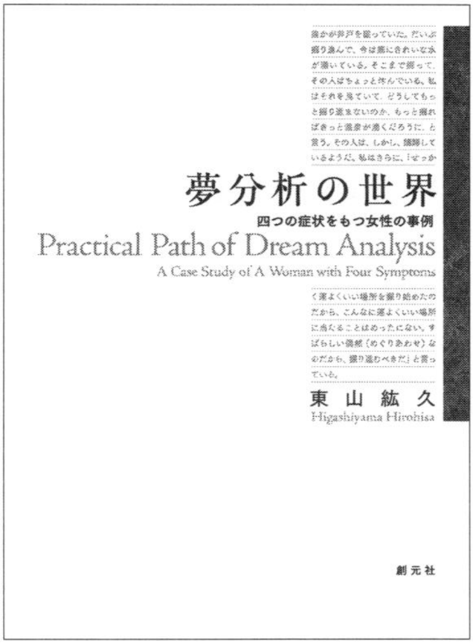

夢分析の世界

四つの症状をもつ女性の事例

東山紘久著

心臓神経症、不妊症、小鳥恐怖、離人症的感覚に悩む一人の女性の事例研究。３年間2000個に及ぶ夢を丹念に記録・分析し、膨大な夢分析過程の実際を丁寧にみせる。

Ａ５判・上製・200頁・3,000円

表示の価格に消費税は含まれておりません。